ermitteln:
Du sollst Kenngrößen, Daten oder Zusammenhänge auch experimentell/praktisch herausfinden.

erörtern:
Du sollst dich schriftlich mit Problemen oder Behauptungen auseinandersetzen und zu einer Stellungnahme kommen.

gliedern:
Du sollst Informationen, die du beispielsweise im Text findest, ordnen und übersichtlich darstellen.

interpretieren von Texten:
Du sollst den Sinn eines Textes erschließen und in einem neutralen Sprachstil deuten.

interpretieren von Diagrammen:
Du sollst Daten zu einer sinnvollen Gesamtaussage zusammenfassen und verständlich darstellen.

nennen, wiedergeben:
Du sollst Informationen, die du beispielsweise im Text findest, ohne weitere Erklärung aufschreiben.

optimieren:
Du sollst ein technisches Sachsystem oder einen Prozess zielgerichtet verbessern.

ordnen, strukturieren:
Du sollst vorgegebene Sachverhalte nach selbstständig aufzustellenden Kriterien kategorisieren und hierarchisieren.

planen:
Du sollst für ein vorgegebenes technisches Problem den Lösungsweg entwickeln.

recherchieren:
Du sollst Fakten und Daten aus gedruckten oder elektronischen Medien oder durch Befragen herausfinden.

skizzieren (technisch):
Du sollst technische Gegenstände oder einzelne Teile durch Skizzen ohne Hilfsmittel darstellen.

Streitgespräch führen:
Du sollst lernen, z. B. in einem Pro-Kontra-Gespräch, deine Argumente für oder gegen einen Sachverhalt zu vertreten und mit gegensätzlichen Positionen umzugehen.

vergleichen:
Du sollst verschiedene Vergleichsobjekte gegenüberstellen, um Gemeinsamkeiten und Ähnlichkeiten festzustellen, bzw. sie anhand von Unterschieden gegeneinander abzugrenzen.
Im Bereich Technik sollst du Gemeinsamkeiten, Ähnlichkeiten und Unterschiede Sachverhalten nach vorgegebenen Kriterien feststellen und kommentieren.

zeichnen (technisch):
Du sollst technische Gegenstände oder einzelne Teile durch Skizzen mit Hilfsmitteln wie Lineal, Zirkel, Dreieck darstellen.

zitieren:
Du sollst genutzte Quellen bei Referaten angeben und kennzeichnen können.

zuordnen:
Du sollst einander zugehörige Begriffe oder Aussagen auf der Grundlage gemeinsamer Merkmale ermitteln.

Mit Beiträgen von
Prof. Robert Künstner
Karl Uhl

westermann GRUPPE

Druck A[6] / Jahr 2022
Alle Drucke der Serie A sind im Unterricht parallel verwendbar.

Redaktion: Sylvia Bock
Umschlaggestaltung: Janssen Kahlert Design & Kommunikation, Hannover
Innenlayout: Waidmann/Post GbR, Braunschweig
Satz: Konrad Triltsch Print und digitale Medien GmbH, Ochsenfurt
Druck und Bindung: Westermann Druck GmbH, Georg-Westermann-Allee 66, 38104 Braunschweig

ISBN 978-3-14-**116183**-0

I Wirtschaftliches Handeln 7

1 Bedürfnisse 8
1.1 Bedürfnisse und Güter 8
1.2 Arten von Bedürfnissen 9
1.3 Einflussfaktoren auf die Bedürfnisse 10
1.4 Zusammenhang zwischen Bedürfnissen, Gütern und Bedarf 11

2 Die Wirtschaftlichkeitsprinzipien 12

3 Formen der Arbeitsteilung 14
3.1 Von der familiären zur internationalen Arbeitsteilung 14

II Privater Haushalt 19

1 Der einfache Wirtschaftskreislauf 20
1.1 Einkommensarten 20

2 Der Haushaltsplan 23
2.1 Die Verwendung des Einkommens 23
M 2.2 Auswerten von Statistiken und Grafiken 24
2.3 Ursache und Wirkung von Schulden 25
2.4 Aufgaben und Formen der Werbung 26
2.5 Konsumfreudige Jugend 28
2.6 Verbraucherrechte 29

III Markt und Preisbildung 31

1 Der Markt als Treffpunkt von Angebot und Nachfrage 32
1.1 Angebot und Nachfrage 32
1.2 Marktarten 33

2 Die Preisbildung auf dem Markt 35
2.1 Zusammenhang zwischen Angebot, Nachfrage und Preis 35

3 Marktformen 36

IV Der Geld- und Zahlungsverkehr 39

1 Die Entstehung des Geldes 40

2 Aufgaben des Geldes 42
2.1 Zahlungsarten 43
2.2 Bargeldlose Zahlung – Rolle des Girokontos 45
2.3 Einsatz moderner Techniken im Zahlungsverkehr 50

V Berufsorientierung – Berufswege und Lebensplanung 53

1 Eigene Interessen, Stärken und Schwächen 54
1.1 Berufswahl als Entscheidungsprozess 54
1.2 Der Berufswahlpass 55
1.3 Orientierungshilfen der Bundesagentur für Arbeit 55
1.4 Dein Berufswahlfahrplan 57
1.5 Das persönliche Profil 58

2 Persönliche Ansprüche und Berufserwartungen 59

3 Ausgewählte Berufsfelder und Berufe 60
3.1 Anforderungen im Beruf 60
3.2 Ausgewählte Berufsbilder 62

4 Das Betriebspraktikum 66
M 4.1 Die Präsentation 69

VI Grundlagen des Rechts 73

1 Funktionen des Rechts 74
1.1 Rechtliche Regelungen im Zusammenleben der Menschen 74
1.2 Rechtsnormen 75

2 Die Eigentumsordnung 77
2.1 Besitz und Eigentum 78
2.2 Die Sozialpflichtigkeit des Eigentums 82
M 2.3 Rollenspiel zum Schlichtungsverfahren 84

VII Grundlagen des Privatrechts 87

1 **Privatrecht und öffentliches Recht** 88

2 **Einführung in das Bürgerliche Gesetzbuch** 90

3 **Recht und Lebensalter** 91
3.1 Wichtige Lebensaltersstufen: Rechts-, Geschäfts- und Deliktfähigkeit, Strafmündigkeit 91
M 3.2 Mit Gesetzestexten arbeiten 96

VIII Verträge im Alltag 99

1 **Grundsatz der Vertragsfreiheit** 100

2 **Abschluss rechtsgültiger Verträge** 102
2.1 Willenserklärung 102
2.2 Form der Willenserklärung 103

3 **Der Kaufvertrag** 104
3.1 Verpflichtungsgeschäft 104
3.2 Das Verfügungsgeschäft 105

4 **Verschiedene Vertragsarten** 107

IX Entwicklung und Herstellung von mehrteiligen Produkten 117

1 **Vom Bedürfnis zum Produkt** 118
1.1 Wie ein Produkt entwickelt wird 118
M 1.2 Schrittfolge des technischen Problemlösungsprozesses 122

2 **Grundlagen des technischen Zeichnens** 123
2.1 Ideen- und Entwurfsskizzen, technische Skizzen 123
2.2 Die Schrittfolge beim Skizzieren und Zeichnen 124
2.3 Die technische Zeichnung 125
2.4 Zeichengeräte 127
2.5 Linienarten 128
2.6 Skizzen- und Zeichenblätter 129
2.7 Schriftfeld und Stückliste 131
2.8 Blattlage und Blatteinteilung 132
2.9 Schreiben in Normschrift 133
2.10 Projektionen 135
2.11 Lesen technischer Zeichnungen 141
2.12 Maßeintragung 143
2.13 Maßstabgerechtes Zeichnen 145

3 **Praktische Herstellung eines Produktes – Fertigungsverfahren** 149
3.1 Urformen 151
3.2 Umformen 153
3.3 Trennen 154
3.4 Fügen 161
3.5 Beschichten 161

4 **Arbeitssicherheit und Arbeitsschutz** 162
4.1 Regeln für den Umgang mit Werkzeugen 163
4.2 Gefahren- und Sicherheitshinweise 164

5 **Prüfen, Messen, Lehren** 165
5.1 Der Messschieber 167

X Konstruktion, Herstellung und Handhabung von Modellen 171

1 **Aufbau und Funktion von Maschinen** 172
1.1 Funktionsorgane 172
1.2 Maschinenarten 183
1.3 Entwicklung von Maschinen 184

2 **Der Computer als multifunktionelles Werkzeug** 186

Stichwortverzeichnis 189
Bildquellenverzeichnis 192

Symbolerklärung

Symbol	**Ziel**
A Arbeitsauftrag	Eigenverantwortliches Finden von individuellen Lösungen
i Information	Zusatzinformationen
Methodik	Vertraut werden mit grundlegenden Arbeitstechniken Förderung der Kommunikationsfähigkeit
Aufgaben	Wiederholung und Vertiefung Verknüpfung mit anderen Unterrichtsfächern

I Wirtschaftliches Handeln

Im folgenden ersten Kapitel wirst du mit den Grundlagen und der Entwicklung des Wirtschaftens vertraut gemacht. Du erfährst, welcher Zusammenhang zwischen den Bedürfnissen der Menschen und der Versorgung mit Gütern besteht. Dabei wirst du an vielen Beispielen sehen, welche Rolle hier das Wirtschaftlichkeitsprinzip spielt.

1 Bedürfnisse

A

Beschreibe die Wünsche der in den nebenstehenden Bildern dargestellten Menschen.

1.1 Bedürfnisse und Güter

Notwendigkeiten des täglichen Lebens, wie z. B. Essen und Trinken, aber auch persönliche Wünsche nach bestimmten Gütern führen zum Empfinden eines Mangels. Dieses Mangelempfinden mit dem Bestreben, es zu beheben, bezeichnet man als **Bedürfnis**.

Zur Befriedigung seiner Bedürfnisse braucht der Mensch **Mittel**. In der Regel sind diese im Gegensatz zu seinen Wünschen nur in begrenztem Maße vorhanden. Um dieses Spannungsverhältnis auszugleichen, muss der Mensch tätig werden.

Um ihre Bedürfnisse nach Nahrung, Kleidung und Wärme zu befriedigen, sammelten unsere Vorfahren Früchte, jagten Tiere und lernten, das Feuer zu gebrauchen. Zur Erleichterung ihrer Arbeit entwickelten sie Geräte aus Holz, Stein und später auch aus Metall.

i

Güter sind Mittel, die der Bedürfnisbefriedigung dienen.

Auch heute muss der Mensch seine geistigen und körperlichen Kräfte einsetzen, um sich seine zahlreichen Wünsche zu erfüllen, er muss arbeiten oder: Er muss **wirtschaften**. Wirtschaften besteht aus einer Summe von Tätigkeiten.
Sie zielen darauf ab

- das Spannungsverhältnis zwischen der Fülle der materiellen Bedürfnisse und der Begrenztheit der Mittel zu überwinden,
- sich die Arbeit zu erleichtern,
- die Güterversorgung zu verbessern.

Mit dem Hakenpflug konnte man die Erde nur oberflächlich ritzen. Die Erträge blieben gering.

Mit dem Scharpflug konnte man die Erde umbrechen und erheblich besser lockern. Die Erträge nahmen zu.

Pflügender Bauer heute

1.2 Arten von Bedürfnissen

Grundbedürfnisse (Existenzbedürfnisse)

Zuerst muss der Mensch seine **Grundbedürfnisse** befriedigen. Man nennt sie auch **Existenzbedürfnisse**. Ohne die Befriedigung dieser Bedürfnisse wie **Nahrung**, **Kleidung** und **Wohnung** kann auf Dauer kein Mensch existieren.

Wahlbedürfnisse (Kultur- und Luxusbedürfnisse)

Ein Sprichwort sagt: „Der Mensch lebt nicht vom Brot allein!" Er möchte reisen, Bücher lesen, in die Disko oder ins Kino gehen. Die Befriedigung dieser Bedürfnisse ist nicht unbedingt lebensnotwendig, aber lebensverbessernd. Wir bezeichnen sie deshalb als **Kulturbedürfnisse**. Besonders anspruchsvolle Bedürfnisse bezeichnen wir als **Luxusbedürfnisse**. Die Grenzen zwischen den einzelnen Bedürfnisarten sind fließend.

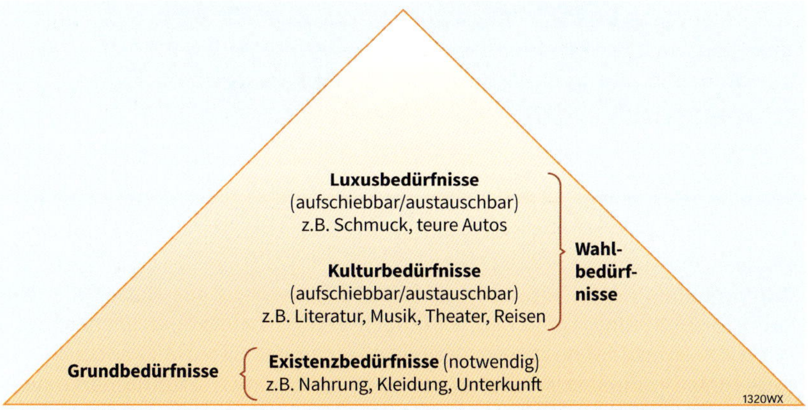

A

1. Wirtschaften zielt u. a. darauf ab, sich die Arbeit zu erleichtern und die Güterversorgung zu verbessern. Erläutere diese Aussage mithilfe der oben stehenden Bilder.

2. Nenne Beispiele, wie im Laufe der Zeit aus einem Luxusbedürfnis ein Kulturbedürfnis wurde.

1.3 Einflussfaktoren auf die Bedürfnisse

Die Bedürfnisse sind nicht bei allen Menschen gleich, sondern hängen von verschiedenen Faktoren ab. Diese können sein:

Lebensalter	Jugendliche lieben häufig andere Musik als ältere Menschen.
Vorbildung	Akademiker besuchen eher eine Opernaufführung als ein Volkstheater.
soziale Umwelt (z. B. Freundeskreis)	Jugendliche möchten heute so früh wie möglich ein Auto. Früher war man oft froh, ein Fahrrad zu besitzen.
Einkommen	Ein Jugendlicher, der sich z. B. noch in der Ausbildung befindet, wird sich als erstes Auto eher einen Kleinwagen wünschen als das neueste Luxussportmodell.
Werbung	Das vorhandene Angebot und das Verhalten anderer Menschen erweckt beim Einzelnen den Wunsch mitzuhalten oder sogar seine Bekannten zu übertreffen. Werbung schafft Wünsche.

A

1. Die Zahl alter Menschen nimmt in unserer Gesellschaft immer mehr zu. Andererseits nimmt der Anteil der jungen Menschen ab. Zeige an folgenden Beispielen auf, wie sich dadurch die Bedürfnisstruktur verschiebt: Reiseverkehr, Kleidung, Gesundheitsvorsorge, Möbelkauf.
2. Zur Jugendzeit eurer Großeltern konnte man feststellen: Menschen auf dem Land haben andere Bedürfnisse als Menschen in der Großstadt. Warum stimmt das zu Beginn des 21. Jahrhunderts nicht mehr? Denke dabei vor allem an die Möglichkeiten der räumlichen Mobilität und an die Nutzung der Medien.

Güterarten als Mittel der Bedürfnisbefriedigung

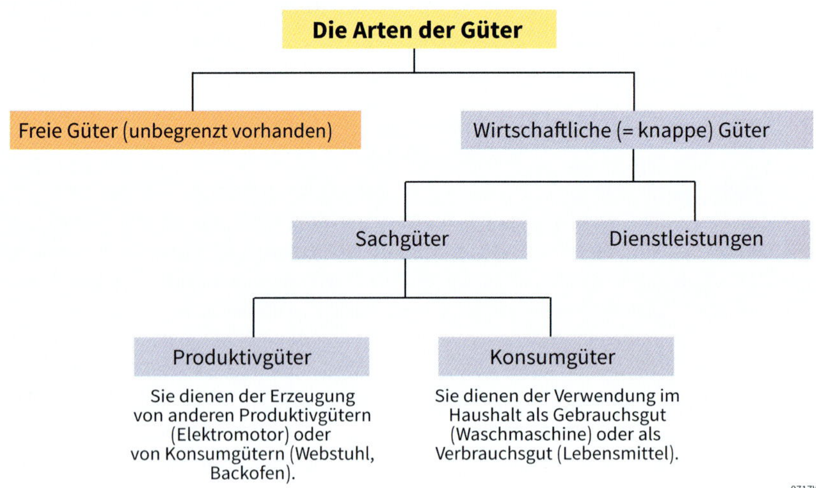

0717WX

i

In der Umgangssprache setzen wir das Wort „Güter" häufig mit „Waren" gleich. Wie wir in der Skizze sehen, weicht jedoch die wirtschaftliche Bedeutung des Wortes „Güter" von seiner Bedeutung in der Umgangssprache ab.

Wir verstehen unter Gütern im wirtschaftlichen Sinne alle Mittel, die der Bedürfnisbefriedigung dienen. Demnach gehören außer den sachlichen Mitteln wie Brot, Schokolade, Möbel, Maschinen auch die Dienstleistungen wie Haare schneiden, ärztliche Hilfe, Theateraufführungen usw. zu den Gütern.

Freies Gut

Wirtschaftliches Gut

Michael ...
unternimmt an einem warmen Sommertag eine anstrengende Bergtour. Er bekommt Durst. Er trinkt das klare Wasser einer Bergquelle.

Gabi ...
verbringt einen heißen Sommertag in einem öffentlichen Schwimmbad. Auch sie bekommt Durst. Am Kiosk kauft sie eine Flasche Mineralwasser.

1.4 Zusammenhang zwischen Bedürfnissen, Gütern und Bedarf

Wir haben gelernt, dass Bedürfnisse unbegrenzt und vielfältig sind. Sie sind aufschiebbar und austauschbar. Andererseits sind die Mittel zu ihrer Befriedigung knapp. Deshalb müssen wir aus der Fülle der Bedürfnisse gerade diejenigen auswählen, deren Befriedigung gerade jetzt wichtig erscheint. Wir setzen zu diesem Zweck die Bedürfnisse in Beziehung zu den Mitteln, die wir gerade zur Verfügung haben und ermitteln auf diese Weise den Bedarf.

Unter **Bedarf** verstehen wir die Summe der Bedürfnisse, die wir mit unseren knappen finanziellen Mitteln befriedigen können.

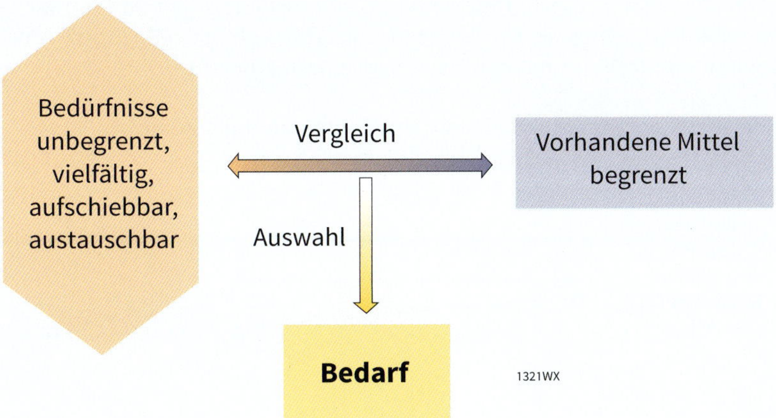

i

Zur Befriedigung seiner Bedürfnisse braucht der Mensch Güter. Einige Güter sind in der Natur einfach vorhanden, man braucht sie nur zu „nehmen". Wir bezeichnen sie als freie Güter (z. B. das Wasser einer Bergquelle). Die meisten Güter muss der Mensch durch seine wirtschaftliche Tätigkeit erst bereitstellen. Wir bezeichnen sie als wirtschaftliche oder knappe Güter.

2 Die Wirtschaftlichkeitsprinzipien

Maximalprinzip
Wie verhält sich ein Bergsteiger, der nach einer anstrengenden Bergtour hungrig und durstig am Bahnhof eines Alpenortes eintrifft und feststellt, dass er nur noch 20 Euro in der Tasche hat und sich folgende Wünsche erfüllen möchte?

- Mit der Bahn zu seinem 30 Kilometer entfernten Wohnort nach Hause fahren (er hat noch keine Fahrkarte),
- eine „Radlermaß“ trinken, im Restaurant essen, die Speisekarte reicht von Leberkäse (kalt) bis Hirschschlegel,
- in der Würstelbude eine Bratwurst kaufen,
- Ansichtskarten schreiben,
- Geschenke für daheim mitbringen,
- Zeitung als Lektüre für die Bahnfahrt besorgen.

A

1. Welche Reihenfolge würdest du wählen, wenn du der Bergsteiger wärst (siehe obiges Beispiel zum Maximalprinzip)?

2. Erkläre die Anwendung des ökonomischen Prinzips aus deiner persönlichen Situation: Du möchtest dir von deinem Taschengeld das Skateboard „Powerslide Hot X-2“ kaufen. Nach welchem Prinzip gehst du in diesem Fall beim Kauf vor? Begründe.

Die Entscheidungssituation unseres Bergsteigers können wir mit folgender Skizze wiedergeben:

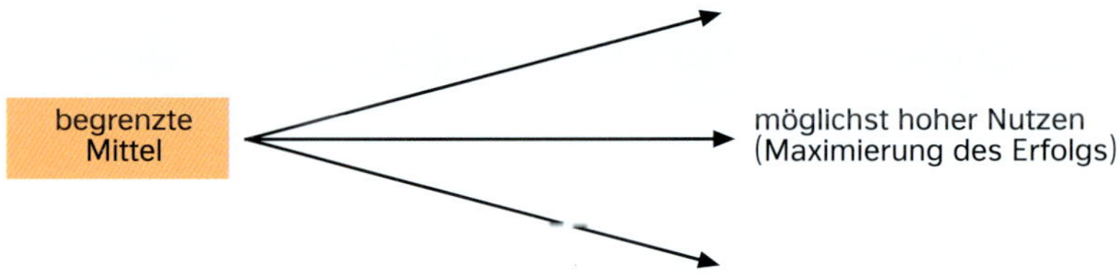

0718WX

Unser Bergsteiger hat sich entschieden. Er setzt seine vorhandenen Mittel so ein, dass sie für ihn den größtmöglichen Nutzen bringen. Wir können sagen: Er handelt rational (lat. ratio = Vernunft, der Vernunft gemäß), oder er handelt nach dem ökonomischen Prinzip. In diesem Fall spricht man vom **Maximalprinzip**.

Minimalprinzip
Tobias möchte sich einen bestimmten MP3-Player kaufen. Er erkundigt sich in allen Elektrogeschäften seines Wohnortes und sucht im Internet und im Katalog eines großen Versandgeschäftes, um das günstigste Angebot zu ermitteln. Er handelt nach dem **Minimalprinzip**.

Seine Entscheidungssituation sieht etwa folgendermaßen aus:

i

Das Wirtschaftlichkeitsprinzip wird auch das ökonomische Prinzip genannt (griech.: ökonomisch = wirtschaftlich).

Früher wurde ein Landwirt, der seine Produkte in der Stadt verkauf hat, als Ökonom bezeichnet.

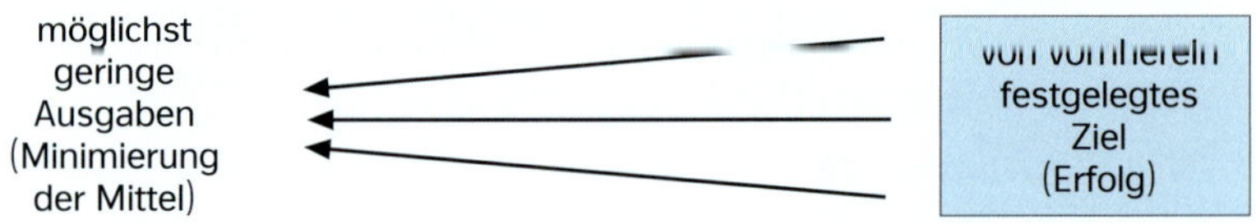

0719WX

Die zwei Seiten des Wirtschaftlichkeitsprinzips

Maximalprinzip (Ergiebigkeitsprinzip)	Minimalprinzip (Sparsamkeitsprinzip)
größtmöglicher Nutzen mit (von vornherein) begrenzten Mitteln	geringstmögliche Kosten für ein (von vornherein) begrenztes Ziel

Beispiele

Ein Pkw-Fahrer versucht mit seinem 60-l-Tank eine möglichst lange Strecke zu fahren.	Ein Lkw-Fahrer versucht für seine 500 km lange Tagesstrecke einen möglichst geringen Benzinverbrauch zu haben.
Du möchtest mit 20 Euro möglichst viele Pizzen für Deine Freunde backen.	Eine Pizza „Vier Jahreszeiten" für die ganze Familie mit den niedrigsten Ausgaben für Zutaten herstellen.

1325WX

Das ökonomische Prinzip in den beiden Formen, die wir kennengelernt haben, geht vom **Einzelnen** aus. Der Wanderer, der sich zwischen der Erfüllung verschiedener Wünsche entscheiden muss, interessiert sich nicht dafür, welche Auswirkungen das auf den Würstchenverkäufer hat. Tobias entscheidet sich für einen MP3-Player, den er am günstigsten bekommen kann. Er fragt: Was ist **für mich** wirtschaftlicher?

Was für den Einzelnen wirtschaftlich „vernünftig" ist, kann für unsere gesamte Gesellschaft, vielleicht sogar für die gesamte Erde, durchaus unvernünftig sein. Wenn sich der Einzelne ökonomisch verhält, kann das z. B. schlechte Folgen für andere Menschen, die Gesellschaft oder unsere Umwelt haben.
Zeige dies anhand des folgenden Schaubildes auf.

CO_2-Emissionen stellen den Ausstoß klimaschädlicher Gase in die Umwelt dar.

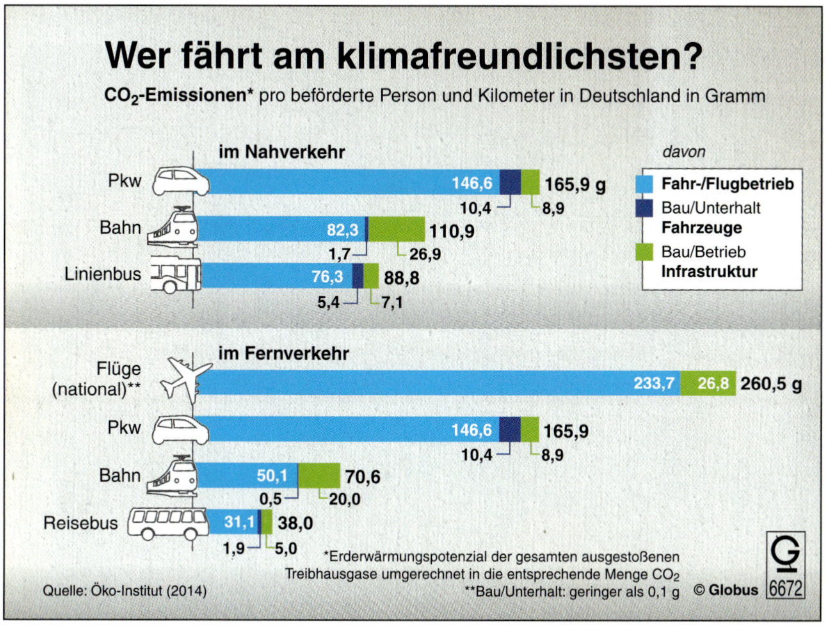

1. Gib die Aussagen des nebenstehenden Schaubildes mit deinen eigenen Worten wieder.

2. Für welches Verkehrsmittel entscheidest du dich, wenn du dich ökologisch verhältst?

3. Suche Gründe dafür, dass sich viele Menschen trotzdem für die Fahrt mit dem Pkw entscheiden.

3 Formen der Arbeitsteilung

3.1 Von der familiären zur internationalen Arbeitsteilung

Zweimal Frühstück: Zur Zeit der Gründung des Deutschen Reiches im Jahre 1871 lebte in Deutschland noch etwa die Hälfte der Bevölkerung von der Landwirtschaft. Aber auch viele Bürger in den Städten, die dort ein Handwerk betrieben, besaßen noch ein Stück Ackerland und etwas Vieh. Das Frühstück sah für diese Menschen etwa folgendermaßen aus:

Zu trinken gab es Malzkaffee. Er bestand aus Gerste, die selbst angebaut und auf dem Ofen geröstet wurde. Man aß Brot, das noch weitgehend selbst im Backofen gebacken wurde. Die Butter wurde aus Milch von den eigenen Kühen gewonnen. Als Brotaufstrich gab es selbst eingekochte Marmelade. Ärmere Familien mussten auf Brotaufstrich verzichten. Sie brachen das Brot in Stücke, tauchten es in den Malzkaffee und aßen es mit dem Löffel oder auch nur mit den Fingern.

Heute trinken wir zum Frühstück Kaffee oder Tee. Kaffee kommt aus Brasilien, Tee aus Indien. Wir essen verschiedene Brotsorten. Butter kommt aus Irland, Schinken aus Italien oder Deutschland, Käse aus Frankreich. Zusätzlich trinken wir Orangensaft aus Israel und essen Kiwis aus Neuseeland. Ganz nebenbei spielt in einem Radio aus Japan amerikanische Musik.

Wie wir aus den oberen Beispielen ersehen können, hat sich im Laufe der Geschichte unserer Güterversorgung immer mehr verbessert.

A

1. Beschreibe die familiäre Arbeitsteilung.
2. Nenne Vor- und Nachteile der Selbstversorgung gegenüber einer Fremdversorgung.

Die familiäre Arbeitsteilung

Weitgehende Selbstversorgung herrschte dort, wo von einer oder mehreren Familien, z. B. einer Sippe, alle Güter hergestellt wurden, die man zum Leben brauchte. Doch auch auf dieser Entwicklungsstufe verrichtete nicht jeder alle Tätigkeiten: Der Mann war meistens Fischer, Jäger, Ackerbauer und Handwerker zugleich. Er baute das Haus und stellte Waffen und Geräte her. Die Frau erledigte die Hausarbeit, spann, webte und fertigte die Kleider an. Wir können deshalb von einer **familiären Arbeitsteilung** in der Hauswirtschaft sprechen.

„Geschlossene Haushaltswirtschaft" mit familiärer Arbeitsteilung

Die berufliche Arbeitsteilung

Neben die familiäre Arbeitsteilung trat mit der Entwicklung von Städten die weitere Form der beruflichen Spezialisierung. Der Marktplatz jeder Stadt wurde nun zum Mittelpunkt von Tauschgeschäften. Hier tauschten zuerst **Handwerker** und **Bauern** Rohstoffe, Nahrungsmittel und Fertigerzeugnisse gegeneinander aus (= Tauschwirtschaft).

Die räumliche Arbeitsteilung

Je mehr Menschen in die Städte zogen, desto weniger konnten sich die Ackerbürger in den Städten selbst ernähren und waren auf die Versorgung aus dem Umland angewiesen.

Manche Städte waren durch Bodenschätze in ihrer Umgebung begünstigt (z. B. Salz in Bad Reichenhall, Eisenerz in der Oberpfalz), in anderen hatten sich Gewerbe besonders weit entwickelt (z. B. Weberei in Augsburg). Dies verstärkte mit der Zeit den Güteraustausch zwischen den Städten.

Die volkswirtschaftliche Arbeitsteilung (Arbeitsteilung innerhalb Deutschlands)

Zwei bedeutende Erfindungen führten dazu, dass die räumliche Arbeitsteilung weiterentwickelt werden konnte: Dampfmaschine und Eisenbahn.
- Mit der Erfindung der Dampfmaschine standen über die Wasserkraft, die Kraft der Tiere und der Menschen hinaus bedeutende Antriebskräfte zur Verfügung.
- Durch die Erfindung der Eisenbahn konnten Massengüter wie Steinkohle, Getreide und Holz oder schwere Maschinen preiswert und rasch über weite Strecken befördert werden. Die Eisenbahn ist im Grunde nichts weiter als eine auf Räder gestellte Dampfmaschine.

i

Die internationale Arbeitsteilung im Rahmen der Globalisierung verbessert unsere Güterversorgung. Andererseits wächst aber die gegenseitige Abhängigkeit..

Die internationale Arbeitsteilung

Die staatlichen Grenzen sind für das Wirtschaften zu eng geworden. Wir sprechen heute von **Globalisierung** und meinen damit:
- Unternehmen werden weltweit tätig. Sie führen nicht nur Güter nach Deutschland ein oder von Deutschland aus, sondern unterhalten Produktionsstätten rund um den Globus (sog. Global Player).
- Der Austausch von Gütern erfolgt weltweit.
- Geld „wandert" in Sekundenschnelle zu den Stätten günstiger Anlagemöglichkeiten.
- In vielen Ländern, z. B. in den Staaten der EU, können wir uns frei niederlassen und uns um eine Arbeitsstelle bewerben.
- Wir senden und empfangen Nachrichten und Informationen über Satelliten weltweit.

Es gibt verschiedene und sehr vielschichtige Gründe, die zum Entstehen der **weltweiten Arbeitsteilung** geführt haben. Hier einige Beispiele:

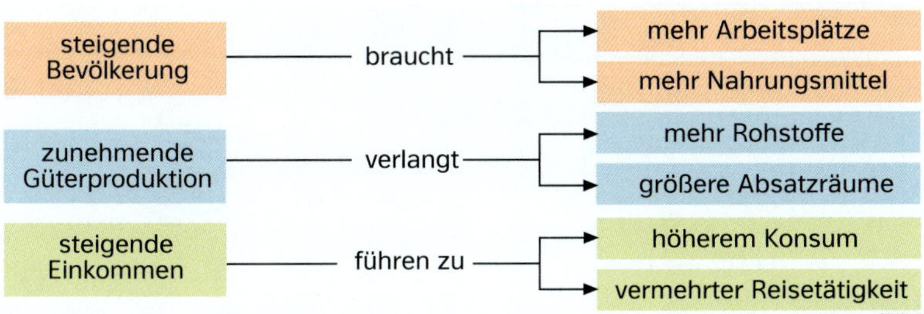

i

Globales Wirtschaften bringt aber auch Probleme für die Umwelt mit sich, z. B.:
- Umweltschäden durch Abgase aus zunehmendem Straßen- und Flugverkehr,
- Verschmutzung der Meere und Küsten,
- mögliche Klimaveränderungen durch die Abholzung tropischer Regenwälder.

Wichtige **Voraussetzungen** für die weitere Entwicklung sind:
- leistungsfähige Verkehrswege; neben der Eisenbahn (siehe „Volkswirtschaft") sind dies das Straßen- und Flugnetz und die Wasserwege,
- schnelle Datenübermittlung rund um den Globus,
- Sicherung des Friedens und internationale Zusammenarbeit,
- Bewusstsein um die gegenseitige Abhängigkeit und Verantwortung,
- Einbeziehung der sog. „Dritten Welt" in die globale Datenvernetzung.

Entwicklung zur Weltwirtschaft meint nicht das Entstehen neuer Arten der Arbeitsteilung; bereits bekannte Formen entwickeln sich jedoch weiter.
- Es entstehen neue Berufe (Berufsspezialisierung); man denke nur an die zahlreichen Berufe im Zusammenhang mit dem Einsatz elektronischer Datenverarbeitungsanlagen. Beispiele sind der/die Diplom-Informatiker/Informatikerin, der/die datentechnische Assistent/Assistentin, der/die Informatikassistent/-assistentin und der/die Datenverarbeitungskaufmann/-kauffrau.
- Die räumliche Arbeitsteilung nimmt weiter zu. Ein Beispiel ist die europäische Gemeinschaftsentwicklung und -produktion der Airbus-Verkehrsflugzeuge. Die Aufgaben sind in den beteiligten Ländern Deutschland, Frankreich, Großbritannien und Spanien weitgehend gleich verteilt, nur die Endmontage erfolgt in Toulouse und Hamburg.

Dagegen nimmt die Arbeitszerlegung nicht weiter zu. Im Gegenteil, zahlreiche mechanische Tätigkeiten werden heute von Robotern übernommen.

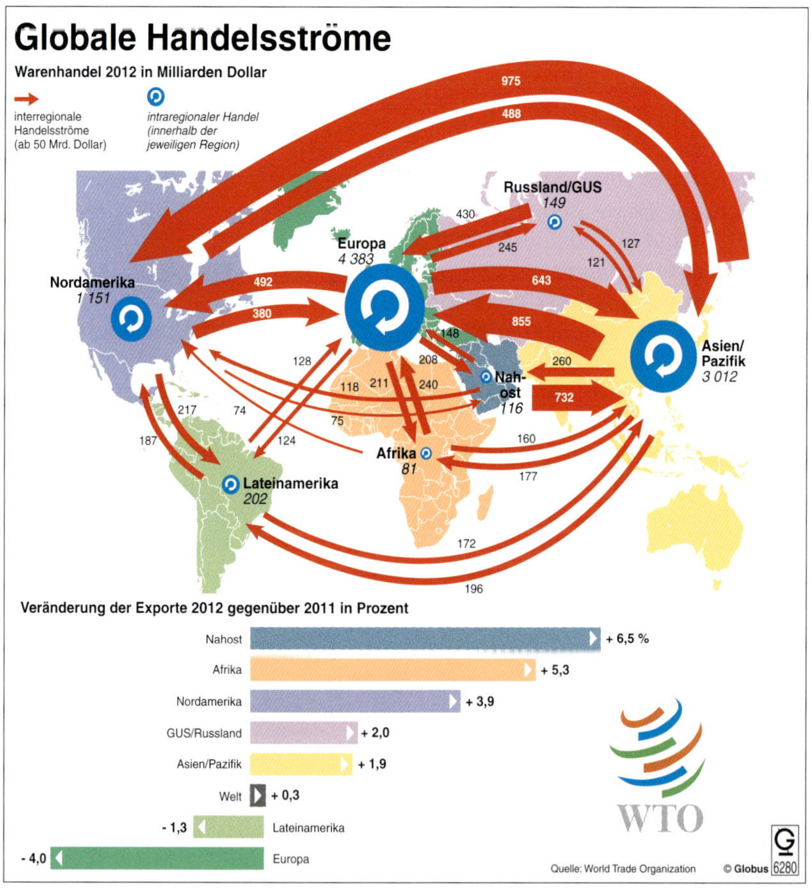

A

1. Beschreibe den Inhalt der Grafik in einem Satz.
2. Zwischen welchen Regionen findet der größte Güteraustausch statt? Beschreibe die einzelnen Handelsströme.
3. Beurteile die globale Bedeutung Asiens.

Zusammenfassung
Die Weiterentwicklung der Wirtschaft zu einer verbesserten Güterversorgung war nur möglich durch Arbeitsteilung. Wir unterscheiden:

Formen der Arbeitsteilung	Wirtschaftsstufen	Beispiele
familiäre Arbeitsteilung	Hauswirtschaft	Arbeitsteilung innerhalb der Familie
Berufsspezialisierung (gesellschaftliche Arbeitsteilung) Berufsbildung	Stadtwirtschaft	– Zimmermann – Gerber – Töpfer – Schmied
Berufsspaltung		Schmied: – Waffenschmied – Kesselschmied – Messerschmied – Huf- und Wagenschmied
beginnende räumliche Arbeitsteilung – zwischen Stadt und Umland – zwischen Stadt und Stadt		– Lederwaren – Getreide – Porzellan aus Weimar oder Meissen – Kristall aus Arnstadt
– sich entwickelnde räumliche Arbeitsteilung (innerhalb eines Staates) – Arbeitszerlegung (innerbetriebliche Arbeitsteilung)	Volkswirtschaft	– Käse aus dem Altenburger Land – Maschinen aus Nürnberg Fließbandproduktion
hoch entwickelte räumliche Arbeitsteilung (weltweiter Güteraustausch, „Globalisierung") – sich fortsetzende Berufsspezialisierung – Rückgang der Arbeitszerlegung	Weltwirtschaft	– Kaffee aus Brasilien – Elektrogeräte aus Japan

Die vorhergehenden Seiten haben euch den langen Weg von der Selbstversorgung über die einzelnen Stufen der Arbeitsteilung bis hin zur globalen Wirtschaft aufgezeigt. Die Entwicklung in den letzten Jahrzehnten wurde durch das Entstehen neuer Technologien immer rasanter. Informationen können in Sekundenschnelle rund um den Erdball ausgetauscht werden, Unternehmen produzieren und handeln weltweit, und in nahezu jeden Winkel der Welt kann man binnen Stunden bzw. Tagen reisen.

A

Führe Probleme auf, die sich durch die Globalisierung ergeben können.

1. Um welche Güter handelt es sich bei den unten stehenden Abbildungen? Verwende dabei das Gliederungsschema für Güter auf Seite 10.

2. a) Gliedere die Bedürfnisarten und nenne jeweils dazu zwei Beispiele.
   b) Nenne einige für dich ganz persönliche Bedürfnisse. Warum stellen sie nicht deinen persönlichen Bedarf dar?

3. Von Wilhelm Busch stammt der Satz: „Ein Wunsch, erst mal erfüllt, kriegt augenblicklich Junge." Was wollte er damit sagen?

4. Die folgende Aufgabe könnt ihr auch in Gruppenarbeit lösen und eure Ergebnisse anschließend vergleichen.
   Die Reihenfolge, in der wir unsere Bedürfnisse befriedigen wollen, kann z. B. abhängen von
   – Alter (Jugendlicher – Rentner),
   – Wohnort (Großstadt – Dorf),
   – Gesundheitszustand (Gesunder – Kranker),
   – gesellschaftlicher Stellung (Facharbeiter – Arzt).
   Ordne jeder dieser Gruppen bestimmte Bedürfnisse zu, die deiner Meinung nach typisch für sie sind.

5. Ein Gerät, wie es die unten links stehende Abbildung zeigt, könnte z. B. in der Autoherstellung verwendet werden.
   a) Ordne dieses Gerät in das Schema der dir bekannten Güterarten ein.
   b) Wodurch unterscheidet es sich von den beiden ersten Bildern?

6. a) Beschreibe die beiden Formen des Wirtschaftlichkeitsprinzips.
   b) Zähle die Formen auf, die der Verbraucher, bzw. der Produzent überwiegend verfolgen.

7. Stelle den Fehler in der folgenden Aussage fest: Das Wirtschaftlichkeitsprinzip lautet: Mit möglichst wenig Mitteln möglichst viel erreichen.

8. Frau Berger ist Auslieferungsleiterin im Möbelhaus Ehrlich. Am Dienstag, dem 26. Mai, sind vier Kunden zu beliefern. Die Entfernungen kannst du der unten stehenden Skizze entnehmen.
   a) Versetze dich in die Lage von Frau Berger. Welche Fahrtroute würdest du dem Fahrer vorschreiben? (Alle Straßen sind gleich gut ausgebaut.) Begründe deine Meinung.
   b) Alle Möbel können auf einmal geladen werden. In welcher Reihenfolge würdest du das Auto beladen?
   c) Welche Form des ökonomischen Prinzips kommt in diesem Beispiel zum Ausdruck? Begründe deine Meinung.

9. Zähle die Formen der Arbeitsteilung auf und beschreibe sie kurz.

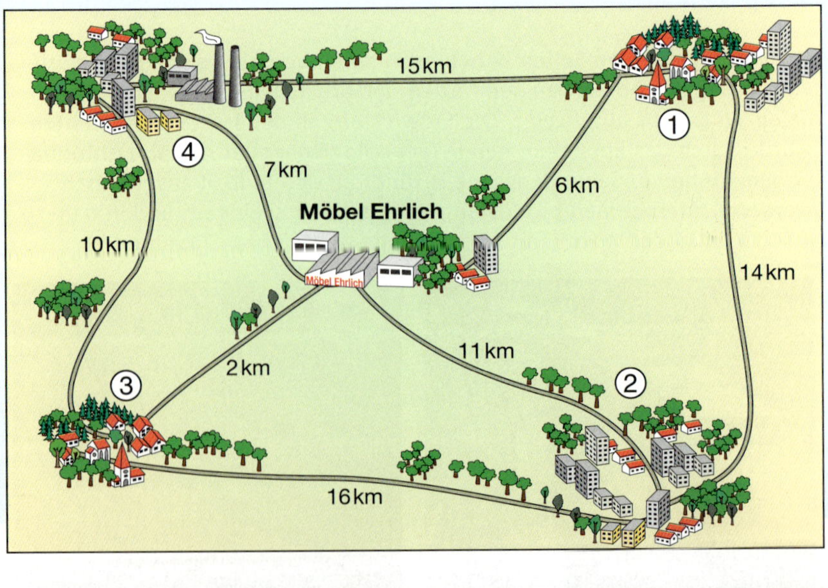

II Der private Haushalt

In diesem Lernbereich unterscheiden wir die Einkommensarten einer Familie. Du wirst erkennen, dass die Familie als Verbraucher ihre Ausgaben verantwortungsbewusst plant. Sie darf sich in ihrem Verbraucherverhalten nicht auf vielfältige Weise von der Werbung beeinflussen lassen.

1 Der einfache Wirtschaftskreislauf

Lena hat sich von ihren Eltern zum Geburtstag Geld gewünscht. Sie möchte einen ausgiebigen Stadtbummel machen. Am Nachmittag trifft sie sich mit zwei Freundinnen. Sie gehen zuerst in die Boutique und stöbern zwischen den Kleiderständern herum. Eine Jeans zum Preis von 59 Euro gefällt ihr besonders gut, sie stellt sich an der Kasse an und bezahlt. Im Drogeriemarkt findet Lena eine Wimperntusche sehr schön und kauft sie. Bevor die drei Freundinnen nach Hause fahren, kehren sie noch im Fast-Food-Restaurant ein.

Herr Muster, Lenas Vater, arbeitet bei der Firma Grundner als Geschäftsführer. Er verdient gut, weil das Unternehmen aufgrund der Neubauten und Altbausanierungen viele Aufträge hat. Frau Muster, Lenas Mutter, hilft bei der Bäckerei Bindl am Freitag und Samstag als Verkäuferin aus. Sie bessert dadurch das Familieneinkommen auf. Zum Haushalt der Familie gehört noch Lenas Bruder Jonas.

Unterscheide folgende Zuordnungen:

Unternehmen	**Privater Haushalt**
Boutique	Lena Muster
Drogeriemarkt	Jonas Muster
Restaurant	Michael Muster
Elektro-Grundner	Gaby Muster
Bäckerei Bindl	

Der Wirtschaftskreis besteht aus zwei entgegengesetzt verlaufenden Strömen:

Güterstrom
Strom der Güterentstehung (Arbeitskraft, Produktionsmittel)
Strom der Güterverwendung (Ge- und Verbrauchsgüter)

Geldstrom
Strom der Einkommensentstehung (Lohn, Gehalt, Zinsen)
Strom der Einkommensverwendung (Konsumausgaben, Ersparnis)

Die Unternehmen Grundner und Bindl bezahlen Lenas Eltern für das Bereitstellen ihrer Arbeitskraft Geld in Form von Lohn bzw. Gehalt. Mit diesem Geld, man nennt es Einkommen, kauft sich die Familie z. B. Güter für den täglichen Bedarf und sie bezahlt die Miete, die Heizungskosten, die Telefonrechnung und vieles mehr.

Diese Geld- und Güterbewegungen können gedanklich für die ganze Wirtschaft in einem Land in einem Modell dargestellt werden. Das hilft, die komplizierten Vorgänge in unserer Wirtschaft vereinfacht darzustellen.

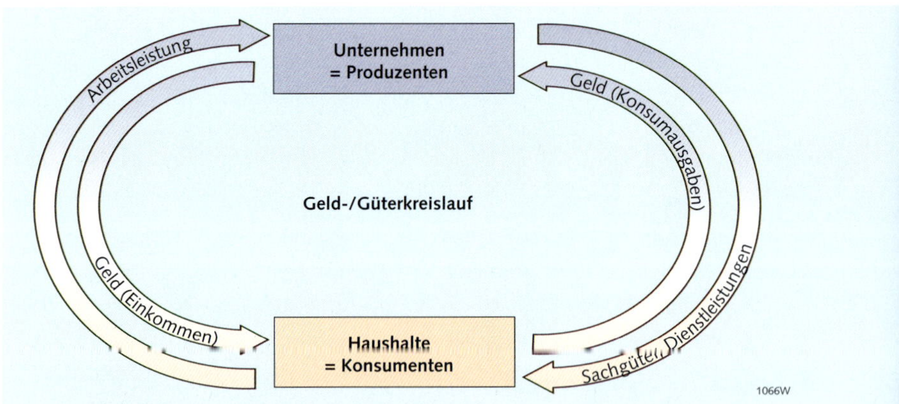

Das Arbeiten mit **Modellen** dient dazu, einen komplizierten und für unser Auge unsichtbaren Sachverhalt vorstellbar zu machen (z. B. auch in der Architektur).

Dieses einfache Modell eines Wirtschaftskreislaufs wird auch als geschlossenes Modell bezeichnet, weil die Summe des zufließenden Stroms der Summe des abfließenden Stroms entspricht. Ein privater Haushalt erhält zum Beispiel für seine Arbeitsleistung ein Einkommen. Dieses Geld gibt er wieder aus, um Konsumgüter zu kaufen.

1.1 Einkommensarten

„Mit dem Einkommen auskommen!"

Dieser Satz gilt auch für dein Einkommen in der Form des Taschengeldes und des Zusatzeinkommens z. B. durch Babysitten oder Zeitungen austragen. Sicher hast du nicht immer so viel Geld zur Verfügung, dass du dir alle Wünsche sofort erfüllen kannst. Auch in einer Familie sind die Wünsche vielfältig, das Einkommen aber begrenzt. Die Familie ist gezwungen, mit dem Einkommen auszukommen. Du kannst das auch so beschreiben: Die Familie muss, genauso wie du mit dem Taschengeld, mit ihrem Geld haushalten, sie muss wirtschaften.

Arten des Einkommens

In der Familie Schmid arbeitet der Vater Peter als Angestellter eines Unternehmens, das in der Medienbranche tätig ist. Er entwirft für Kunden, meistens Unternehmen, die Firmenlogos, plant und gestaltet für sie Messeauftritte, konzipiert Flyer (Faltblätter) oder schlägt vor, wie die Homepage aufgebaut werden könnte. Peter Schmid besucht viele Kunden, denen er die Neuerungen, Entwürfe und Änderungen erklärt. Er bezieht für seine Tätigkeit ein festes Gehalt und bekommt, wenn er erfolgreich ist, eine Provision (Vergütung prozentual nach dem Gewinn). Seine Frau Gitta arbeitet an drei Vormittagen pro Woche in der Abteilung Rechnungswesen der Firma MORESYS. Zusätzlich gibt sie ihre Buchführungskenntnisse abends in Volkshochschulkursen (VHS-Kurse) weiter. Hierfür erhält sie ein Honorar. Schließlich haben Gitta und Peter Schmid Geld bei einer Bank angelegt. Sie erhalten für diese Ersparnisse Zinsen.

Das Familieneinkommen wird ergänzt durch das Kindergeld für ihre zwei schulpflichtigen Kinder. Jeder in der Bundesrepublik Deutschland, der Kinder zu versorgen hat, bekommt Kindergeld als staatliche Leistung. Diese Leistung ist unabhängig von der Einkommenshöhe, d. h. ein Multimillionär bekommt das gleiche Kindergeld wie ein Sozialhilfeempfänger. Das Kindergeld zählt zu den steuerfreien Einkünften.

A

1. Benenne, welche Einkunftsarten die Familie Schmid bezieht.
2. Beschreibe, aus welchen Arten sich das Einkommen in deiner Familie zusammensetzt.
3. Begründe, warum der Staat die Familien mit Kindergeld unterstützt.
4. Recherchiere, wie viel Kindergeld eine Familie mit zwei Kindern erhält.

Das Familieneinkommen setzt sich aus verschiedenen Quellen zusammen:

Arbeit	Vermögen	Staatliche Leistungen	Sonstige
z. B. Lohn oder Gehalt Provisionen Honorar Rente	z. B. Zinsen Mieteinnahmen Pacht Gewinnbeteiligung	z. B. Kindergeld Arbeitslosengeld Elterngeld Sozialhilfe	z. B. Lottogewinn Geld- geschenke

Für das Einkommen haben sich im Laufe der Zeit viele Bezeichnungen eingebürgert. So spricht man z. B. vom Entgelt, das ein Arbeitgeber seinen Mitarbeitern bezahlt. Dieses Entgelt als Ausgleich für die Arbeitsleistung kann ein Lohn oder ein Gehalt sein, je nach Arbeitsvertrag. Bei sogenannter freiberuflicher Tätigkeit spricht man beim Entgelt für die Leistung von Honorar. Freie Berufe sind z. B. Ärzte, Anwälte, Steuerberater, Schriftsteller. Das Entgelt, das ein Schauspieler, Künstler oder Musiker erhält, nennt man Gage.

Das deutsche Einkommenssteuergesetz übernimmt diese Begriffe nicht, sondern unterscheidet sieben Einkunftsarten (siehe nächste Seite).

Einkunftsarten	Beispiele und Erläuterungen
1. Land- und Forstwirtschaft	Landwirtschaftsbetriebe, Gärtnereien, Baumschulen
2. Gewerbebetrieb	Betriebe der Grundstofferzeugung, Weiterverarbeitung, Handel, Gewinne von OHG- und KG-Gesellschaftern
3. Selbstständige Arbeit	wissenschaftliche, künstlerische, schriftstellerische Tätigkeit, (Ärzte, Rechtsanwälte, Steuerberater); aber auch Nebentätigkeiten, wie z. B. Beratungen, Vorträge, Lehraufträge, weil hier der Ausübende den Inhalt seiner Tätigkeit im Gegensatz zu einem Arbeitnehmer überwiegend selbst bestimmt
4. Nichtselbstständige Arbeit	Bezieher von Löhnen, Gehältern, Beamtenpensionen
5. Kapitalvermögen	Dividenden, Zinsen aus Wertpapieren, Sparguthaben, Darlehen usw., Einkünfte aus GmbH-Anteilen
6. Vermietung und Verpachtung	Einkünfte aus Vermietung oder Verpachtung von Grundstücken, Gebäuden oder Gebäudeteilen (Wohnungen)
7. Sonstige Einkünfte	Leibrenten, das ist eine Art Versorgungsleistung, die der Übernehmer eines Betriebes, einer Arztpraxis usw. an den Übergebenden während dessen Lebenszeit regelmäßig zahlt; ferner: Einkünfte aus Spekulationsgeschäften, Abgeordnetendiäten
= Gesamtbetrag der Einkünfte	

Wechselwirkung von Einkommen und Bedürfnissen

Du hast im Lernbereich 1 erkannt, dass Menschen verschiedene Arten von Bedürfnissen haben. Die Bedürfnisse können unbegrenzt sein. Allerdings zieht die Höhe des Einkommens eine scharfe Grenze. Um das Existenz- oder Grundbedürfnis „Wohnen“ zu befriedigen und nur um ein „Dach über dem Kopf“ zu haben, würde ein Zimmer ausreichen. Für Menschen mit geringem Einkommen gibt es vielleicht gar keine andere Möglichkeit.

Bei höherem Einkommen steigen die Bedürfnisse: Wohnzimmer, Esszimmer, Schlafzimmer, für jedes Kind ein eigenes Zimmer usw. Es könnte aber auch sein, dass die Familie sich mit einer kleineren Wohnung zufrieden gibt, um Geld für modernste elektronische Geräte, für teure Hobbys oder Sportausrüstungen, Reisen und kulturelle Veranstaltungen zur Verfügung zu haben. Die Bedürfnisse werden nicht nur vom Einkommen, sondern auch durch Faktoren wie zum Beispiel Alter und Bildung beeinflusst.

In der Entscheidung, wie das verfügbare Geld eingesetzt wird und damit die individuellen Bedürfnisse befriedigt werden, sind die Familienmitglieder frei. Dies nennt man Konsumentenfreiheit.

i

Konsument ist eine andere Bezeichnung für Verbraucher.

2 Der Haushaltsplan

2.1 Die Verwendung des Einkommens

Jeder Haushalt verwendet sein Einkommen auf andere Weise, jede Familie gibt unterschiedlich viel Geld für ihren Lebensunterhalt aus. Diese Ausgaben nennen wir Verbrauchs- oder Konsumausgaben. Das Einkommen wird z. B. zum Bezahlen der Nahrungsmittel, zum Überweisen der Wohnungsmiete, zum Begleichen von Rechnungen verwendet. Dabei ist es notwendig, den Überblick über Einnahmen und Ausgaben zu behalten.

Mit dem Einkommen auszukommen, ist gar nicht so einfach. Die Wünsche der Familienmitglieder sind meist größer als das zur Verfügung stehende Geld. Es ist daher wichtig, einen Plan zu machen, damit man die Einnahmen und Ausgaben der Familie im Auge behalten kann.
Genauso wie jede Gemeinde, jedes Bundesland (z. B. Thüringen) oder die Bundesrepublik Deutschland einen Haushaltsplan aufstellt, möchte sich auch Familie Schmid einen Überblick über ihre monatlichen Einnahmen und Ausgaben verschaffen.
Deshalb führt sie über die Ausgaben Buch und erstellt eine Übersicht über die monatlichen Einnahmen und Ausgaben, den **Haushaltsplan**. Familie Schmid vermerkt in diesem Buch alle täglichen Einnahmen und Ausgaben. Anschließend erstellt sie eine Monatsübersicht.

Der Aufbau eines Haushaltsplanes könnte auf der **Einnahmenseite** folgendermaßen aussehen:

- Nettogehalt
- Provision
- Honorar
- Kindergeld
- Zinsen
- Steuerrückerstattung
- Zuschuss von Oma und Opa
- Sonstiges

Der Aufbau eines Haushaltsplanes könnte auf der **Ausgabenseite** folgendermaßen aussehen:

Regelmäßige Ausgaben weitgehend feste Beträge	**Haushaltsausgaben variable Kosten**
z. B. Miete, Nebenkosten, z. B. Heizung, Gas/Strom, Versicherungen, Telefongebühren, Fernsehen, Autoversicherung, Kfz-Steuer, Zeitungsabonnement.	z. B. Lebensmittel/Getränke, Waschmittel/Putzmittel, Benzinkosten, Fahrtkosten für öffentliche Verkehrsmittel, Porto, Geschenke.
Persönliche Ausgaben variable Ausgaben	**Rücklagen**
z. B. Kleidung/Schuhe, Friseur/Kosmetik u. a., Kino/Theater/Hobbys, Taschengeld.	z. B. Reparaturen, Urlaub, unvorhergesehene Ausgaben, Sonstiges.

i

Die Unterschiede bei der Verwendung des Einkommens hängen von folgenden Faktoren ab:
- Höhe des Einkommens,
- Bildungsstand,
- Anzahl der Personen,
- persönliche Wünsche,
- Umweltbewusstsein
- usw.

Herr und Frau Schmid bearbeiten ihr Haushaltsbuch.

Ein Haushaltsbuch zum Eintragen aller Einnahmen und Ausgaben

2.2 Auswerten von Statistiken und Grafiken

„Ein Bild sagt mehr als tausend Worte." Nach diesem Motto werden Informationen schneller, eindrucksvoller und nachhaltiger übertragen. Infografiken verbinden wörtliche (Information) und zeichnerische (Grafik) Darstellungen.

Statistisches Zahlenmaterial, grafisch aufbereitet, ist besser verständlich und zeigt oft auf einen Blick den Sachverhalt auf. Wichtig ist dabei, dass du die Darstellungen richtig lesen und auswerten kannst.

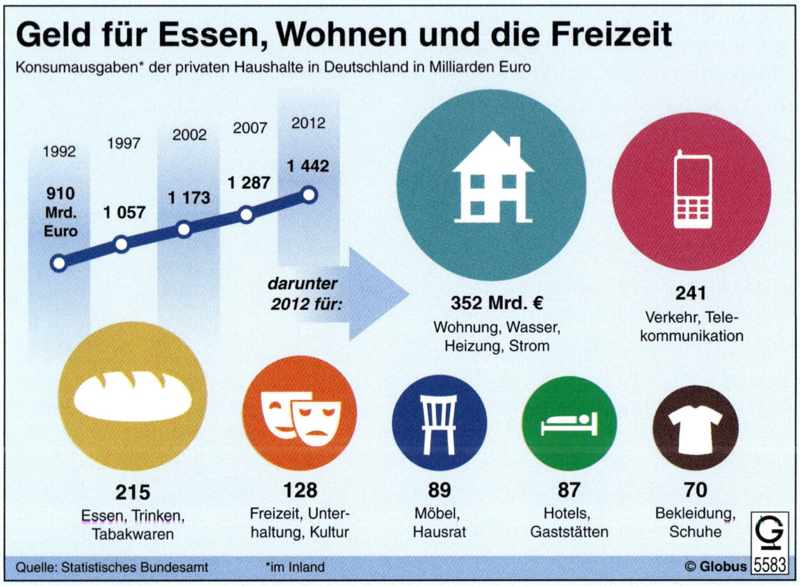

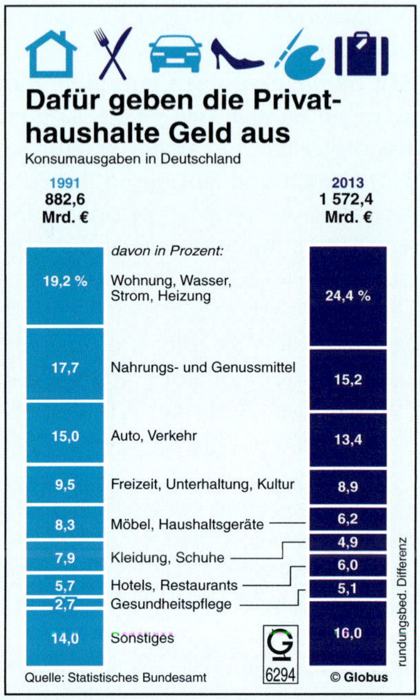

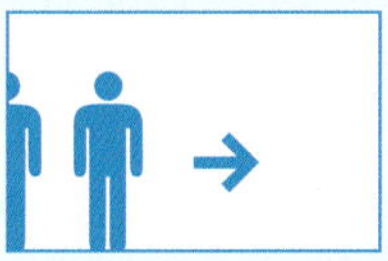

1. Vorbereitung

Beachte folgende Angaben:

1. Die Überschrift gibt einen wichtigen Hinweis auf die dargestellten Zahlen.
2. Zusätzliche Texte (wie z. B. Teilüberschriften) verdeutlichen die Inhalte.
3. Werde dir bewusst über die Maßeinheit Zahlen (Prozent oder Währung).
4. Achte auf die Form der Grafik:
   - Ein Liniendiagramm gibt Aufschluss über eine Entwicklung.
   - Säulendiagramme (vertikal, senkrecht) können Häufigkeitsverteilungen darstellen.
   - Balkendiagramme (horizontal, waagerecht) geben Vergleichswerte an.
   - Kreisdiagramme spiegeln Anteile z. B. in Prozenten wider.
5. Suche immer die Quellenangaben. Woher kommen die Zahlen?
6. Die Angabe, wer diese Grafik erstellt hat, bzw. welcher Verlag das Copyright (Zeichen: ©) hat, kann dir Informationen geben, wo möglicherweise weitere Infografiken zu erhalten sind.

2. Auswertung

Werte die Grafik aus:

- Beschreibe Gemeinsamkeiten und Unterschiede der beiden Grafiken.
- Errechne für 2013 den prozentualen Anteil der Ausgaben für den Bereich „Wohnung, Strom, Wasser, Heizung".
- Bei welchem Ausgabenblock kannst du die größte Veränderung feststellen? Versuche die Entwicklung zu begründen.
- Ordne die Ausgaben in die Bereiche Gebrauchsgüter, Verbrauchsgüter und Dienstleistungen.

2.3 Ursache und Wirkung von Schulden

Die Erstellung eines Haushaltsplans erleichtert die Abstimmung der Einnahmen und Ausgaben, was die künftige Einteilung des Geldes erleichtern kann. Aber: Unvorhergesehene Ausgaben können immer mal anfallen, z. B. der Ausfall der Waschmaschine, eine Autoreparatur oder dergleichen. Hierfür ist eine monatliche feste Rücklagenbildung erforderlich. Vielen Familien ist es jedoch nicht möglich, Rücklagen zu bilden. Die Gesamteinnahmen reichen nicht aus, um die Gesamtausgaben zu decken. Die Folge ist, dass das Konto überzogen wird. Das heißt, dass der Kontoauszug einen Soll-Betrag aufweist und dieser Betrag mit einem Minuszeichen versehen ist. Das Konto in den Minusbereich gleiten zu lassen, kostet viel Geld. Die Banken verlangen Sollzinsen in nicht unbeträchtlicher Höhe. Das Konto wird weiter belastet.

Untersuchungen zufolge sind die Gründe für die Verschuldung junger Erwachsener unter anderem:
- zu hohe Konsumausgaben,
- schlechtes Vorbild der Eltern,
- fehlende Kenntnisse über Vertragspflichten,
- fehlender Umgang mit den Themen Geld und Schulden.

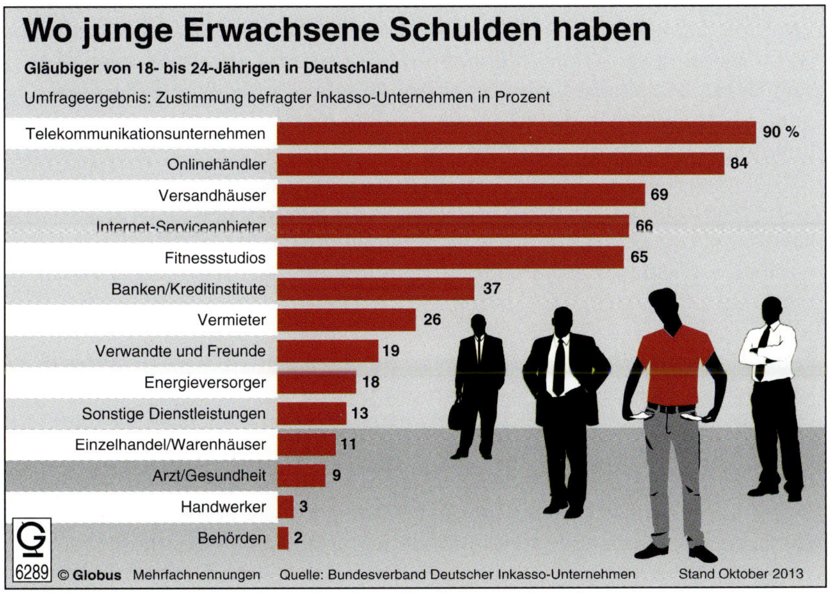

Im Durchschnitt haben junge Verbraucher unter 25 Jahren 8 200 Euro Schulden. Oft erliegen sie den Verlockungen der Konsumwelt und kaufen, ohne sich Gedanken darüber zu machen, ob die Erfüllung ihrer Konsumwünsche mit ihren Einnahmen in Einklang steht. Wenn keine Bereitschaft besteht, die Lebensverhältnisse zu ändern oder auf Konsum zu verzichten und sich einzuschränken, verschulden sie sich immer mehr. Wir sprechen dann von einer **Schuldenfalle**.
Wenn sämtliche Verpflichtungen über eine längere Zeit nicht zu erfüllen sind (Miete, Energie, Lebensunterhalt, Kreditraten usw.), kommt es zu einer **Überschuldung**. Dies ist dann der Zeitpunkt, sich an eine Schuldner- und Insolvenzberatungsstelle zu wenden und einen Beratungstermin zu vereinbaren. Je frühzeitiger ein fachkundiger Rat eingeholt wird, umso eher wird man einen Ausweg aus den Schulden finden. Einen letzten Ausweg hat der Gesetzgeber durch eine Privat- oder Verbraucherinsolvenz geschaffen. Dieses sehr langwierige Verfahren kann in einer **Restschuldbefreiung** münden.

A

1. Berichte über Sinn und Zweck der Aufstellung eines Haushaltplans.
2. Erkläre die Ursachen von Schulden.
3. Benenne die häufigsten Ursachen von Schulden junger Erwachsener (siehe Grafik).
4. Beschreibe die Möglichkeiten einer Schuldnerberatung.
5. Recherchiere im Internet über kostenfreie, vertrauenswürdige Schuldnerberatungsstellen.

2.4 Aufgaben und Formen der Werbung

Angenommen, du wünschst dir zu Weihnachten eine Spielkonsole. Du gehst in einen der Elektronikmärkte und siehst dir die verschiedenen Geräte an. Sie unterscheiden sich auf den ersten Blick durch ihr Äußeres und ihren Preis. Diese beiden Kriterien sind jedoch nicht allein ausschlaggebend für die Entscheidung.

Fragen z. B. über
- technische Einzelheiten,
- die Handhabung,
- den Service (Dienst am Kunden),
- die Garantieleistungen

müssen geklärt werden. Nur die eingehende Beratung eines Fachverkäufers wird helfen, die persönlich richtige Entscheidung zu treffen. Kannst du aber sicher sein, ob der Verkäufer nicht ein Produkt anpreist, das er lieber verkaufen möchte als ein anderes? Vielleicht bekommt er von einem bestimmten Hersteller bessere Einkaufsbedingungen eingeräumt und empfiehlt deshalb dieses Gerät mehr, obwohl es technisch möglicherweise nicht so gut ist wie ein anderes.

„Mit der GameStation Spielen total genießen." Diese Werbebotschaft ist dir seit ein paar Tagen in Erinnerung. Also fragst du gezielt nach diesem Gerät. Mit Werbespots im Fernsehen oder im Radio, auf Plakaten oder in Anzeigen will die Werbung Gefühle des Verbrauchers ansprechen und ihn so zum Kauf „überreden".
Fachliche und konkrete Aussagen über das einzelne Produkt werden in der Werbung kaum gemacht, oft fehlt die Angabe des Preises. Mit kleinen, witzig gemachten Geschichten soll Aufmerksamkeit erzeugt werden, im Gedächtnis hängen bleiben und den Wunsch anregen, diese Produkte zu besitzen.

Grundsätzlich kann jeder Verbraucher frei entscheiden, welche Güter er zu welchem Zeitpunkt, an welchem Ort und zu welchem Preis kaufen möchte. In diesen Entscheidungsprozess versuchen die Hersteller und die Händler allerdings einzugreifen, indem sie für ihre Produkte werben. Werbung informiert einerseits den Verbraucher und macht ihn mit bestimmten Produkten bekannt, andererseits löst sie geschickt Besitzwünsche aus. Vorhandene Bedürfnisse wie z. B. Schönheit, Jugend, Gesundheit, Reichtum usw. werden verstärkt. Ziel der Werbung ist ebenso, noch nicht vorhandene Bedürfnisse zu wecken und Kaufverlangen zu erzeugen.

Attention:	Aufmerksamkeit erregen
Interest:	Interesse wecken
Desire:	Besitzwunsch auslösen
Action:	Kauf ausführen

Der Wirkungsablauf der Werbung auf den Verbraucher lässt sich am besten durch die sog. AIDA-Formel beschreiben. Der Verbraucher durchläuft bei der Werbung folgende Stufen der Wahrnehmung und des Handelns:
Für den Verbraucher ist Werbung nur dann nützlich, wenn sie Informationen enthält, die
- Vergleiche ermöglichen,
- Angaben über den Preis enthalten,
- technische oder andere inhaltliche Beschreibungen vermitteln.

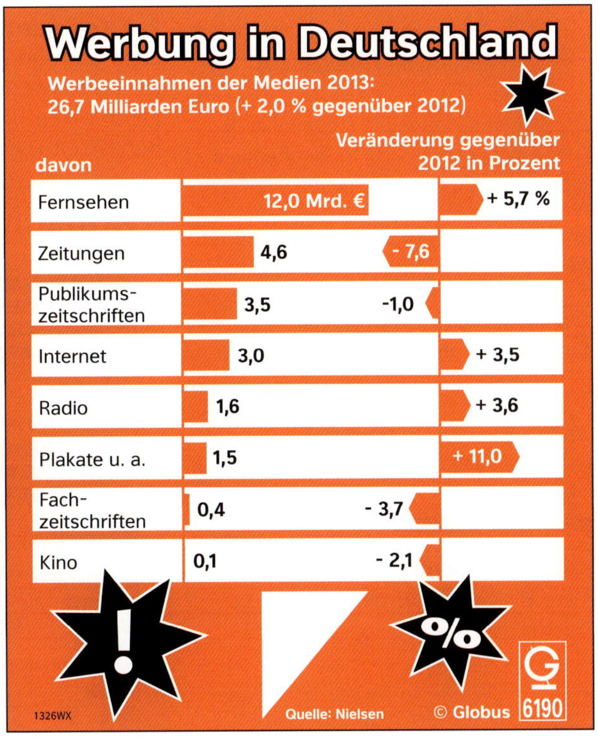

In vielen Unternehmen gilt der lockere Spruch: „Wer nicht wirbt, der stirbt". Sowohl im Verkauf als auch in der Dienstleistung ist Werbung unerlässlich. Ein guter Name und die Information des Kunden sollten sich im Geschäftserfolg niederschlagen. Welche Form der Werbung man wählt, hängt einerseits vom einzusetzenden Geld und der Zielsetzung ab. Es hat sich herausgestellt, dass keinesfalls nur ein einziges Werbemittel einzusetzen ist, sondern viele verschiedene Kanäle sinnvoll miteinander kombiniert werden sollten.

Ganz unterschiedliche Formen bieten sich für die Werbetreibenden an:
- Prospekte (Aktionen)
- Rabatte in unterschiedlicher Gestaltung (Schlussverkauf usw.)
- persönliche Produktpräsentationen
- Werbegeschenke
- Funk- und Fernsehwerbung (Werbespots)
- Onlinewerbung

A

1. Werte die obige Grafik aus:
   a) Nenne den größten Werbeträger.
   b) Berichte, welche Fernsehsender deiner Meinung nach am meisten werben.
   c) Recherchiere und erläutere, zu welcher Tageszeit die Werbeminute am teuersten ist.
   d) Beschreibe den Unterschied zwischen Zeitung, Publikumszeitschrift und Fachzeitschrift.
   e) Finde mögliche Gründe, warum die Werbeeinnahmen von Zeitungen rückläufig waren.

2. Untersuche den Werbeanteil
   a) in einer Tageszeitung,
   b) in einer Publikumszeitschrift.
   Stelle Unterschiede hinsichtlich des Werbeumfangs und der Art der Werbung fest.

3. Finde Gründe, warum gerade Handelsorganisationen (s. linke Grafik) wie Media-Markt, Saturn, Aldi, Lidl, REWE usw. viel Geld für Werbung ausgeben.

Taschengeld bei monatlicher Auszahlung	
Jugendämter empfehlen	tatsächliches Taschengeld
12-Jährige: 20 Euro	36 Euro
13-Jährige: 22 Euro	41 Euro

Quelle: Umfrage des deutschen Sparkassen- und Giroverbandes, 2013

i

Bei Testberichten im Internet sollte auf die Seriosität der Quellen geachtet werden.

A

1. Erkläre, wofür Jugendliche am meisten Geld ausgeben.
2. Beschreibe deine persönliche Reihenfolge der Geldausgaben.
3. Löst die folgenden Aufgaben in Gruppenarbeit:
   a) Sammelt Werbeseiten oder Werbeanzeigen aus Zeitschriften und untersucht sie auf ihren Informationsgehalt.
   b) Beschreibt, welche Werbesprüche oder Bilder Emotionen ansprechen.
   c) Benennt die Gefühle, die zum Kauf des Produktes anregen sollen.
   d) Präsentiert eure Ergebnisse in der Klasse.
4. a) Informiere dich im Internet über die „Stiftung Warentest“.
   b) Recherchiere, wer die Stiftung gegründet hat und wann das war.
   c) Berichte über die neueren Entwicklungen bzgl. „Produktfinder“.

2.5 Konsumfreudige Jugend

Lena und Jonas Muster füllen ihren Geldbeutel durch regelmäßige Einnahmen, wie Taschengeld oder durch gelegentliche Einkünfte aus Geldgeschenken. Je nach Alter und Gelegenheit bessern sie ihre Einnahmen durch Zeitungsaustragen auf.

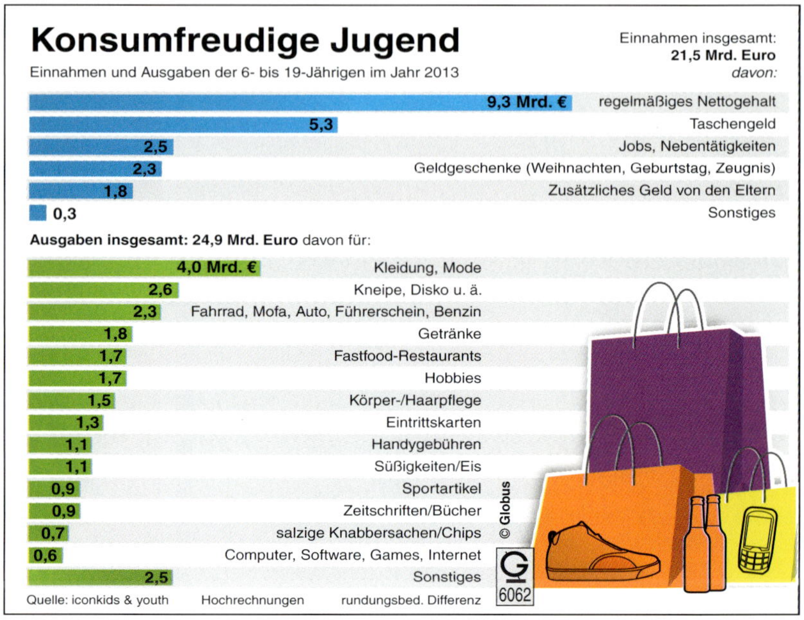

Die Verfügbarkeit von eigenem Geld fördert die Entwicklung zur Selbstständigkeit der Kinder und Jugendlichen. Es geht auch darum, eigene Erfahrungen mit Geld zu ermöglichen. Das zur freien Verfügung bereitgestellte Taschengeld ist zur Erfüllung individueller Wünsche der Kinder gedacht. Durch die empfohlene Auszahlung in wöchentlichen Raten sollen sie lernen, ihr Geld einzuteilen.

Sicher hast du schon oft erlebt, dass du eine Kaufentscheidung von Werbesprüchen abhängig gemacht hast. Werbung sollte informieren und dem Verbraucher helfen, die richtige Auswahl zu treffen.

Für den Verbraucher ist Werbung nur dann nützlich, wenn sie Informationen enthält, die
- Vergleiche ermöglichen,
- Angaben über den Preis enthalten,
- technische oder andere inhaltliche Beschreibungen vermitteln.

Da Werbung diese Ansprüche oft nicht erfüllt, musst du dir die notwendigen Informationen anderweitig beschaffen.
Kostenlose Informationen bieten z. B.
- die Broschüren der Bundes- bzw. Länderministerien für Wirtschaft, Ernährung, Umwelt, Gesundheit, Verbraucherschutz, Justiz usw.,
- Radio- und Fernsehsendungen (z. B. „Ratgeber“),
- Testberichte im Internet.

Weitere objektive und unabhängige Informationsquellen sind z. B. Testberichte. Die **„Stiftung Warentest“** in Berlin lässt Institute Waren und Dienstleistungen bundesweit prüfen und veröffentlicht die Ergebnisse ihrer Vergleichstests in der Zeitschrift „test“. Sie wird staatlich gefördert.

2.6 Verbraucherrechte

Persönliche Beratung, aktuelle Informationen und Broschüren bieten die **Verbraucherzentralen** in den Bundesländern an. Die Verbraucherzentrale ist mit 14 Beratungsstellen in ganz Thüringen vertreten.
Der Verband möchte die Interessen der Verbraucher wirkungsvoll vertreten und erreichen, dass sich Verbraucher und Anbieter als gleichrangige Partner im Marktgeschehen gegenüberstehen. Die aktive Rolle der Verbraucher zu stärken und einen Qualitätswettbewerb zu fördern, ist ein wesentliches Aufgabenfeld. Finanziert wird die Arbeit der Verbraucherzentralen überwiegend aus staatlichen Mitteln.
Das Themenspektrum reicht von Verbraucherrecht, Versicherungen, Finanzen und Altersvorsorge bis hin zu Ernährung, Energie und Umwelt. Die Experten der Organisation beraten anbieterunabhängig und helfen Ratsuchenden, sich einen Überblick bei unübersichtlichen Angebotsmärkten zu verschaffen. In den örtlichen Verbraucherzentralen erhalten Ratsuchende Unterstützung, um berechtigte Forderungen gegenüber Anbietern durchzusetzen. Die Kosten für die Beratung variieren ja nach Art und Umfang.

verbraucherzentrale Thüringen

i

In Deutschland gibt es kein gesondertes Verbraucherschutzgesetz. Die Rechte des Verbrauchers beziehen sich vorwiegend auf Vertragsverletzungen. Nähere Informationen findest du im Kapitel „Verträge im Alltag".

Aktuelle Informationen findest du im Internet. Suche nach der Verbraucherzentrale Thüringen. Das Angebot gliedert sich in verschiedene „Themen" von Bauen und Wohnen bis Versicherungen. Unter „Beratung" findest du mehrere Möglichkeiten, wie die Verbraucherzentrale zu erreichen ist.
Die Verbraucherzentralen verfolgen Rechtsverstöße (etwa gegen das Gesetz gegen unlauteren Wettbewerb) durch Abmahnungen und Klagen und sorgen dafür, dass Anbieter Verbraucherrechte einhalten. Auch gegenüber Politik und Verwaltung setzen sie sich für einen wirtschaftlichen und gesundheitlichen Verbraucherschutz ein. Sie informieren Medien und Öffentlichkeit über wichtige Verbraucherthemen und machen auf Missstände aufmerksam. Dazu führen sie auch Aktionen und Projekte durch und zeigen Ausstellungen.

A

1. Informiere dich im Internet über die für dich nächste Verbraucherzentrale.
2. Berichte in der Klasse in einem Kurzreferat über die Aufgaben und Angebote der Verbraucherzentrale.
3. Suche im Internet nach anderen Verbraucherschutzorganisationen.
4. Erkundige dich in deiner Heimatgemeinde, wie du folgende Produkte umweltbewusst entsorgen könntest:
   - Spraydosen (mit Restinhalt),
   - Nagellackreste,
   - eingetrocknete Wandfarbe,
   - Medikamente mit abgelaufenem Verfallsdatum.
5. Beschreibe die „Aussage" der nebenstehenden Karikatur.

1. Ordne zu folgenden Bildern die entsprechenden Einkommensarten – Gehalt, Gage, Honorar, Gewinn, Lohn, Nebenverdienst, Rente, Provision – zu und begründe deine Entscheidungen.

2. Zähle fünf Einkommensarten auf.

3. Berechne, wie viel Kindergeld derzeit eine Familie mit drei Kindern als staatliche Leistung erhält.

4. Jede Familie verwendet ihr Einkommen anders. Stelle dar, wovon die Unterschiede bei der Verwendung des Einkommens abhängen.

5. Eine Familie hat im Monat höhere Ausgaben, als das Einkommen abdecken kann. Nenne Möglichkeiten, woher die Gelder zur Abdeckung des fehlenden Betrages kommen könnten. Entwickle Vorschläge, welche Möglichkeiten des wirtschaftlichen Handelns du der Familie vorschlägst, damit Einnahmen und Ausgaben zumindest gleich hoch werden.

6. Betrachte die nebenstehende Grafik:
   a) Vergleiche die drei größten Ausgabeposten mit denen in deiner Familie.
   b) Berichte über die Ausgabenblöcke, die du als unbedingt notwendig erachtest.
   c) Lege dar, bei welchen Ausgaben eine Familie Einsparmöglichkeiten hat.
   d) Zähle Ausgabeposten auf, die nicht regelmäßig anfallen.

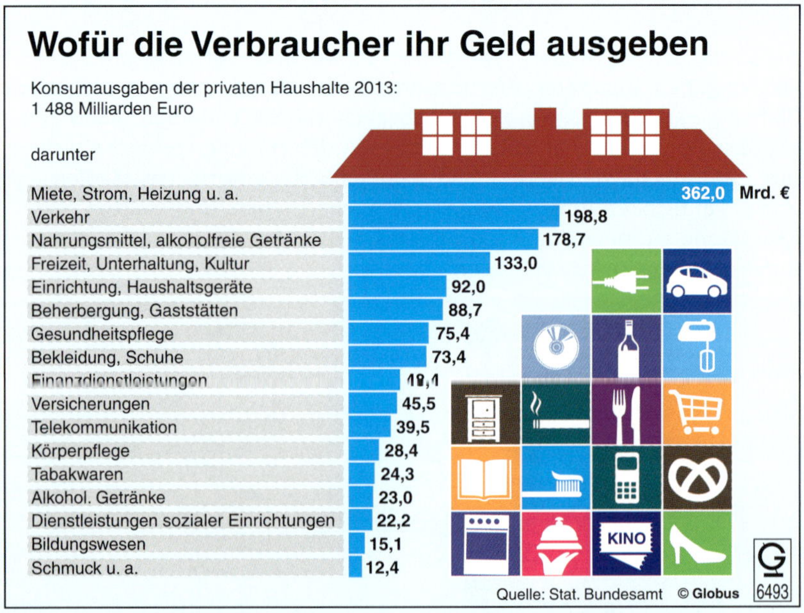

III Markt und Preisbildung

In diesem Kapitel wirst du erfahren, was ein Markt ist. Du wirst die Preisbildung als wichtige Funktion des Marktes beschreiben können und verschiedene Marktarten und Marktformen unterscheiden lernen.

1 Der Markt als Treffpunkt von Angebot und Nachfrage

1.1 Angebot und Nachfrage

Beiden in den Bildern dargestellten Beispielen ist gemeinsam, dass zwei Gruppen von Menschen zusammengeführt werden sollen:

- Menschen, die ein Gut erwerben möchten, nennt man **Nachfrager**.
- Menschen, die ein Gut verkaufen wollen, nennt man **Anbieter**.
- Angebot und Nachfrage begegnen sich auf dem **Markt**.

Das Verhalten von Anbietern und Nachfragern

Wovon hängen die Höhe des Angebots und die Höhe der Nachfrage nach einem Gut ab? Für beide Seiten ist der Preis zwar ein wichtiger, aber nicht einziger Einflussfaktor.
Für den Anbieter sind außerdem seine **Kosten** entscheidend. Kann er für sein Produkt nur einen Preis erzielen, der unter den Herstellungskosten liegt, wird er bald vom Markt verschwinden. Auch der **Gewinn** ist für den Anbieter wichtig. Wer z. B. Frühkartoffeln oder Spargel um eine oder zwei Wochen früher auf den Markt bringen kann als andere Anbieter, erzielt einen höheren Preis und dadurch einen höheren Gewinn.

Bedürfnisse
↓
Bedarf
↓
Nachfrage

Für den Nachfrager ist neben dem Preis die **Höhe seines Einkommens** entscheidend. Wer nur über ein geringes Einkommen verfügt, wird im Januar vermutlich keine Weintrauben kaufen. Bedeutsam sind auch die **Preise vergleichbarer Güter**. Ein Ansteigen der Kaffeepreise wird manche Verbraucher veranlassen, öfter Tee zu trinken. Wenn im Herbst die Weintrauben preiswert angeboten werden, lassen wir vielleicht die Äpfel im Regal liegen. Weiterhin ist die persönliche Wertschätzung wichtig. Jeans werden von Jugendlichen mehr geschätzt als von Rentnern. Ein Liebhaber klassischer Musik kauft kaum Popmusik.

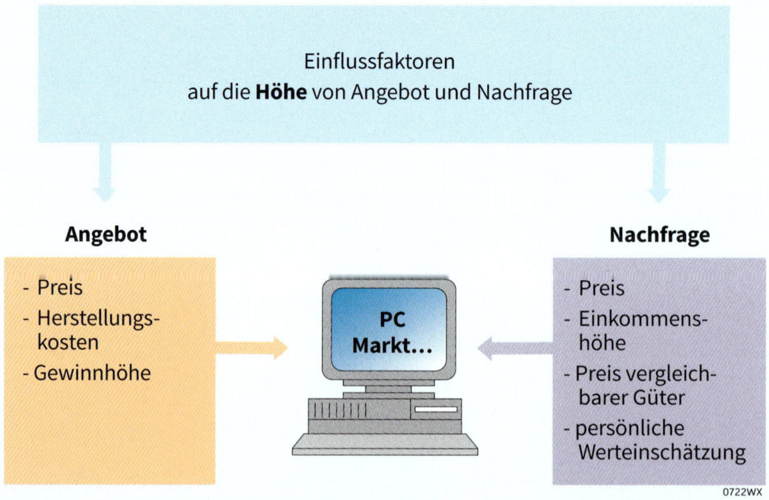

A

1. Nenne weitere Beispiele für persönliche Wertschätzung als Einflussfaktor. Bedenke, dass nicht nur das Geld unser Verhalten beeinflusst.
2. Auch die Bereitschaft, Natur, Umwelt und die Tiere zu schützen, kann unsere Entscheidung beeinflussen. Finde dafür Beispiele.

1.2 Marktarten

Unter Markt hat man sich nicht etwa einen genau bestimmten Raum vorzustellen, sondern **jedes beliebige Zusammentreffen von Angebot und Nachfrage**. Ein Markt ist z. B. ein Ladengeschäft, aber auch der Wochenmarkt für landwirtschaftliche Erzeugnisse. Jede Bank ist ein Markt, auf dem Kredite angeboten und nachgefragt werden. Auf vielen Märkten muss der Anbieter die Ware vorzeigen, damit der Nachfrager sie prüfen kann. Es gibt aber auch Märkte, auf denen täglich Umsätze in Millionenhöhe getätigt werden, ohne dass die „Ware" sichtbar ist. Ein Beispiel dafür ist der Devisenmarkt. Der Devisenhändler kauft und verkauft per Internet bzw. per Telefon.

Wie wir gesehen haben, gibt es eine Vielzahl von Marktarten. Wir können sie allerdings gut ordnen, indem wir sie nach verschiedenen Unterscheidungskriterien zusammenfassen:

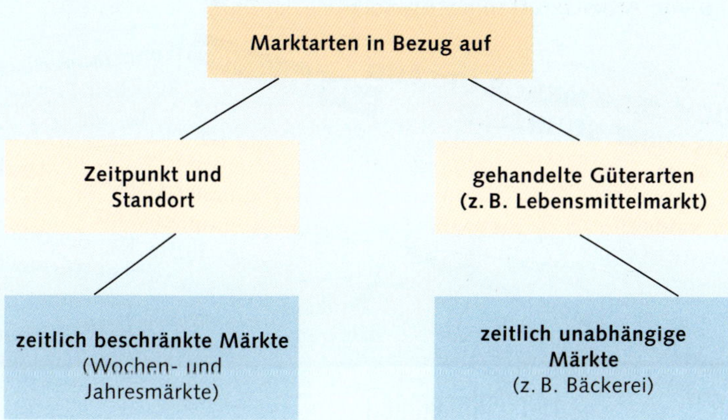

Der Markt in Bezug auf den Zeitpunkt

Zeitlich beschränkte Märkte

Jeder von euch kennt einen Wochenmarkt. Hier werden unterschiedliche Waren angeboten: Gemüse, Obst und Blumen, Wurst, Käse und Fisch, sogar Kleidung oder Lederartikel und Süßwaren warten auf Käuferinnen und Käufer. Oftmals gibt es auch einen Dönerstand oder andere Imbissmöglichkeiten. Viele Menschen schlendern über den Wochenmarkt, prüfen die Waren, vergleichen möglicherweise Preise und kaufen ein.
Findet der Markt nur einmal im Jahr statt, bezeichnet man ihn als **Jahrmarkt** wie einen Weihnachtsmarkt, Ostermarkt, Frühlingsmarkt oder Martinsmarkt. Auch er ist zeitlich begrenzt und kehrt genauso wie ein Wochenmarkt immer wieder.

Auszug aus der Marktsatzung der Stadt Kahla

§ 2 Markttage und Verkaufszeiten
(1) Die Wochenmärkte finden statt:
a) auf dem Marktplatz jeweils am Mittwoch, in der Zeit von 08.00 bis 12.00 Uhr (Wochenmarktangebot entspr. § 3a)
b) auf dem Marktplatz jeweils am Freitag, in der Zeit von 08.00 bis 12.00 Uhr (Wochenmarktangebot entspr. § 3a)
c) auf dem Marktplatz jeweils am 1. Montag eines Monats in der Zeit von 08.00 bis16.00 Uhr statt. (Wochenmarktangebot entspr. § 3b)

Wochenmarkt am Altenburger Rathaus

A

1. Sieh dir die Bilder und Zeitungsausschnitte genau an und überlege, warum es sich bei jedem Beispiel um einen Markt handelt, auch wenn dies nicht immer auf den ersten Blick erkennbar ist.

2. Je nach Art des Gutes, das angeboten bzw. nachgefragt wird, sprechen wir von verschiedenen Arten von Märkten. Suche in einer Tageszeitung oder in einem Anzeigenblatt Beispiele für einen Immobilienmarkt, Kraftfahrzeugmarkt, Stellenmarkt, Kreditmarkt. Was steht in einem Angebot (z. B. Stellenangebot), was steht in einem Nachfragebeispiel (z. B. Stellengesuch)?

3. a) Nenne Artikel, die sehr gerne über das Internet gekauft werden (s. unten stehende Grafik).
   b) Zähle Vor- und Nachteile des Internethandels auf.

Der Markt in Bezug auf den Standort
Wir wissen, dass heute mit einem Markt nicht nur ein konkreter Ort oder ein Platz gemeint ist, sondern dass sich ein Markt überall dort befindet, wo Anbieter und Nachfrager in irgendeiner Form zusammentreffen. Dies kann durchaus in abstrakter und virtueller Weise erfolgen. Denken wir hier beispielsweise an Anzeigen in einer Zeitung oder an die immer mehr an Bedeutung gewinnende Plattform des Internets.

Der Markt in Bezug auf die gehandelten Güter
Meistens formulieren wir einen Markt nach dem Gut, um das es auf dem Markt geht. Auf dem Strommarkt geht es z. B. um Strom, auf dem Automarkt um das Angebot von und die Nachfrage nach Autos. Auf Märkten werden aber nicht nur Sachgüter gehandelt, sondern es gibt auch Märkte für Dienstleistungen, z. B. die Leistung eines Arztes oder Friseurs. Auf dem Arbeitsmarkt werden Arbeitsplätze von Unternehmen angeboten und von Arbeitskräften nachgefragt.

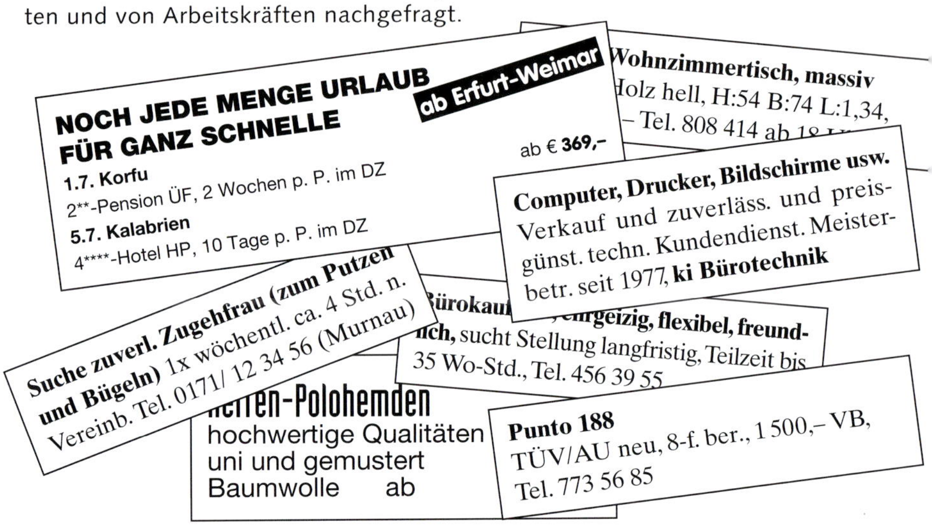

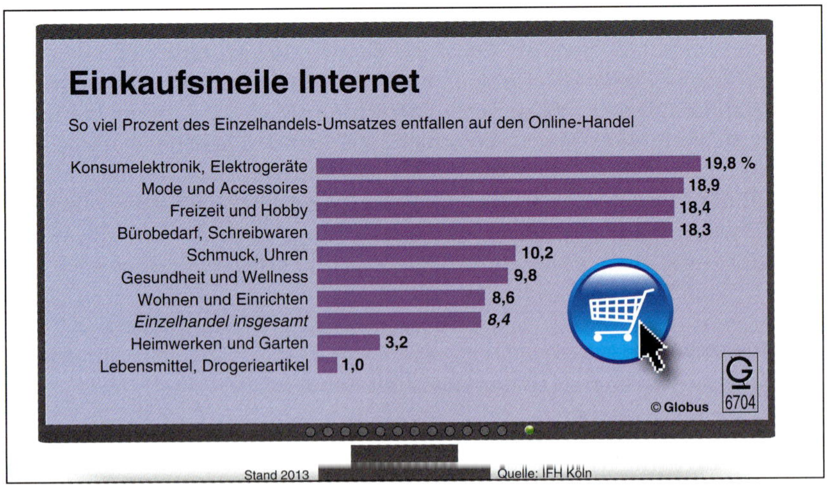

Beispiele für Marktarten und ihre angebotenen Güter

Konsumgütermarkt, z. B. Handys	Arbeitsmarkt, z. B. Stellenangebote	Dienstleistungsmarkt, z. B. Steuerberatung
Investitionsgütermarkt, z. B. Maschinen	Immobilienmarkt, z. B. Grundstücke	Reisemarkt, z. B. Jugendreisen

2 Die Preisbildung auf dem Markt

2.1 Zusammenhang zwischen Angebot, Nachfrage und Preis

Versetzen wir uns in die Lage von Obstbauern, die im Herbst Äpfel anbieten. Jeder möchte so viel wie möglich verkaufen. Als Hersteller (Anbieter) hat er folgende Möglichkeiten:
- Große Mengen an eine Mosterei oder Konservenfabrik verkaufen.
- In kleinen Mengen am Wochenmarkt an die Verbraucher verkaufen.
- Äpfel lagern und während der Wintermonate (zu einem höheren Preis) abgeben.

Der Preis ist die in Geldeinheit ausgedrückte Gegenleistung für eine Gütereinheit.

Wie können sich die Verbraucher (**Nachfrager**) entscheiden?
- Kleine Mengen am Markt frisch kaufen.
- Weintrauben kaufen, weil diese im Herbst recht preiswert sind.
- Äpfel in größeren Mengen kaufen. Man bekommt sie dann günstiger, riskiert jedoch, dass sie im Laufe der Zeit schrumpfen oder faulen.

Für beide Seiten ist neben anderen Faktoren vor allem der Preis entscheidend. Die Anbieter möchten einen möglichst hohen Preis erzielen, die Nachfrager einen möglichst niedrigen Preis dafür bezahlen.

Die Marktpreisbildung im Modell

Das nebenstehende Beispiel stellt dar, welcher Zusammenhang zwischen Preis, Angebot und Nachfrage bestehen kann. Wir erkennen sofort:
- Preis und Angebot stehen im direkten Verhältnis zueinander. Steigt der Preis, steigt auch das Angebot, fällt der Preis, sinkt das Angebot.
- Preis und Nachfrage stehen in einem indirekten Verhältnis zueinander: Steigt der Preis, sinkt die Nachfrage, fällt der Preis, steigt die Nachfrage.

Der Gleichgewichtspreis ist jener Preis, bei dem Angebot und Nachfrage übereinstimmen. Die Anbieter können ihre Ware vollständig verkaufen. Alle Nachfrager, die zu diesem Preis kaufen wollen, können ihre Absicht verwirklichen.

Man bezeichnet diesen Zusammenhang auch als **Marktmechanismus**. Wir können ihn besser veranschaulichen, wenn wir die Zahlen in ein Koordinatenkreuz eintragen. Oberhalb des Schnittpunktes zwischen der Angebots- und der Nachfragekurve ist das Angebot größer als die Nachfrage. Bei einem Preis von 4 Euro werden z. B. 600 kg angeboten, aber nur 250 kg nachgefragt. Du kannst selbst ausrechnen, welche Menge auf dem Markt übrig bleibt. Unterhalb des Schnittpunktes ist die Nachfrage höher als das Angebot. Bei einem Preis von 2 Euro werden z. B. 550 kg nachgefragt, aber nur 200 kg angeboten. Bei einem Preis von 3 Euro sind Angebot und Nachfrage im Gleichgewicht. Wir bezeichnen ihn daher als **Gleichgewichtspreis**. Die Menge von 400 kg ist die **Gleichgewichtsmenge**.

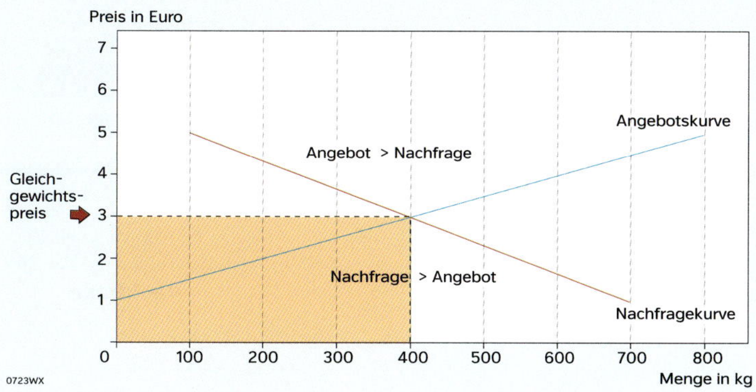

A

Gib die unten stehenden Werte in ein Rechenblatt ein und erstelle ein Diagramm.

Preis in €/kg	Angebotsmenge in kg	Nachfragemenge in kg
5,00	800	100
4,00	600	250
3,00	**400**	**400**
2,00	200	550
1,00	0	700

3 Marktformen

Die einzelnen Marktformen haben eine große Bedeutung für die Preisbildung auf dem Markt.

Wenn wir die einzelnen Marktformen unterscheiden wollen, kommt es darauf an, wie viele Marktteilnehmer sich jeweils auf der Angebots- bzw. Nachfrageseite befinden.

Polypol

Stehen auf einem Markt viele Anbieter vielen Nachfragern gegenüber, so sprechen wir von einem Polypol. Das Wort kommt aus dem Altgriechischen (polys = viel; polein = Handel treiben).

Polypol: Obst- und Gemüsemarkt in einer Großstadt

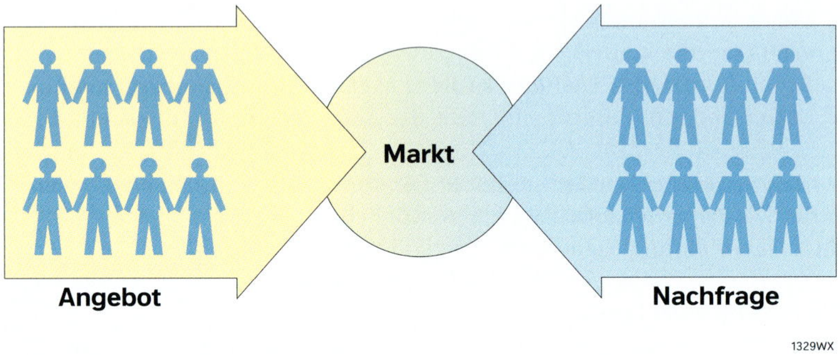

Polypol

Ein Polypol kann zum Beispiel vorliegen, wenn es in einer Stadt mehrere gleich große Malergeschäfte gibt. Aber auch die Gemüsebauern in einem Dorf in der Nähe einer Stadt bilden ein Polypol, obwohl ihnen auf der Nachfrageseite viele Verbraucher gegenüberstehen.

Will der einzelne Marktteilnehmer seinen Gewinn steigern, so bleibt ihm nur die Möglichkeit, seine Verkaufsmengen zu erhöhen, wie z. B. durch Werbung. Der Weg über den Preis ist ihm versperrt, weil die Kunden sonst sofort zur Konkurrenz abwandern würden.

Oligopol: Tankstelle

Oligopol

Ein Oligopol besteht, wenn auf einer Marktseite (Angebots- oder Nachfrageseite) einigen wenigen Teilnehmern auf der anderen Marktseite eine Vielzahl von Teilnehmern gegenübersteht. Das Wort kommt auch aus dem Griechischen (oligos = wenig).

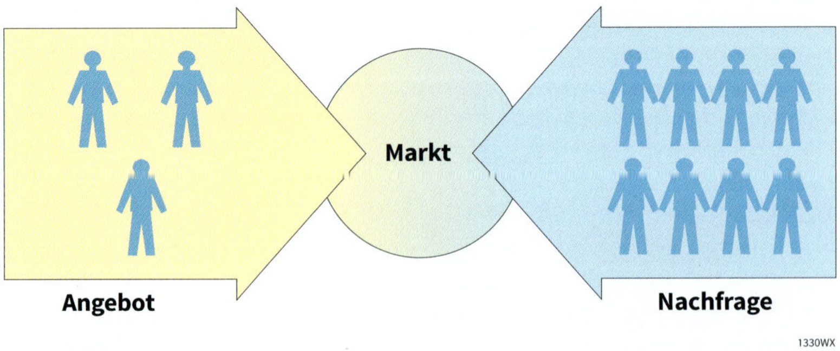

Angebotsoligopol

Oligopole gibt es zum Beispiel auf dem Markt für Benzin. Die Anbieter können deshalb ihr Verhalten leicht aufeinander abstimmen. Preisänderungen des einen Anbieters führen häufig dazu, dass die anderen innerhalb weniger Minuten „nachziehen". Den Markt für Erdgas beherrschen in Deutschland insgesamt vier Anbieter.

Monopol

Stehen auf einer Marktseite (Angebots- oder Nachfrageseite) einem Anbieter viele Marktteilnehmer gegenüber, so spricht man von einem Monopol (griechisch: monos = allein).

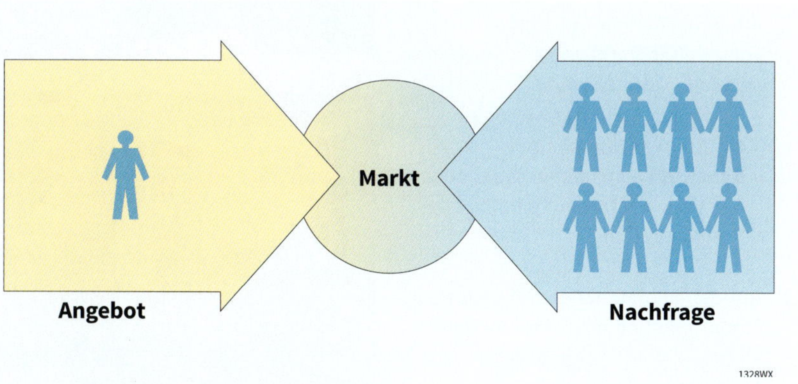

Angebotsmonopol

Monopole bestehen zum Beispiel bei Rüstungsgütern. Der Staat ist der einzige Nachfrager. Auch Stadtwerke können ein Monopol besitzen, wenn sie in einer Stadt der einzige Anbieter von Erdgas sind. Die Deutsche Post AG hatte lange Zeit das Monopol für die Brief- und Paketzustellung. Inzwischen wurde dieses Monopol weitgehend aufgehoben. Die frühere Deutsche Bundespost hatte auch das Fernsprechmonopol. Mit seinem Wegfall gab es neue Anbieter und das Telefonieren wurde seitdem billiger.

Monopole bestehen nicht nur bei Großunternehmen. Auch der einzige Bäcker oder Metzger in einem Dorf kann eine Monopolstellung haben. Er kann jedoch nur innerhalb gewisser Grenzen den Preis und damit seinen Gewinn bestimmen. Übersteigt der Preis diese Grenze, so können zum Beispiel neue Anbieter auftreten oder die Kunden längere Wege in den nächsten Ort in Kauf nehmen.

A

Finde sowohl für die Angebots- als auch für die Nachfrageseite die entsprechende Martkform heraus.

a) Zuckerrübenmarkt
b) Bau von Bundesstraßen
c) Markt für Kerosin (Treibstoff für Flugzeuge)
d) Wohnungsmarkt
e) Gebrauchtwagenmarkt
f) Markt für Passagierflugzeuge
g) Automobilmarkt

1. Beschreibe das Wesen eines Marktes und überprüfe, ob folgende Aussagen richtig sind:
   - Zu einem Markt gehören Verkaufsbuden.
   - Jede Modeboutique ist ein Markt.
   - Nur wenn es viele Anbieter und viele Nachfrager nach einem Gut gibt, dürfen wir von einem Markt sprechen.
   - Auch die Personenbeförderung durch die Deutsche Bahn AG ist ein Markt.
   - Märkte gab es bereits bei den Griechen und Römern.
   - Jedes Reisebüro ist ein Markt.
   - Märkte kann es nur in hoch entwickelten Staaten geben.

2. a) Nenne verschiedene vom Zeitpunkt abhängige Marktarten.
   b) Nenne noch zwei weitere Unterscheidungskriterien, von denen die Art eines Marktes abhängen kann.

3. Informiere dich im Internet über zeitlich beschränkte Märkte deines Schulortes:
   a) Nenne die einzelnen Märkte.
   b) Finde den Zeitpunkt bzw. Zeitraum heraus.
   c) Beschreibe das Angebot auf diesen einzelnen Märkten.

4. Besuche die Homepage des Internetanbieters Ebay. Beurteile, ob es sich dabei um einen Markt handelt.

5. a) Finde aus folgender Datenreihe den Gleichgewichtspreis heraus und stelle ihn grafisch dar.

Stückpreis	angebotene Menge	nachgefragte Menge
in €	in Stück	in Stück
7,90	750	2750
8,10	1750	1750
8,30	2250	1000
8,50	2500	500

   b) Erläutere am oberen Beispiel den Begriff Gleichgewichtspreis und Gleichgewichtsmenge.

6. „Auf Preise hat der Verbraucher keinen Einfluss!"
   Versuche, diese Behauptung entweder zu bestätigen oder zu widerlegen. Argumentiere dabei mithilfe von Beispielen.

7. Angenommen, der gesamte deutsche Kaffeemarkt wäre in der Hand eines einzigen Rösters:
   - Führe mögliche Auswirkungen auf den Kaffeepreis auf.
   - Beschreibe mögliche Reaktionen der Verbraucher auf eine solche Preisgestaltung.

8. Auf den beiden nebenstehenden Fotos siehst du eine Fischauktionshalle und eine Versteigerung von Kunstgegenständen.
   Auktionen und Versteigerungen sind Märkte besonderer Art.
   a) Suche im Lexikon oder im Internet: Was haben beide gemeinsam? Worin liegt der Unterschied?
   b) Überlege, ob das Marktmodell mit den Begriffen „Gleichgewichtspreis" und „Gleichgewichtsmenge" in beiden Fällen anwendbar ist. Begründe deine Meinung.

9. Auf einem Wochenmarkt bieten fünf Händler Gemüse an, aber nur einer Fisch. Welche Auswirkungen hat die Zahl der Anbieter auf den Gemüsepreis und den Fischpreis?

10. a) Beschreibe den Inhalt der unteren Grafik in einem Satz.
    b) Um welche Marktform handelt es sich?
    - auf der Angebotsseite?
    - auf der Nachfrageseite des deutschen Mobilfunkmarktes?

Kundenzahlen der vier Mobilfunk-Anbieter in Deutschland

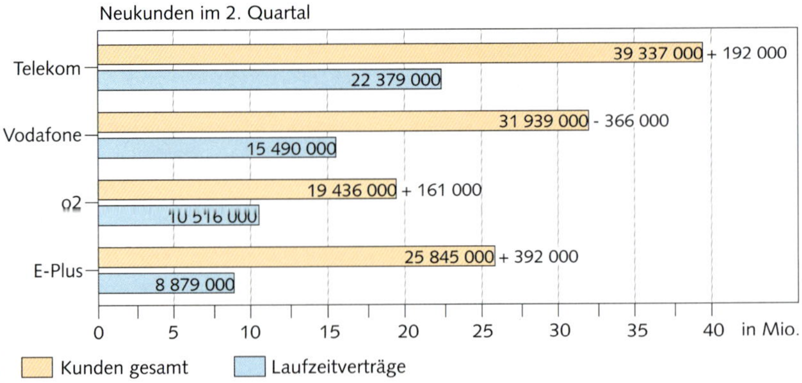

Kundenzahlen der vier Mobilfunk-Netzbetreiber in Deutschland Stand 30.06.2014
Quelle: www.smartweb.de
1319W

IV Der Geld- und Zahlungsverkehr

In diesem Kapitel beschäftigen wir uns mit der Entstehungsgeschichte des Geldes, von den Münzen über die Geldscheine bis zum Buchgeld. Du lernst die verschiedenen Zahlungsarten kennen und erfährst mehr über die Rolle und Verwendungsmöglichkeiten des Girokontos.

1 Die Entstehung des Geldes

Muschelgeld

Wie sich das Geld verändert hat

Der direkte Tausch von Gegenständen war die erste und einfachste Form des wirtschaftlichen Handelns. Schon vor mehr als 20.000 Jahren tauschten die Urvölker Ware gegen Ware (Pfeile gegen Felle, Schmuck gegen Fleisch). Bei dieser Form des **Natural-** oder **Warentausches** war es nicht immer leicht, den richtigen Tauschpartner zu finden, der seine Ware gegen die eigene zu tauschen wünschte. Außerdem war es auch schwierig, sich über die Tauschmenge zu einigen. Im Laufe der Zeit stellte sich heraus, dass manche Güter begehrter waren als andere, und dass man mit ihnen alle anderen Güter eintauschen konnte. Das waren Nahrungsmittel wie Vieh und Salz, aber auch Schmuckgegenstände oder seltene Muscheln.

Metallgeld in Schmuckform

Diese ersten allgemein gültigen Tauschmittel bezeichnet man als **Warengeld** oder **Naturalgeld**. Es brachte mehrere Vorteile: Der Wert war allgemein bekannt und anerkannt und es konnte zum Teil aufbewahrt werden. Diese Form des Geldes wurde noch bis ins 19. Jahrhundert in Afrika oder Asien verwendet.

Mit der Zunahme der Tauschbeziehungen stellte sich heraus, dass das Warengeld einige entscheidende Nachteile hatte:
- Es war nicht wertbeständig (Vieh konnte krank werden; Salz durfte nicht mit Wasser in Verbindung kommen),
- Es war schwer transportierbar.
- Es war schlecht teilbar.
- Die Einheiten waren oft ungleich (z. B. unterschiedlich große Rinder).

Diese Nachteile hatten Edelmetalle nicht, sodass sie nach und nach das Naturalgeld als Tauschmittel ablösten. Das **Metallgeld**, zunächst Eisen und Kupfer, später Gold und Silber, wurde in Form von Klumpen, Barren, Stäben oder Schmuckgegenständen gegossen. Dieses musste jedoch immer abgewogen werden.

Pegasus

Diesen Nachteil des dauernden Abwiegens von Metallen wurde dadurch vermieden, dass man Metallstücke gleichen Gewichts und gleicher Form mit einheitlichen Zeichen versah, das **Münzgeld** war geboren. Die ersten uns bekannten Münzen wurden ca. 650 vor Christus von den Lydern (König Krösos) in Kleinasien hergestellt. Dort fand man bei Ausgrabungen gegossene Klümpchen aus Elektron (so nennt man die in der Natur vorkommende Verbindung von Gold und Silber), auf denen Zeichen eingeprägt waren (Stier- und Löwenkopf). Auch in Griechenland sollen um 600 vor Christus die ersten Silbermünzen geprägt worden sein. Sie hießen Drachmen und wurden von König Phaidon von Argos eingeführt. Alle Münzen wurden mit Wappentieren, mit Figuren aus der griechischen Sagengeschichte (Mythologie) oder Herrscherköpfen versehen.

Vorder- und Rückseiten der ersten bekannten Münzen

Kopf der Pallas Athene

Kopf des Caesar

Das Entstehen des Münzgeldes hängt eng zusammen mit dem Entstehen der Städte in Europa. Vor allem die Römer bauten das Münzwesen in den von ihnen beherrschten Gebieten aus. Der von ihnen geschaffene Typ der Münze, Bildnis des Herrschers mit umlaufender Schrift, hat sich bis heute gehalten.

Im Mittelalter gelangte das Münzgeld zu hoher Blüte. Jeder Landesherr prägte sein eigenes Geld. Begünstigt waren Landesherren, auf deren Gebiet Gold oder Silber gefunden wurde. Beispiele: Die Grafen Schlick in St. Joachimsthal im Erzgebirge, die Wettiner in Sachsen (Freiberg) oder die Habsburger in Tirol.

Mit der Zunahme des Handels zu Beginn der Neuzeit (etwa mit dem Ende des 15. Jahrhunderts) wurde das ständige Umwechseln der Münzen immer hinderlicher.

Stellen wir uns vor, ein Augsburger Kaufmann wollte in Venedig Waren aus fernen Ländern einkaufen. Er hinterlegte bei einem Augsburger Geldwechsler sein Geld und erhielt darüber eine Quittung, mit der er nach Venedig reiste. Dort tauschte er bei einem Bankier diese Quittung gegen venezianische Münzen ein. Später ersparte man sich auch dieses Umwechseln und bezahlte die in Venedig gekauften Waren mit der in Augsburg ausgestellten Quittung. Die **Banknote** oder das **Papiergeld** war geschaffen.

Übrigens hatten bereits im 10. Jahrhundert die Chinesen den Vorteil des Papiergeldes erkannt. In Europa waren es die Schweden und Franzosen, die erste Banknoten ausgaben. Erst um 1850 setzten sich Banknoten endgültig als Geld durch.

Tetradrachme mit dem Bildnis der Athene und der Eule (600 v. Chr.)

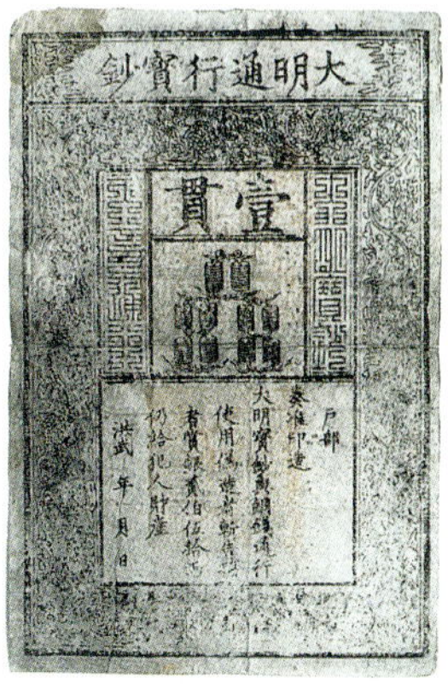

Banknote aus China

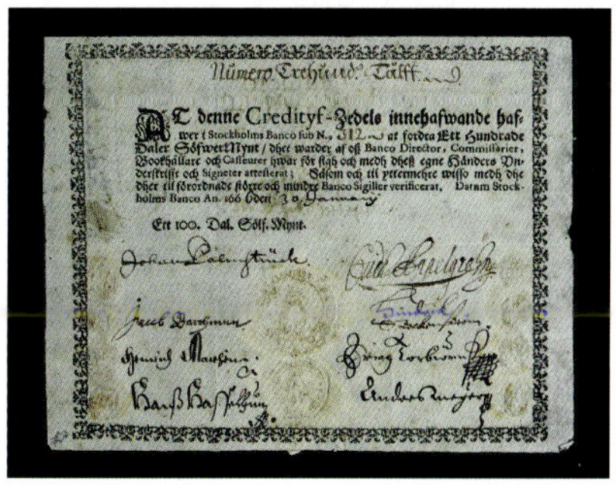

Banknote aus Schweden

A

1. Berichte über die Schwierigkeiten beim Tausch Ware gegen Ware (Naturaltausch).

2. Schildere, was man unter dem Waren- bzw. Naturalgeld versteht.

3. Stelle die Entwicklung vom Metallgeld zum Münzgeld grafisch dar und erläutere sie.

4. Beschreibe die Wandlung der Quittung zur Banknote (Papiergeld, Geldscheine).

Es gibt sieben Euro-Scheine. Sie haben einen Wert von jeweils 5, 10, 20, 50, 100, 200 und 500 Euro. Die Abbildungen symbolisieren keine realen Baudenkmäler, sondern zeigen Stilelemente von Epochen der europäischen Kulturgeschichte. Die Vorderseite jeder Banknote zeigt Fenster und Portale als Symbol der Offenheit und Zusammenarbeit in der Europäischen Union. Die Rückseite jeder Banknote zeigt eine Brücke aus einer bestimmten Epoche als Symbol der Verbindung zwischen den Völkern Europas und zwischen Europa und dem Rest der Welt.

Dargestellte Epoche: Klassik
Größe: 120 x 62 mm

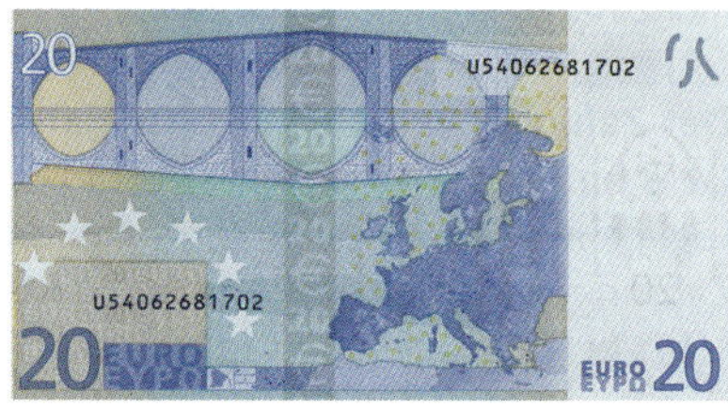

Dargestellte Epoche: Gotik
Größe: 133 x 72 mm

Dargestellte Epoche: Eisen-und Glasarchitektur des 19. Jahrhunderts
Größe: 153 x 82 mm

Alle Euro-Banknoten (Geldscheine) enthalten verschiedene Sicherheitsmerkmale als Fälschungsschutz. Die Echtheit einer Euro-Banknote – dies gilt für beide Serien gleichermaßen – lässt sich mit dem Test „FÜHLEN–SEHEN–KIPPEN" ganz einfach überprüfen.
Hier ein paar Beispiele zu den Sicherheitsmerkmalen der neuen 5 EURO und 10 EURO-Scheine, die du selbst überprüfen kannst:

1. Fühlen: Auf der Vorderseite kannst du am linken und rechten Rand erhabene Striche fühlen. Dies ist nicht nur ein Sicherheitsmerkmal, sondern hilft auch den Sehbehinderten, den Geldschein zu erkennen.
2. Sehen: Halte die Banknote gegen das Licht und du wirst ein altes (geschichtliches) Portrait einer jungen Frau, den gedruckten Wert (sog. Wasserzeichen) und den Sicherheitsfaden erkennen. Die gleichen Bilder, die am besten durch Kippen des Geldscheins zu sehen sind, wiederholen sich rechts im Hologramm.
3. Kippen: Ebenfalls durch Kippen erkennst du links auf der Vorderseite die Zahl, auf der sich der Lichtbalken bewegt und die Farbe von grün in blau sich ändert.
Ein weiteres Sicherheitsmerkmal hast du sicher schon an einer Kasse in einem Supermarkt gesehen. Wird der Geldschein in ein Gerät mit UV-Licht gehalten, zeigen sich die eingearbeiteten kleinen Fasern in verschiedenen Farben.

A

1. Informiere dich, welches Material in allen Euromünzen enthalten ist.
2. Berichte, welche drei Symbole auf der Rückseite der deutschen Euromünzen zu sehen sind.
3. Auf den Euro-Banknoten sind symbolhaft Baustile aus verschiedenen Jahrhunderten dargestellt.
   Nenne die Epoche auf dem 20 Euroschein. Um welche Zeit handelt es sich?
4. Nenne drei Länder, die zwar zur Europäischen Union gehören, aber den Euro als gesetzliches Zahlungsmittel nicht eingeführt haben.

2.2 Bargeldlose Zahlung - Rolle des Girokontos

Lohn- und Gehaltszahlungen, Zahlungen für Miete, die Telefongebühren oder die Stromrechnung werden geleistet, ohne dass bares Geld bei Schuldner und Gläubiger zu sehen ist. Voraussetzung ist, dass sowohl Zahlender als auch Empfänger über ein Konto bei einer Bank oder Sparkasse verfügen. Die Zahlungen werden durch Kontoabbuchungen und -gutschriften getätigt. Das ist sicher, kostensparend und bequem. Der bargeldlose Zahlungsverkehr erfolgt am Bankautomaten oder online.

Das Konto, das bei einer Bank oder Sparkasse (in der Fachsprache: Kreditinstitut) geführt wird, nennt man Girokonto. Das Wort „Giro" bedeutet so viel wie „Kreis, Umlauf". Das heißt, dass das Konto „laufende Rechnung" besitzt, also die Ein- und Auszahlungen täglich möglich sind. Kinder und Jugendliche können mit einem Girokonto als Schüler- oder Taschengeldkonto erste Erfahrungen im Zahlungsverkehr sammeln.

Überweisung

Das am weitesten verbreitete Instrument der bargeldlosen Zahlung in Deutschland ist die Überweisung. Rechtlich gesehen ist die Überweisung eine Anweisung eines Kontoinhabers an seine Bank, einen bestimmten Betrag vom eigenen Konto abzubuchen und auf das Konto des Zahlungsempfängers zu übertragen.

Instrumente des bargeldlosen Zahlungsverkehrs

- Überweisung
- Dauerauftrag
- Einzugsermächtigung, Lastschrift
- Reisescheck
- Scheck- und Kreditkarten
- Telefon- und Onlinebanking

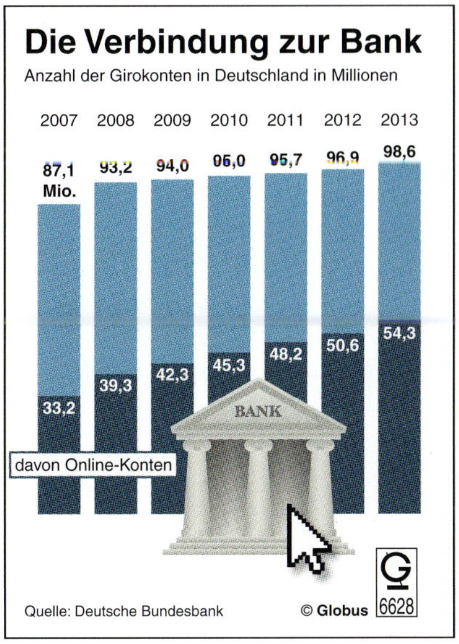

A

Werte die oben stehende Grafik aus.

1. Berichte zuerst über die grundlegenden Aussagen der Grafik.
2. Stelle fest, welche Steigerungsraten größer sind.
3. Errechne den Prozentanteil der Onlinekonten im Jahr 2013 und vergleiche dies mit dem Jahr 2010.

Den Barzahlungen sind in Europa durch die einheitliche Währung keine Grenzen gesetzt. Im bargeldlosen Zahlungsverkehr jedoch gab es immer Probleme, da in den verschiedenen Ländern eigene Regelungen herrschten. Bei den Zahlungsvorgängen waren innerhalb Europas Zeitverzögerungen und erhebliche Mehrkosten zu beklagen. Seit sich im Jahr 2014 viele Länder (siehe Grafik) dem einheitlichen Euro-Zahlungsverkehrsraums angeschlossen haben, können mit der SEPA-(Single Euro Payments Area) Überweisung Euro-Beträge schnell und direkt auf Konten im Inland und europäischen Ausland übertragen werden.

Auftraggeber und Empfänger müssen sich durch die internationale Kontonummer IBAN (= International Bank Account Number) identifizieren. Bei Zahlungen ins Ausland ist zusätzlich zu der IBAN auch die BIC (Bank Identifier Code) erforderlich. Die Angaben von IBAN und BIC sind selbstverständlich auch beim Onlinebanking zu verwenden.

A

1. Bei Überweisungen ins Ausland muss man einige Besonderheiten beachten.
   Informiere dich bei deiner Bank über die benötigten Formulare und Gebühren bei Überweisungen ins europäische und außereuropäische Ausland.

2. Erläutere, wie sich die IBAN zusammensetzt und wie viel Stellen benötigt werden.

3. Stelle fest, wofür die BIC gebraucht wird und bei welcher Überweisung sie entfallen kann.

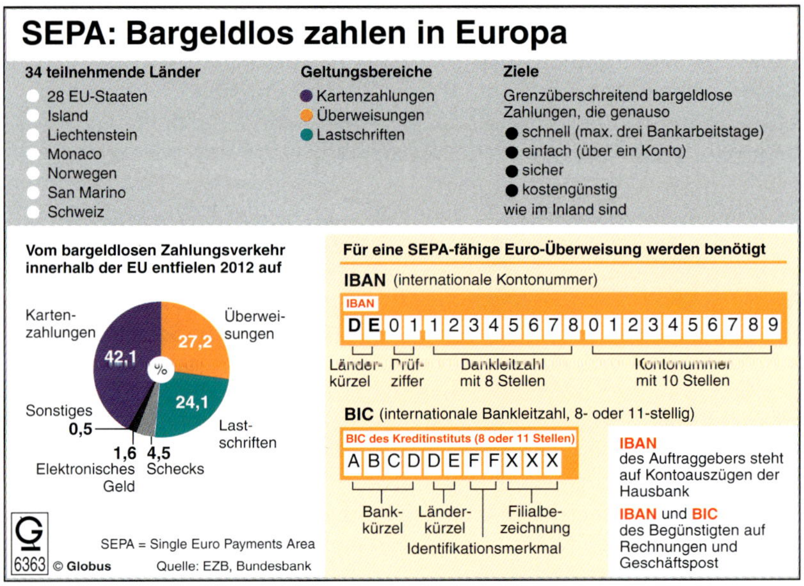

Die Richtlinien für die Ausführungsfristen der Überweisungen wurden neu gefasst: So muss z. B. eine Online-Überweisung innerhalb eines Tages erfolgen. Eine beleghafte Überweisung, d. h. mittels Überweisungsvordruck, darf nicht länger als zwei Tage dauern.

Der Weg einer Überweisung

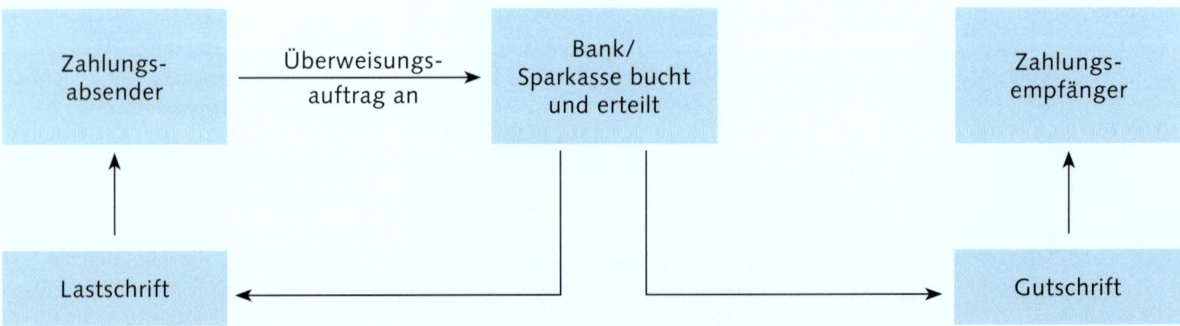

Zahlungsabsender und Zahlungsempfänger können die bargeldlose Zahlung mithilfe ihrer Kontoauszüge überprüfen.

		Kontonummer	erstellt am:	Auszug	Blatt
VR-Bank Handels- und Gewerbebank eG.		1008800049	24.04.2013	3/2013	1/7
Tel. 0821 49885-0 BLZ 720 621 52			16:03 VR-Giro Privat		
		Kontoauszug EUR-Konto		EUR-Konto	

Bu- Tag	**Wert**	**Vorgang**	**alter Kontostand vom 09.04.2013**	**2 698,94 H**
10.04.	10.04.	LASTSCHRIFT PN: 931 Testlieferant Herrmann Konto: 0001054147 BLZ: 44050000 ELV61301815 09. 04. 17.47 MEZ		41,11 S
10.04.	10.04	LASTSCHRIFT PN: 931 Testlieferant Herrmann Konto: 1938073003 BLZ: 30030880 0380416716659658		7,78 S

Herrmann Testkunde — IBAN: DE33 7206 2152 1008 8000 49 — BIC: GENODEF IMIG

Ihr Kreditrahmen	500,00
Sollzins eingeräumte Überziehung pa.	6,75000%
Sollzins geduldete Überziehung pa.	10,75000%

1336WX

Kontoauszug

Unter Wertstellungstag versteht man den Tag, an dem über den gebuchten Betrag verfügt werden kann.

H = Guthaben
S = Belastung des Kontos

A

Beschreibe die markierten Inhalte des Kontoauszugs.

Dauerauftrag

Bei regelmäßig wiederkehrenden, **gleichbleibenden** Zahlungen (Miete, Versicherungsbeiträge u. a.) erteilt der Kunde am besten einen Dauerauftrag. Die Bank (Sparkasse) überweist dann die betreffenden Beträge automatisch zu den angegebenen Terminen an den Empfänger.

Einzugs-, bzw. Lastschriftverfahren

Bei regelmäßig wiederkehrenden Zahlungen mit **wechselnden** Beträgen (z. B. Telefonrechnung) kann kein Dauerauftrag erteilt werden. Hier muss sich der Zahlungsempfänger von dem, der zu zahlen hat, eine Genehmigung für das Einzugsverfahren geben lassen. Bei Fälligkeit der Zahlung gibt der Zahlungsempfänger einen Einzugsauftrag (direkt oder über seine Bank) an die Bank desjenigen, der zu zahlen hat. Bei regelmäßiger Kontrolle der Kontoauszüge kann dem Schuldner grundsätzlich kein Schaden entstehen. Stellt man fest, dass ein falscher Betrag oder gar unrechtmäßig Geld vom Konto abgebucht wurde, kann man von seiner Bank oder Sparkasse eine Rückbuchung fordern. Eine Einzugsermächtigung kann gegenüber dem Vertragspartner auch widerrufen werden; Grund dafür könnten zum Beispiel vorangegangene Unregelmäßigkeiten sein. Von der Zahlungspflicht ist man damit allerdings nicht befreit. Dann muss die Zahlung auf einem anderen Weg, zum Beispiel mittels einer Überweisung erfolgen.

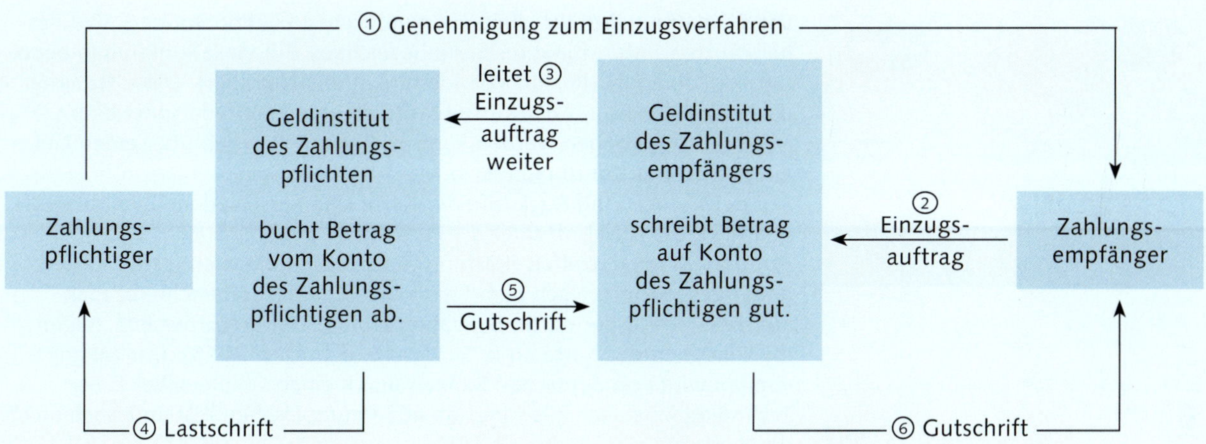

Zahlungskarten

Das Bezahlen mit „Plastikgeld“ hat sich durchgesetzt. Zwar wird in Deutschland im Vergleich mit anderen Ländern immer noch viel mit Bargeld bezahlt, aber allein die Tatsache, dass rund 103 Millionen EC-Karten und 30 Millionen Kreditkarten in Deutschland ausgegeben sind, zeigt, dass diese Form der Bezahlung immer wichtiger wird (Stand 2014).

Wir können vier Arten von „Plastikgeld“ unterscheiden:
- Kreditkarten,
- Kundenkarten,
- EC-Karten (Maestro-Karten),
- Geldkarten.

Kreditkarten

Das Bezahlen mit einer Kreditkarte ist sehr einfach: Alle Geschäfte, die Kreditkarten akzeptieren, haben dies mit einem Aufkleber an ihren Schaufenstern oder Türen deutlich gemacht. Die Bezahlung erfolgt mithilfe eines dreiteiligen Zahlungsbeleges. Die Kreditkarte wird in ein spezielles Gerät (Imprinter) eingelegt und damit werden die Kartendaten auf den Beleg übertragen. Jetzt muss der Kreditkarteninhaber nur noch unterschreiben und erhält einen Teil als Kontrollbeleg. Ein Beleg geht zur Kreditkartengesellschaft und der dritte Beleg verbleibt im Geschäft. Nach einigen Wochen erhält der Kreditkartenkunde eine Abrechnung und der Betrag wird vom entsprechenden Girokonto abgebucht. Auch Bestellungen im Internet werden oftmals durch die Eingabe der Kreditkartendaten abgewickelt.

Tagtäglich verwenden auch viele Menschen ihre Kreditkarte zum Bezahlen im Internet. Finanzexperten raten zur Vorsicht bei der Weitergabe der Kreditkarten-Daten über das Internet. Erst die Technologie SET „Secure Electronic Transaction™“ soll Sicherheit bringen, da man die Kreditkartennummer beim Einkauf nicht mehr nennen muss.

Kundenkarten

Kundenkarten dienen dazu, Stammkunden zu erkennen und sollen die Kunden an das Unternehmen binden. Oft sind sie mit einer Rabattfunktion ausgestattet, d. h. bei Vorlage der Karte wird ein kleiner Teil des Rechnungsbetrages als Rabatt auf einem Kundenkonto gutgeschrieben, über das bei einem späteren Einkauf verfügt werden kann.

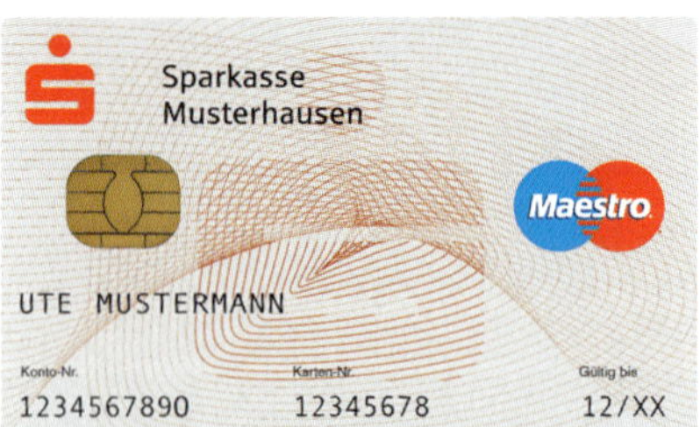

EC-Karte

Die EC-Karte bietet eine Reihe von nützlichen Funktionen und wird deshalb auch als Multifunktionskarte bezeichnet. Für viele Funktionen benötigt man eine **PIN** (**P**ersönliche **I**dentifikations-**N**ummer). Diese Nummer darf man niemals auf der Karte schriftlich vermerken, da sonst damit Missbrauch getrieben werden kann (z. B. kann ein Dieb über einen Geldautomaten das Konto plündern).

Auf der Vorder- und Rückseite der Karte sind verschiedene Symbole aufgedruckt, die Auskunft über die Funktionen geben.

Auf dem **Magnetstreifen** (Kartenrückseite) sind die wichtigsten Kartendaten gespeichert. Nach dem Erhalt der EC-Karte unterschreibt man auf diesem Feld der Karte. Die Jahreszahlen auf der Vorderseite zeigen die Gültigkeit der Karte an (z. B.: 12/15, d. h. Dez. 2015). Der Magnetstreifen wird von deutschen Banken durch einen Chip ersetzt. Diese Technologie hat sich allerdings im außereuropäischen Ausland noch nicht durchgesetzt.

Wo dieses **Maestro-Zeichen** abgedruckt ist, kann man weltweit mit der EC-Karte und der persönlichen Geheimzahl (PIN) oder mit Unterschrift bezahlen. Außerdem kann man weltweit an allen Geldausgabeautomaten Bargeld abheben.

Das **EC-Geldautomaten-Symbol** sieht man in Europa an vielen Geldautomaten. Hier kann man mit EC-Karte und persönlicher Geheimzahl Bargeld abheben.

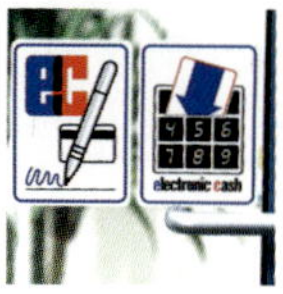

Das **Electronic Cash-Zeiche**n ist ein rein deutsches Symbol. Überall in Deutschland, wo man dieses Zeichen in Geschäften, Kaufhäusern, Tankstellen und Restaurants sieht, kann man mit EC-Karte und persönlicher Geheimzahl bargeldlos bezahlen.

Das **EUFISERV-Symbol** ist ein Zeichen des europäischen Sparkassenverbundes. An allen Geldautomaten in Deutschland und Europa, die dieses Symbol aufweisen, kann man mit der EC-Karte und der PIN Bargeld abheben.

EUFISERV

Die EC-Karte, deren richtige Bezeichnung eigentlich „Maestro-Karte" ist, wird abgelöst von der „girocard".
Alle diese Karten sind an ein Girokonto gebunden und dienen dem bargeldlosen Zahlungsverkehr. Der rechtliche Fachausdruck ist Debitkarte (vom Lateinischen abgeleitet: debitor = Schuldner). Unmittelbar nach dem Kauf wird das Konto des Zahlungspflichtigen belastet.

girocard

Neben den Möglichkeiten der bargeldlosen Bezahlung kann man mit der EC-Karte auch Kontoauszüge ausdrucken lassen oder Informationen über Sparkonten einholen.

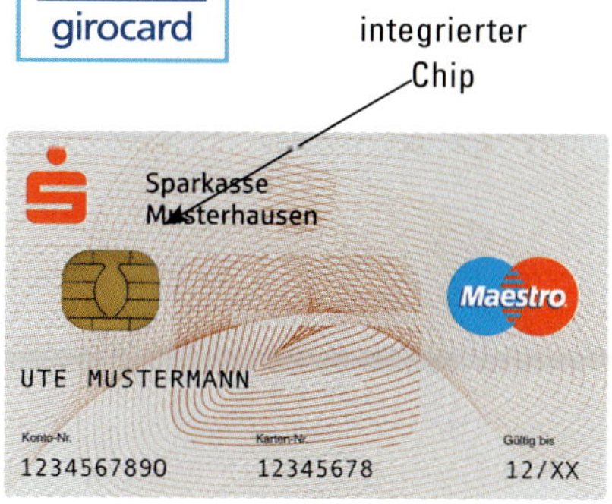

Bezahlen mit electronic cash

Geldkarte
Man kann seine EC-Karte oder Kundenkarte auch als Geldkarte nutzen. Hierfür wird ein Chip in die Karte integriert. Diesen kann man bei speziellen Ladestationen mit einem Betrag bis zu maximal 200 Euro aufladen. Damit kann man überall dort, wo das Geldkartensymbol abgebildet ist, ohne zusätzliche PIN bezahlen. Die Geldkarte ist vor allem für Kleinstbeträge gedacht (Fahrscheine, Briefmarken, Telefon, Parkscheine).

Wenn man mit der Geldkarte bezahlt, steckt man diese in das Zahlterminal an der Kasse. Das Display zeigt das Geldkartenguthaben an. Man bestätigt per Knopfdruck den Geldbetrag, der anschließend vom Chip abgebucht wird. Das Restguthaben der Geldkarte wird jetzt im Display angezeigt. Falls man unabhängig von einem Zahlterminal wissen will, wie viel Guthaben man noch auf seiner Geldkarte hat, kann man dies bei jeder Aufladestation oder mithilfe eines Taschenkartenlesers erfahren. Dabei werden auch noch weitere Informationen, wie die letzten Einkäufe und Ladevorgänge, angezeigt.

Wichtig:
Da die Geldkarte unabhängig von einer PIN benutzt werden kann, ist sie so gut wie Bargeld. Bei Verlust oder Diebstahl kann der noch zur Verfügung stehende Betrag von einem nicht berechtigten Finder verwendet werden. Es gibt Kartenlesegeräte, welche die Nutzung der Geldkarte im Internet ermöglichen. Der zu zahlende Betrag wird dem Besitzer der Karte am Display noch einmal angezeigt und muss vor dem Abbuchen bestätigt werden.

i

PIN (Persönliche Identifikations-Nummer)
Die PIN besteht aus vier Ziffern. Sie darf nirgends schriftlich vermerkt sein (also auswendig lernen!).

2.3 Einsatz moderner Techniken im Zahlungsverkehr

Wir erledigen die laufenden Bankgeschäfte unabhängig von den Öffnungszeiten und den Orten der Bankfilialen. Die Banken übertragen damit die Arbeit der routinemäßigen und gleichförmigen Dienstleistungen, wie Überweisungen, auf die Bankkunden. Die Vorteile liegen auf beiden Seiten: Die Banken sparen Personalkosten, die Bankkunden haben stets Zugriff auf ihre Konten und können Bankgeschäfte sehr flexibel abwickeln. Möglich wird dieses Home- oder Onlinebanking durch den Einsatz heute üblicher Kommunikations- und Informationstechniken. Da in fast allen Haushalten PCs und Handys verwendet werden können, wird fast die Hälfte aller Bankgeschäfte online abgewickelt.

Homebanking oder Onlinebanking

Mit verschiedenen Bezeichnungen werben die Banken bei den Bankkunden, am Home- oder Onlinebanking teilzunehmen. Bankgeschäfte der folgenden Bereiche können von zuhause aus, im Büro oder von unterwegs erledigt werden. Einige Beispiele sind hier aufgelistet:

a) Serviceleistungen:
   Prepaidhandy laden, Beratungstermine vereinbaren, Änderung persönlicher Daten wie Adresse, Handynummer oder E-Mail, Informationen über Bankangebote einholen.
b) übliche Bankgeschäfte:
   Kontostand abfragen, Kontoauszüge abrufen und ausdrucken, Überweisungen tätigen, Freistellungsaufträge anlegen oder ändern, Lastschriften anzeigen und evtl. zurückgeben, Umsatzübersichten über einen Zeitraum von mehreren Monaten einsehen.
c) Wertpapiergeschäfte:
   Wertpapiere kaufen oder verkaufen, aktuelle Kurse abrufen, Depotauszüge erstellen.

Die Anmeldung, am Home- oder Onlinebanking teilzunehmen, erfolgt zwar immer noch schriftlich, weil die Originalunterschrift erforderlich ist, die Unterlagen können aber per Internet oder telefonisch bestellt und per Post zurückgeschickt werden. Sowohl die Bankkunden als auch die Banken selbst legen großen Wert auf die Sicherheit. Unbefugte sollen keinen Zugriff auf das Bankkonto haben bzw. Informationen über Kontostände einsehen können. Jede Aktion soll deshalb nur mit persönlichen Identifikationsdaten (PIN und TAN) ausgeführt werden können.

Dazu gibt es mehrere Möglichkeiten:

a) HBCI mit Chipkarte
   HBCI steht für Home Banking Computer Interface, das Lesegerät ist mit dem PC verbunden, die persönliche TAN ist auf dem Chip der Geld- oder Kreditkarte gespeichert und nur dem jeweiligen Nutzer bekannt.
b) Das zurzeit sicherste Verfahren ist die Übersendung einer SMS-TAN (**S**hort-**M**essage-**S**ervice, **T**rans**A**ktions**N**ummer) auf das Mobiltelefon. Mit dieser mobilen TAN ist man noch unabhängiger vom Ort der zu tätigenden Bankgeschäfte. Nachdem der Auftrag an die Bank per PC eingegeben und abgeschickt wurde, erhält man nach wenigen Sekunden eine SMS mit den Auftragsdaten und sowie eine nur für diese Aktion gültige TAN. Sind die Daten geprüft, wird der Auftrag am PC mit der übermittelten TAN freigegeben.
c) Für Nutzer von Smartphones bieten Banken Apps zum kostenlosen Download an, damit Bankgeschäfte noch unabhängiger abgewickelt werden können.

A

1. Beschreibe die Vorteile von Homebanking für:
   a) die Bank,
   b) den Bankkunden.
2. Berichte über die Bedeutung und Nutzung einer
   a) PIN,
   b) TAN.

Chip-TAN Lesegerät

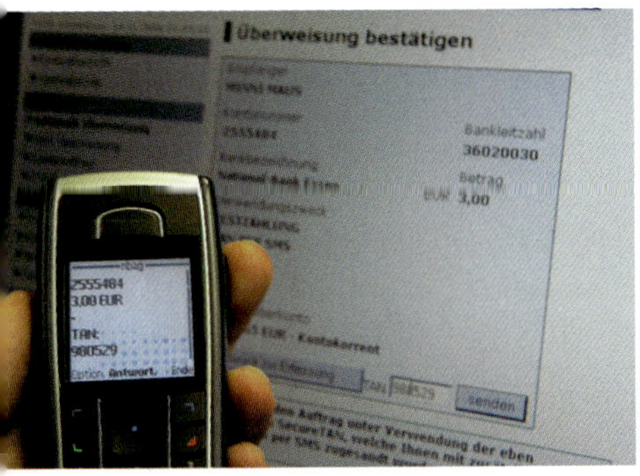

TAN per SMS auf das Mobiltelefon

Problematik der neuen Techniken

Die neuen Techniken im Geld- und Zahlungsverkehr haben nicht nur Vorteile, sie sind auch mit Gefahren verbunden. Sie zeigen sich in der mangelnden Sicherheit beim Übermitteln von Daten, z. B. beim Homebanking, bis hin zur Computerkriminalität.

Bisher wird die Sicherheit der Datenübertragung durch die Kombination von PIN und TAN gewährleistet. Eine verbesserte Sicherheit wird mithilfe des HBCI (Homebanking Computer Interface) und durch die mobilen TANs (z. B. per SMS) erreicht.

Gefahren durch Computerkriminalität

Computersabotage

Darunter versteht man das widerrechtliche Löschen oder Unbrauchbarmachen von Daten oder das Zerstören und Verändern von Datenverarbeitungsanlagen oder Datenträgern.

Computerhacking

Hierunter versteht man das Eindringen in fremde Computersysteme, das nicht zur Manipulation, Sabotage oder Spionage dient, sondern als Herausforderung, die Sicherheitsmaßnahmen zu überwinden.

Computerspionage

Meistens wird diese durch Mitarbeiter in der eigenen Firma durchgeführt. Bedroht sind vor allem Forschungs- und Rüstungsdaten, aber auch Informationen über die wirtschaftlichen Verhältnisse und Kundendaten.

Computerviren

Eine der größten Gefahren sind Programme, die über verschieden Wege (Datenträger, E-Mail, Internet) in PC-Systeme gelangen und dort Daten verändern oder zerstören. Diese Viren werden gegen bestimmte Unternehmen eingesetzt oder betreffen fast alle Benutzer bestimmter Software.

Zum Schutz vor diesen Formen der Kriminalität werden bestimmte Virenwächterprogramme eingesetzt und Datenverarbeitungsanlagen mit zwei- oder dreifacher Sicherheitsüberprüfung ausgestattet.

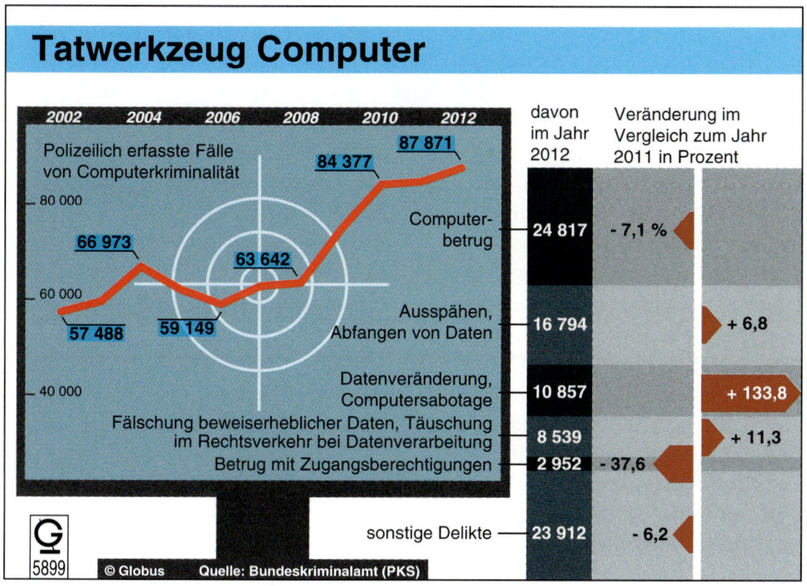

Aktivist mit einer Guy-Fawkes-Maske, dem Erkennungszeichen der Hackergruppe Anonymous (Symbolbild): Wer sind die Mächtigen, die es zu stören gilt?

i

„Anonymous ist die bekannteste Hackerorganisation der Gegenwart, gleichzeitig ist sie nur schwer zu greifen – schon das Wort „Organisation" trifft den Kern der Struktur nicht: Anonymous agiert als Kollektiv, einzelne Mitglieder sind angeblich nur lose untereinander verbunden oder beteiligen sich nur einmalig an bestimmten Aktionen."

(Quelle: www.sueddeutsche.de/digital/hacker-kollektiv-greift-analysedienst-an-wie-anonymous-ueber-die-eigene-philosophie-streitet-1.1244404)

A

1. Recherchiere Informationen über den „Sicherheitskompass" für den PC.
2. Erläutere die Bildung von PINs.
3. Zähle Fehler auf, die du bei der Bildung von PINs vermeiden solltest.

1. Schildere, wie sich das Geld vom Naturaltausch bis zum Papiergeld entwickelt hat.

2. Beschreibe, welche Funktionen (Aufgaben) das Geld in folgenden Fällen hat:
   a) Familie Schneider spart für ein neues Auto.
   b) Familie Schneider kauft einen neuen Kühlschrank für 300,00 €.
   c) Herr Schneider erhält sein Gehalt von der Firma Grundner.
   d) Auf einem Preisschild für einen Computer steht „999,00 €".

3. Informiere dich über den Grund und den Zeitraum der Aufbewahrung von Zahlungsquittungen und berichte darüber.

4. a) Nimm eine Euro-Banknote zur Hand und beschreibe die Motive auf der Vorder- und Rückseite.
   b) Nenne fünf Sicherheitsmerkmale einer Euro-Banknote.
   c) Nenne die Werte unserer sieben Euro-Banknoten.

5. a) Nimm eine Euro-Münze zur Hand und beschreibe die Motive auf der Vorder- und Rückseite.
   b) Benenne die Werte, die es als Münzen gibt.
   c) Stelle die Besonderheiten der 1- und 2-Euro-Münzen dar.

6. Erläutere die Unterschiede zwischen der halbbaren Zahlung und der reinen Barzahlung.

7. Begründe, mit welchem Strafmaß der Geldfälscher vom nebenstehenden Artikel laut Gesetz (siehe Gesetzestext rechts) mindestens zu rechnen hat. Stelle dar, warum Geldfälschung mit schweren Strafen bedroht ist.

8. Nenne fünf Möglichkeiten der bargeldlosen Zahlung.

9. Beschreibe den Unterschied zwischen dem Dauerauftrag und dem Einzugsverfahren.

10. a) Nenne die vier wichtigsten Arten von Zahlungskarten.
    b) Nenne je einen Vorteil und einen Nachteil bei der Bezahlung mit einer Kreditkarte.
    c) Begründe, warum immer mehr Unternehmen eigene Kundenkarten herausgeben.

11. Nenne jeweils die Bedeutung dieser Symbole.

12. Die EC-Karte wird auch als Multifunktionskarte bezeichnet. Nenne fünf mögliche Verwendungsarten dieser Karte.

13. Beschreibe die Benutzung einer Geldkarte vom Ladevorgang bis zur Bezahlung.

14. Beschreibe den Ablauf einer Überweisung per Onlinebanking.

15. Beschreibe, welche Probleme sich beim Zahlungsverkehr per PC ergeben können.

16. Stelle dar, welche Sicherheitsmaßnahmen du im Umgang mit einer EC-Karte empfiehlst.

Geldscheine selbst gemacht
Einen Geldfälscher schnappten LKA-Fahnder in Bramfeld: Der 30-Jährige hatte seit Sommer letzten Jahres 10-, 20- und 100-€-Scheine gefälscht und in Umlauf gebracht. Die Scheine tauchten in Läden, Lokalen und bei Taxifahrern auf, fielen jedoch erst beim Einzahlen bei einer Bank auf. Silberstriche täuschten auf den Kopien den Sicherheitsfaden vor. Der 30-Jährige gestand. Seine „Blüten" und ein Farbkopierer wurden sichergestellt.

§ 146 StGB, Geldfälschung
(1) Mit Freiheitsstrafe nicht unter einem Jahr wird bestraft, wer
1. Geld in der Absicht nachmacht, dass es als echt in Verkehr gebracht oder dass ein solches Inverkehrbringen ermöglicht werde, oder Geld in dieser Absicht so verfälscht, dass der Anschein eines höheren Wertes hervorgerufen wird,
2. falsches Geld in dieser Absicht sich verschafft oder
3. falsches Geld, das er unter den Voraussetzungen der Nummern 1 oder 2 nachgemacht, verfälscht oder sich verschafft hat, als echt in Verkehr bringt.
(2) Handelt der Täter gewerbsmäßig oder als Mitglied einer Bande, die sich zur fortgesetzten Begehung einer Geldfälschung verbunden hat, so ist die Strafe Freiheitsstrafe nicht unter zwei Jahren.
(3) In minder schweren Fällen des Absatzes 1 ist auf Freiheitsstrafe von drei Monaten bis zu fünf Jahren, in minder schweren Fällen des Absatzes 2 auf Freiheitsstrafe von einem Jahr bis zu zehn Jahren zu erkennen.

V Berufsorientierung – Berufswege und Lebensplanung

Im Rahmen deiner beruflichen Orientierung sollst du deine Schwächen und Stärken einschätzen und kritisch beurteilen lernen. Du wirst deine persönlichen Ansprüche herausfinden und sie in Beziehung zu deinen beruflichen Erwartungen setzen. Außerdem wirst du zahlreiche Berufe und einzelne Berufsfelder beschreiben können.

i

Beruf: Freiwillig erlernte und fortlaufend ausgeübte Tätigkeit, mit der man seinen Lebensunterhalt verdient.

1 Eigene Interessen, Stärken und Schwächen

Kathrin Steiner besucht die Jahrgangsstufe 7. Wie die meisten ihrer Mitschüler hat auch sie sich bis jetzt noch keine ernsthaften Gedanken zur Berufswahl gemacht, d. h., sie weiß noch nicht, ob sie nach dem Realschulabschluss
- eine betriebliche Berufsausbildung oder
- eine schulische Berufsausbildung machen oder
- eine weiterführende Schule besuchen wird.

1.1 Berufswahl als Entscheidungsprozess

Kathrins Klasse besucht mit ihrer Lehrerin das Berufsinformationszentrum (BIZ) der Agentur für Arbeit. Dort lernen sie die Berufsberaterin Frau Koch kennen. Sie erfahren, dass die Entscheidung über den zukünftigen Beruf ein Prozess ist, der sich über mehrere Jahre hinziehen wird und aus mehreren Schritten bzw. Etappen besteht. An diesem Prozess wirken viele Partner mit.

Es ist nicht ratsam, sich vorschnell auf einen Beruf festzulegen, sondern die Hilfe und Unterstützung aller Partner anzunehmen und sich gründlich und vielseitig zu informieren.

Information ist der erste Schritt in der Berufswahlfindung. Sie beginnt mit der Information über sich selbst und fordert eine ernsthafte Auseinandersetzung mit den Fragen „Was will ich?“ (Interessen) und „Was kann ich?“ (persönliche Stärken und Fähigkeiten).
Wie du unten siehst, helfen dir viele bei der Entscheidung.

Betriebe/Unternehmen
- informieren über Anforderungen
- stellen Praktikumsplätze zur Verfügung
- bieten Ausbildungsplätze an

Schule
- unterstützt dich dabei, Kenntnisse über die Berufs- und Arbeitswelt zu erlangen
- fördert dich bei der Entwicklung deiner Fähigkeiten und Ziele
- berät dich im Praktikum
- setzt die Medien und Materialien der Berufsberatung ein
- unterstützt dich bei der Planung des Übergangs

Du selbst
- nutzt die Angebote der Schule und der anderen Partner
- erwirbst Kenntnisse über die Berufs- und Arbeitswelt
- entwickelst deine Ziele
- machst ein oder mehrere Praktika
- vergleichst Anforderungen im Beruf mit deinen Fähigkeiten
- holst dir Beratung und Unterstützung bei der Lernplanung – entscheidest dich für eine Ausbildung
- planst die Schritte und setzt sie rechtzeitig um

Berufsberatung
- informiert dich über Ausbildung und Berufe
- stellt dir Medien zur Berufswahlvorbereitung zur Verfügung
- bietet Möglichkeit zur Information im BIZ und im Internet
- hilft bei der Entscheidung für einen Ausbildungsgang
- vermittelt Ausbildungsstellen
- hilft bei der Finanzierung deiner Ausbildung

Eltern
- informieren dich über die Berufs- und Arbeitswelt
- berichten über ihre eigenen Berufserfahrungen
- unterstützen und fördern dich bei deiner Entscheidung

Quelle: Bundesarbeitsgemeinschaft Berufswahlpass; Hamburg

1.2 Der Berufswahlpass

Er stellt für dich in dieser beruflichen Orientierungsphase einen wertvollen Begleiter dar. Du kennst einen Reisepass und weißt, dass er den Reisenden dazu berechtigt, geografische Grenzen zu passieren und dass in ihm manche besuchte Länder vermerkt sind. Auch mit dem Berufswahlpass wird eine Grenze überschritten und ein Übergang ermöglicht – der Übergang von der Schule in den Beruf.

Der Berufswahlpass soll eine langfristige Orientierung in der Zeit dieses Übergangs und eine Systematisierung der Berufswahlvorbereitung darstellen. Zu diesem Zweck wurde er von einigen Bundesländern entwickelt. Er wird in vielen Bundesländern wie z. B. auch in Thüringen eingesetzt und steht heute im Netz. Du kannst ihn jederzeit downloaden.

BERUFSWAHLPASS

Übersicht

Einführung

Wobei mir der BWP nützt
Liebe Schülerin, lieber Schüler...
Der Weg in meine berufliche Zukunft – Elemente einer zielgerichteten Berufsorientierung
Mein Berufswahlpass und persönliche Daten

1 Angebote zur Berufsorientierung

1.1 Wer macht was bei der Berufsorientierung? – Übersicht
1.2 Angebote meiner Schule zur Berufsorientierung – Schulkonzept
1.3 Angebote von Kooperationspartnern – Unternehmen und Institutionen
1.4 Angebote der Agentur für Arbeit – Meine Berufsberatung
1.5 Angebote für Jungen oder Mädchen

2 Mein Weg zur Berufswahl

2.1 **Mein persönliches Profil:** Meine Stärken, Interessen, Fähigkeiten, Ziele
2.2 **Meine Lernplanung:** Praktikumscheckliste, Lernschritte, Lernvereinbarungen
2.3 **Meine Übergangsschritte:** Planung und Checkliste

3 Dokumentation

3.1 Mein Pass für den Start in den Beruf
3.2 Von mir erstellte Unterlagen und Selbstbewertungen
3.3 Von mir erstellte Berichte, Profile und Selbstbewertungen
3.4 Von mir erworbene Bescheinigungen

4 Hilfen zur Lebensplanung

4.1 Umgang mit persönlichen Daten und Unterlagen
4.2 Meine Unterlagen
4.3 Auskommen mit dem Einkommen
4.4 Meine Wohnung
4.5 Meine Versicherungen
4.6 Ämter

Impressum

BERUFSWAHLPASS

Der Berufswahlpass führt dich durch die gesamte Phase der Berufswahl, d. h., er begleitet dich von der 7. bis zur 10. Jahrgangsstufe. Mit ihm kannst du selbstständig die einzelnen Schritte deiner ganz individuellen Berufswahl ordnen, vorbereiten und dokumentieren.
Er ist auch eine wichtige Orientierungshilfe für dich.

A

Suche die Adresse deiner zuständigen Arbeitsagentur heraus.

1.3 Orientierungshilfen der Bundesagentur für Arbeit

Die Bundesagentur für Arbeit hat ihren Sitz in Nürnberg. Sie ist mit ihren Dienststellen im gesamten Bundesgebiet zu finden. Durch ein solches weit verzweigtes organisatorisches Netz können einzelne Maßnahmen besser regional gezielt eingesetzt werden. In einer Großstadt mit vielen Arbeitsplätzen sind andere Maßnahmen erforderlich als beispielsweise in einer dünn besiedelten Region mit einer höheren Arbeitslosenquote.

Informationen finden

Du kennst jetzt deine Interessen und Fähigkeiten etwas besser. Nun solltest du überprüfen, welcher Beruf zu deinen Stärken passt, oder in welchen Bereichen du dich noch verbessern solltest, um deinen Traumberuf zu erreichen. Es gibt viele Möglichkeiten, sich über Berufe zu informieren.

i

Partner im Berufswahlprozess:
- Bundesagentur für Arbeit
- Landesarbeitsgemeinschaft
- IHK,
- Handwerkskammern,
- Gewerkschaften,
- ThüKo: Thüringer Koordinierungsstelle Naturwissenschaft und Technik,
- FrITZI: Fragen der Informationsgesellschaft, Technologie, Zukunfts- und IT-Berufen (Bildungswerk der Thüringer Wirtschaft e.V.)

BERUFENET (www.berufenet.arbeitsagentur.de)
In diesem Netzwerk für Berufe findest du umfassende Informationen von A-Z. Hier werden ca. 3.200 Berufe hinsichtlich Ausbildung, Tätigkeit, Spezialisierung, Weiterbildung usw. beschrieben.

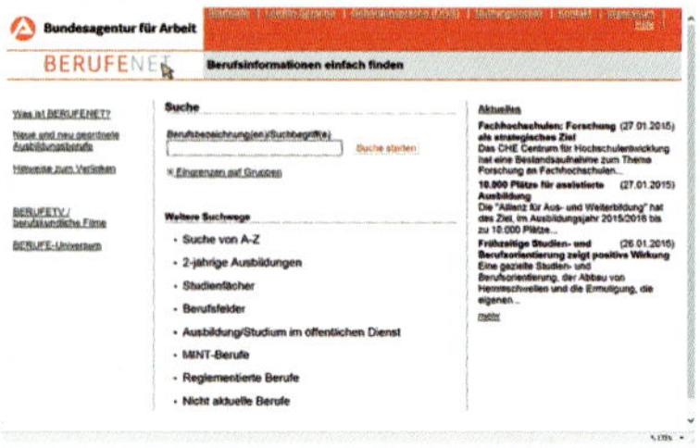

Zahlreiche Informationen zu verschiedenen Ausbildungsberufen findest du im **Berufsinformationszentrum** (BIZ) der Bundesagentur für Arbeit. Diese befindet sich meist in größeren Städten.
Das BIZ hält für dich zahlreiche Informationsmappen, Zeitschriften und Filme bereit. Manchmal werden auch einzelne Berufsbilder in Ausstellungen praxisnah vorgestellt. Außerdem findest du an den Internetarbeitsplätzen Zugang zu den unten aufgeführten Plattformen für die berufliche Orientierung. Du kannst dich darüber aber auch durchaus von zu Hause aus informieren.

www.planet-beruf.de
Dieses Internetportal begleitet dich auf dem Weg zu deinem Beruf. Jede Woche erhältst du hier interessante Beiträge rund um Ausbildung und Beruf. Von hier aus gelangst du z. B. auch in das BERUFE-Universum, ein Selbsterkundungsprogramm zur Berufsfindung (s. Seite 64).

www.berufe.tv
In diesem Filmportal der Bundesagentur werden kurze Filme über die einzelnen Berufe ins Netz gestellt.

www.kursnet.arbeitsagentur.de
Dieses Portal der Bundesagentur für Arbeit ist die größte Datenbank Deutschlands für die schulische Berufsaus- und Weiterbildung.

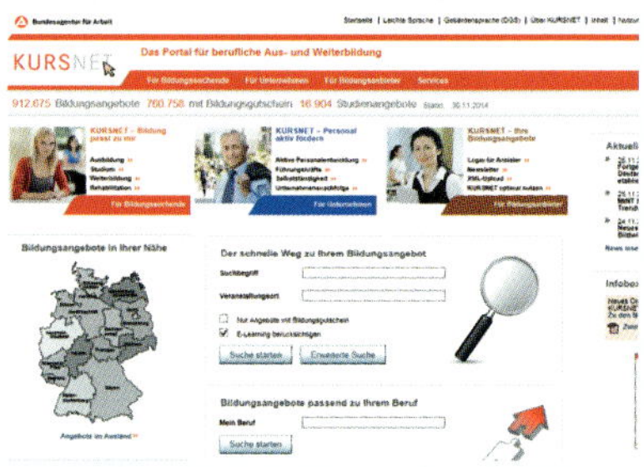

www.studienwahl.de
Durch die Darstellung einer Vielzahl von Studiengängen erhalten hier Abiturienten viele Infos und Entscheidungshilfen zum Studium.

www.abi.de
Hier erhalten Abiturienten eine allgemeine Information über Ausbildungsmöglichkeiten nach dem Abitur.

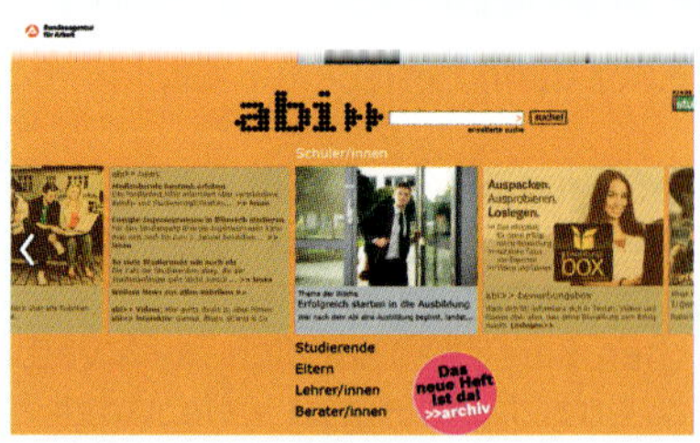

1.4 Dein Berufswahlfahrplan

An die Phase der **Information** schließen sich in den nächsten Jahren die wichtigen Phasen der **Entscheidungsfindung** und der anschließenden **Verwirklichung bzw. Bewerbung** an. Die untere Zeitschiene gibt dir einen Überblick über alle möglichen und sinnvollen berufsvorbereitenden Maßnahmen. Damit sollte es dir gelingen, dich für einen Beruf zu entscheiden und ihn zu erlernen.

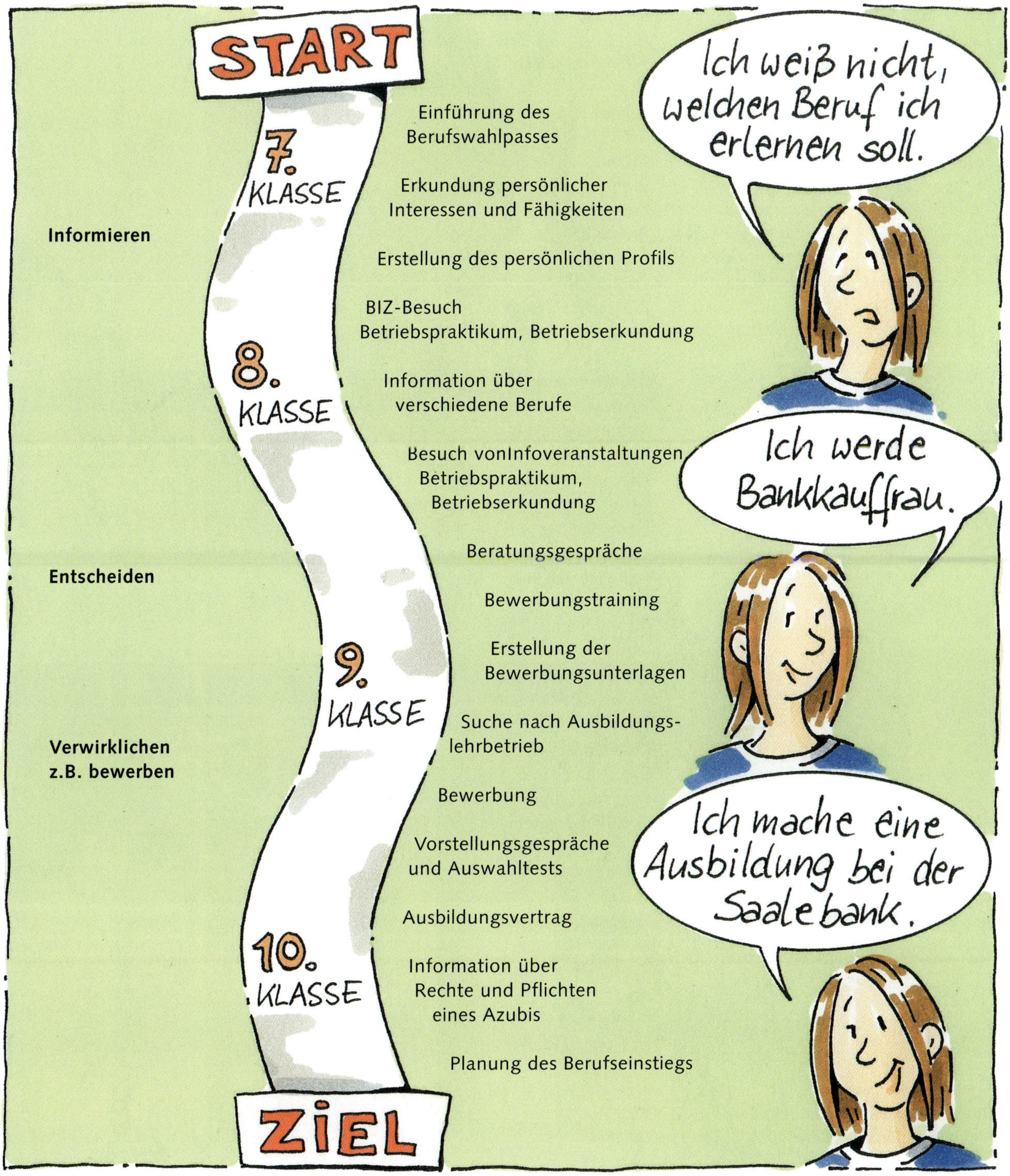

1.5 Das persönliche Profil

Die untere Tabelle soll dir helfen, dein persönliches Profil zu erstellen. Sehr hilfreich ist es auch, neben dieser Selbsteinschätzung eine sog. Fremdeinschätzung durchzuführen. Dazu lässt du eine andere Person unabhängig davon den gleichen Bogen ausfüllen und wertest ihn aus.

Mein persönliches Profil: Meine Stärken einschätzen

Arbeitsverhalten	trifft voll zu	trifft zu	trifft teilweise zu	trifft nicht zu
Zuverlässigkeit Arbeitstempo Arbeitsplanung Organisationsfähigkeit Geschicklichkeit Ordnung Sorgfalt Kreativität Problemlösefähigkeit Abstraktionsvermögen				
Lernverhalten				
Selbstständigkeit Belastbarkeit Konzentrationsfähigkeit Verantwortungsbewusstsein Eigeninitiative Leistungsbereitschaft Auffassungsgabe Merkfähigkeit Motivationsfähigkeit				
Sozialverhalten				
Teamfähigkeit Hilfsbereitschaft Kontaktfähigkeit Kommunikationsfähigkeit Einfühlungsvermögen Konfliktfähigkeit Kritikfähigkeit				
Fachkompetenzen				
Schreiben Lesen Mathematik Naturwissenschaften Fremdsprachen Präsentationsfähigkeit PC-Kenntnisse				

i

Die körperliche Eignung muss durch eine gesetzlich vorgeschriebene ärztliche Untersuchung zu Beginn der Berufsausbildung festgestellt werden (s. § 32 Abs.1 Jugendarbeitsschutzgesetz).

Quelle: www.berufswahlpass.de, Einlegeblätter Sommer 2014, S. 18/19

2 Persönliche Ansprüche und Berufserwartungen

Jeder hat berufliche Wunschvorstellungen. Diese sollte man sich einmal klarmachen und anschließend entscheiden, welche unbedingt zu realisieren sind bzw. welche wohl ein „Traum" bleiben werden.

Viel in der Welt herumkommen	viel mit Menschen zu tun haben
viel Geld verdienen / hohes Gehalt	neben dem Beruf noch viel Zeit für Familie und Haushalt haben
einen gesicherten Arbeitsplatz	nicht saisonabhängig arbeitslos sein
hohes Ansehen (Prestige) des Berufes	gute Weiterbildungsmöglichkeiten
Arbeitsplatz nahe am Wohnort	freundliches Betriebsklima
geregelte, fixe Arbeitszeiten	eine gute Ausbildung bekommen
es muss eine interessante Tätigkeit sein	selbstständig arbeiten können
versichert sein (Kranken-, Pensionsversicherung)	weg von daheim arbeiten
gute Aufstiegs-/Karrieremöglichkeiten	der Gesellschaft einen Dienst erweisen
Verantwortung tragen	viel Freizeit
eigene Ideen verwirklichen können	möglichst kurze Ausbildungszeit
Tätigkeit, die mit Beraten und Verkaufen zu tun hat	Mitmenschen oder Tieren helfen
in einem Büro arbeiten	mit Metall arbeiten
mit Holz arbeiten	viel mit Maschinen zu tun haben
selbst etwas entwerfen und gestalten	am Computer arbeiten
viel im Freien sein	in Räumen arbeiten
handwerkliche Tätigkeiten machen	viel geistig arbeiten
weiterlernen und studieren müssen	mit Lebensmitteln zu tun haben
mit technischen Dingen arbeiten	mit Kindern arbeiten
Schichtarbeit	sein eigener Chef sein
Zeit selber einteilen können	viel im Team arbeiten

Quelle: www.nibis.de/nibis3/uploads/1bogym/files/Traumberuf.pdf

3 Ausgewählte Berufsfelder und Berufe

Heute gibt es ca. 30 000 Berufe und fast 400 anerkannte Ausbildungsberufe. Sich hier zurechtzufinden und eine Entscheidung zu treffen, fällt nicht leicht. Deshalb ist es zuerst einmal wichtig zu wissen, welche Anforderungen an den Einzelnen gestellt werden können und welche Bedeutung sie in den jeweiligen Berufsbildern haben.

3.1 Anforderungen im Beruf

Mobilität
Nicht überall in Deutschland sind Ausbildungs- und Arbeitsplätze gleich gut vorhanden. Azubis und Arbeitnehmer aus strukturschwachen Regionen sind daher oft gezwungen, ihren Wohnort für einen Arbeits- oder Ausbildungsplatz zu wechseln.
Im Rahmen immer stärker werdender internationaler Wirtschaftsbeziehungen gehören für die Mitarbeiter Geschäftsreisen ins Ausland zur Tagesordnung. Mitarbeiter, die außerdem in der Lage sind, längere Zeit im Ausland für ihren Arbeitgeber tätig zu sein, sind gefragt.

i

Mobilität
(Mobilitas = lat.: Beweglichkeit), (meist) räumliche Mobilität: Bereitschaft, den Wohnort zu verändern.

Flexibilität
(Flectere = lat: biegen, beugen), Fähigkeit, sich auf geänderte Anforderungen einzustellen.

i

Kompetenz
Fähigkeit und Fertigkeit, Aufgaben zu lösen.

Kompetenzarten:

Sachkompetenz (Fachkompetenz)
↑
Methodenkompetenz
↓
Selbst- und soziale Kompetenz

A

Beschreibe das Problem, das in der nebenstehenden Karikatur angesprochen wird. Finde andere Lösungsmöglichkeiten als hier dargestellt.

Flexibilität
Deutsche Unternehmen haben zur ganzen Welt Geschäftsbeziehungen. Dadurch veränderten sich die Anforderungen an die Mitarbeiter noch in einer anderen Weise: So ist nicht mehr der Mitarbeiter gefragt, der sich lebenslang einem Unternehmen verpflichtet, ihm treu ergeben ist und sein Leben lang von 8 bis 17 Uhr arbeitet. Neue Mitarbeiter sind gefragt, nämlich Mitarbeiter, die bereit sind, ihre Arbeitszeit den Notwendigkeiten anzupassen. So müssen z. B. auch mal in der Nacht mit Geschäftspartnern in Übersee Telefonkonferenzen abgehalten werden, da dort gerade Geschäftszeit ist. Oder man muss auch mal am Samstag arbeiten, weil ein Projekttermin einzuhalten ist.

Teamfähigkeit
Heutzutage müssen die Menschen in der Lage sein, im Team zusammenzuarbeiten. Nur wer mit seinen Kollegen harmonisch zusammenarbeitet, kann in Projektgruppen erfolgreich sein.

Fremdsprachenkenntnisse
Zunehmende weltwirtschaftliche Verflechtungen (Globalisierung), Handelsbeziehungen mit der Dritten Welt und immer enger werdende europäische Zusammenarbeit sind nur durch den Ausbau internationaler Informations- und Transportsysteme ermöglicht worden. Dazu ist es unerlässlich, dass die Vertragspartner eine Sprache sprechen. Alle weltweit arbeitenden deutschen Unternehmen müssen daher von ihren Mitarbeitern Grundkenntnisse in der englischen Sprache erwarten können. Eine zweite oder dritte Fremdsprache ist oftmals erwünscht.

Kommunikationsfähigkeit
Verkaufsgespräche zu führen und Kunden in Vermögens- und Finanzierungsfragen beraten zu können, wird heutzutage immer wichtiger. Wenn du z. B. das Berufsbild des Bankkaufmanns betrachtest, kannst du diesen Wandel gut beobachten. Heute stehen Vermögens- und Anlageberatung im Vordergrund. Aufgaben wie Kontoführung oder Bargeldauszahlung werden zum großen Teil durch Automaten erledigt. Für diese neuen Tätigkeiten ist vor allem eine gute Kommunikationsfähigkeit Voraussetzung.

IT-Kompetenz (Medienkompetenz)
Alle höher qualifizierten Tätigkeiten erfordern Kenntnisse im Umgang mit dem Computer. Je qualifizierter ein Arbeitsplatz ist, desto häufiger werden computergesteuerte Arbeitsmittel eingesetzt. Zum Registrieren an der Kasse oder zum Verwalten von Lagerbeständen wird der Computer genauso benutzt wie in Werkhallen und in Büros. Mit dem PC werden Serienbriefe, Rechnungen und Kalkulationen erstellt, Datenbanken verwaltet, Statistiken gefertigt, Präsentationen sowie Vorträge vorbereitet.

Soft Skills
Soziale Kompetenzen, die der Arbeitgeber von seinen Mitarbeiter fordern kann, wie z.B.
- Disziplin
- Umgangsformen
- Höflichkeit
- Freundlichkeit
- Motivation
- Sprachliche Kompetenz
- Selbstständigkeit
- Verantwortungsbewusstsein
- Durchsetzungskraft
- Mut
- Konfliktlösungsfähigkeit

A

1. Vergleiche die Berufswahl 1979 mit der Grafik auf der nächsten Seite und finde Gründe, die deiner Meinung nach für die Unterschiede maßgebend sind.

2. Vergleiche die Berufswahl von Mädchen und Jungen. Finde Gründe für das Wahlverhalten.

3. Woran erkennst du, dass in der nebenstehenden Grafik nicht nur Schüler mit einem mittleren Bildungsabschluss berücksichtigt sind? Begründe.

3.2 Ausgewählte Berufsbilder

Die folgende Darstellung zeigt die beliebtesten Ausbildungsberufe im Jahre 1979.

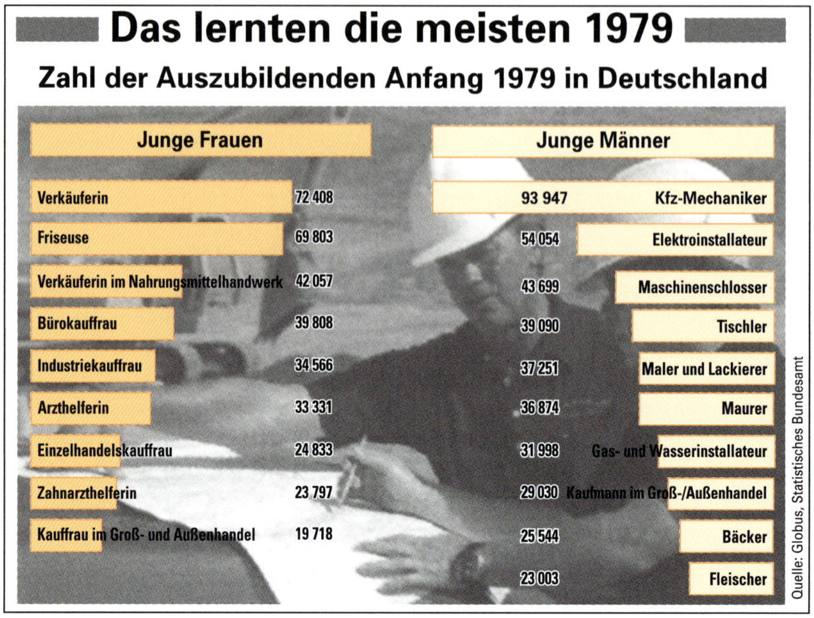

Wie die Grafik oben zeigt, wählen die meisten jungen Menschen durchaus traditionelle Berufe, wie z. B. Kaufmann für Einzelhandel oder Hotelfachmann. Natürlich ist aber auch eine Veränderung hin zu den sog. „modernen Berufsbildern" wie z. B. dem Fachinformatiker feststellbar. Angesichts der Entlassungswellen bei Schlecker, Opel und Karstadt in den Jahren 2012 bis 2014 sollten natürlich bei der Berufswahl auch die Zukunftschancen und Sicherheit eine Rolle spielen.

Beispiele für zukunftssichere Berufsbilder sind:
- aufgrund der Überalterung unserer Gesellschaft Augenoptiker, Hörgeräteakustiker oder Altenpfleger.
- wegen des Trends zu den erneuerbaren Energien Ingenieure, z. B als Spezialisten im Bereich der Elektromobilität.

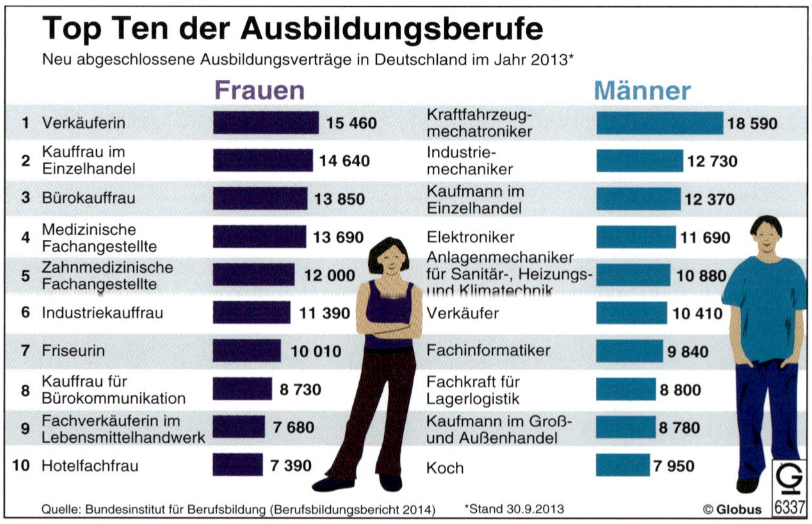

Berufsfelder	Beispiele
Bauberufe	Architekt/in, Maurer/in, Maler/in
Bekleidung, Textilien	Modedesigner/in, Schneider/in
Berufe im Umgang mit Tieren	Tierarzt/-ärztin, Tierpfleger/in
Technische Berufe	Bauzeichner/in, Kfz-Mechatroniker/in, Konstrukteur/in
EDV und Medien	IT-Systemelektroniker/in, Fachinformatiker/in, Mediengestalter/in „Digital und Print"
Grafisches Gewerbe	Fotograf/in, Grafikdesigner/in, Buchbinder/in
Metall-, Maschinen-, Elektrotechnik	Anlagenmechaniker/in, Fluggerätemechaniker/in, Energieelektroniker/in
Gesundheitswesen	Augenoptiker/in, Physiotherapeut/in
Gastgewerbe	Hotelfachmann/-frau, Koch/Köchin
Lebensmittelbereich	Bäcker/in, Fleischer/in, Brauer/in
Kaufmännische und Büroberufe	Kaufmann/-frau Versicherungen und Finanzen, Bankkaufmann/-frau, Industriekaufmann/-frau
Land-, Forstwirtschaft, Gärtnerei	Florist/in, Landwirt/in, Gärtner/in
Verkauf und Dekoration	Kaufmann/-frau Einzelhandel, Buchhändler/in
Verkehr, Transport und Tourismus	Kaufmann/-frau Spedition und Logistikdienstleitung, Kaufmann/-frau Tourismus und Freizeit

In Berufsfeldern werden Berufe mit ähnlichen Ausbildungsinhalten und vergleichbaren Interessen und Fähigkeiten zusammengefasst.

Beispiele für Berufe und ihre Anforderungen

In unserem IT-Zeitalter haben sich nicht nur die Anforderungen an die Menschen verändert, es sind auch neue Bezeichnungen für einzelne Berufe die Folge gewesen bzw. es sind sogar viele neue Berufsbilder entstanden. Dazu zählen z. B. der IT-Systemelektroniker, der Elektroniker für Betriebstechnik, der IT-Systemkaufmann, der Fachinformatiker, der Kaufmann für Bürokommunikation, der Kaufmann für audiovisuelle Medien und der Mediengestalter für Digital- und Printmedien, Systemgastronomiefachmann/-frau, Printmedienverarbeiter.

In nahezu allen Berufen werden heute IT-Kenntnisse verlangt. IT-Anforderungen unterscheiden sich von Beruf zu Beruf ganz erheblich. Diese reichen von Anwenderkenntnissen in der Textverarbeitung über Verwaltung von Datenbanken bis hin zu Spezialkenntnissen in der Server-Administration. Das zeigen die Berufe, die hier vorgestellt werden.

Natürlich sind nicht für jeden Beruf alle Anforderungen bzw. die einzelnen Anforderungen mit einem anderen Gewicht Voraussetzung. Wenn du Genaueres über einzelne Berufe bzw. deren Anforderungen erfahren möchtest, stehen dir zahlreiche Medien zur Verfügung. Die folgende Seite gibt dir dazu noch genauere Informationen.

i

Deine Interessen, Stärken und Schulnoten hast du bereits unter die Lupe genommen. Jetzt bist du startklar für deine Reise durch das BERUFE-Universum. Am Ende erhältst du Berufe, die gut zu dir passen.

Der Hotelfachmann/frau

Hotelfachleute können in allen Abteilungen eines gastgewerblichen Betriebs eingesetzt werden. Sie schenken Getränke aus, bedienen im Restaurant, richten Zimmer her oder bereiten Events vor. Neben der Gästebetreuung übernehmen sie auch Aufgaben in der kaufmännischen Verwaltung z.B. in der Buchhaltung, im Personalwesen oder in der Lagerhaltung.

Für diese Aufgaben benötigen Hotelfachleute Kommunikationsfähigkeit, Fremdsprachenkenntnisse, gute Umgangsformen, Servicedenken, Organisationstalent und eine gewisse physische Robustheit, denn die in dieser Sparte sehr häufige Schichtarbeit ist anstrengend. (nach: BerufeNet.de)

Der/die Fachinformatiker/in

Fachinformatiker und -informatikerinnen sind Dienstleistungsfachleute der praxisorientierten Anwendungsinformatik: Sie konzipieren, entwickeln und realisieren IT-Systeme, die genau an spezifische Kundenanforderungen angepasst werden müssen. Somit können sie diesen Prozess von Anfang bis Ende mitgestalten und verfolgen. Es gibt die zwei Fachrichtungen „Anwendungsentwicklung“ und „Systemintegration“.

Fachinformatiker/-innen für die Anwendungsentwicklung planen und programmieren für ihre Kundschaft maßgeschneiderte Softwarelösungen. Bereits bestehende Programme testen sie auf die neuen Anforderungen und passen sie entsprechend an. Sie achten dabei auf eine benutzerfreundliche Bedienungsoberfläche der Programme und schulen die Nutzer und Nutzerinnen.

Fachinformatiker für die Systemintegration sind Spezialisten für IT-Systeme. Sie richten diese Informations- und Telekommunikationssysteme intern oder extern ein, lösen eventuelle Anwender- oder Systemprobleme und sorgen dafür, dass die Systeme fehlerfrei funktionieren.

Für diese Aufgaben benötigt der Fachinformatiker die Fähigkeit, logisch zu denken. Er soll sich auf jeden Fall für die Computerarbeit interessieren. Außerdem sollte er in der Lage sein, Projekte zu planen und zu organisieren. Dazu sind Durchsetzungskraft, Kommunikationsstärke und Teamfähigkeit wichtig.
(nach: www. Berufskunde.com)

Anforderungen

In den dargestellten Berufsbeispielen werden z. T. ganz unterschiedliche Fähigkeiten aber auch ähnliche Fähigkeiten gefordert. Folgendes Anforderungsprofil kann hierzu eine wertvolle Hilfe sein.

1. Werte die beiden Profile aus und stelle fest, welche Fähigkeiten jeweils besonders wichtig sind.
2. Erstelle jeweils für die beiden Berufe Bürokaufmann und Erzieherin ein Anforderungsprofil.

Anforderungsprofil						
	Fachinformatiker/in			Hotelfachmann/-frau		
	vorteilhaft	wichtig	sehr wichtig	vorteilhaft	wichtig	sehr wichtig
Fachkompetenz						
Technisches Verständnis			X	X		
PC-Kenntnisse			X		X	
Logisches Denken			X	X		
Ausdrucksfähigkeit	X				X	
Fremdsprachenkenntnisse		X				X
Sozialkompetenz						
Teamfähigkeit			X			X
Umfangsformen			X		X	
Kommunikationsfähigkeit			X		X	
Kontaktfähigkeit	X					X
Kundenorientierung		X				X
Selbstkompetenz						
Verantwortungsbewusstsein			X		X	
Freundlichkeit	X					X
Flexibilität			X			X
Eigeninitiative			X		X	
Sorgfalt			X			X

Stellenanzeigen beweisen, welches Anforderungsprofil die Arbeitgeber von ihren zukünftigen Mitarbeitern erwarten.

Empfangsassistenz (m/w) für den Standort Weimar – gerne aus der Hotellerie – gesucht

Ihre Aufgaben:
- Allgemeine Empfangsassistenztätigkeiten
- Telefonbetreuung in deutscher und englischer Sprache
- Schriftverkehr national und international
- Terminmanagement
- Organisation von Events

Ihr Profil:
- Abgeschlossene Berufsausbildung zur Hotelfachfrau (m/w) / Hotelkauffrau (m/w) oder einer vergleichbaren Qualifikation
- Berufserfahrung in dem Tätigkeitsfeld und aus der Hotellerie
- Fließende Deutsch- sowie gute Englischkenntnisse
- Sicherer Umgang mit den gängigen MS Office-Programmen
- Freundliches Auftreten, gepflegtes Erscheinungsbild und sehr hohe Dienstleistungsorientierung

(Auszug aus einer Stellenanzeige der internationalen Anwaltskanzlei Schmitt & Partner)

4 Das Betriebspraktikum

Zu einer guten Berufswahlvorbereitung gehört unbedingt, den einen oder anderen Berufswunsch in der Praxis zu überprüfen und die Berufs- und Arbeitswelt kennenzulernen. Dazu bietet das Betriebspraktikum die besten Möglichkeiten. In diesem Kontakt mit der Praxis setzt ihr euch in den Ferien während ein, zwei oder drei Wochen mit der Arbeitswelt auseinander und erhaltet auf diese Weise ein zeitgemäßes Verständnis für sie. Die Zusammenhänge wirtschaftlicher, technischer und gesellschaftlicher Natur werden für euch dadurch deutlicher. Betriebspraktika werden in vielen Fällen dazu beitragen, dass ihr eure Eignung für bestimmte Tätigkeiten besser einschätzen könnt. Auch werden eure Vorstellungen über ein bestimmtes Berufsbild häufig vertieft und können ggf. korrigiert werden.

Leider werden immer wieder Berufsausbildungen nach kurzer Zeit abgebrochen. Dies stellt den Auszubildenden vor ein sehr großes Problem, denn nicht immer wird er sofort einen anderen Ausbildungsplatz finden. Aber auch die Ausbildungsbetriebe haben durch einen Abbruch der Ausbildung große Schwierigkeiten. So können sie z. B. den Ausbildungsplatz meist nicht mehr wieder besetzen.
Studien haben eindeutig ergeben, dass die Wahrscheinlichkeit des Abbruchs der Berufsausbildung geringer ist, wenn sich der Ausbildungsbetrieb und der Auszubildende vor Beginn der Berufsausbildung durch ein Praktikum kennengelernt haben. Der Betrieb kann so überprüfen, ob der junge Mensch den eigenen Vorstellungen und Anforderungen der Ausbildung entspricht. Persönlichkeit, Einsatzbereitschaft, Teamfähigkeit sowie praktische Fertigkeiten können so sicherer eingeschätzt werden. Dies zeigt, dass euch durch ein Praktikum der Zugang zu einem bestimmten Ausbildungsplatz erleichtert werden kann.

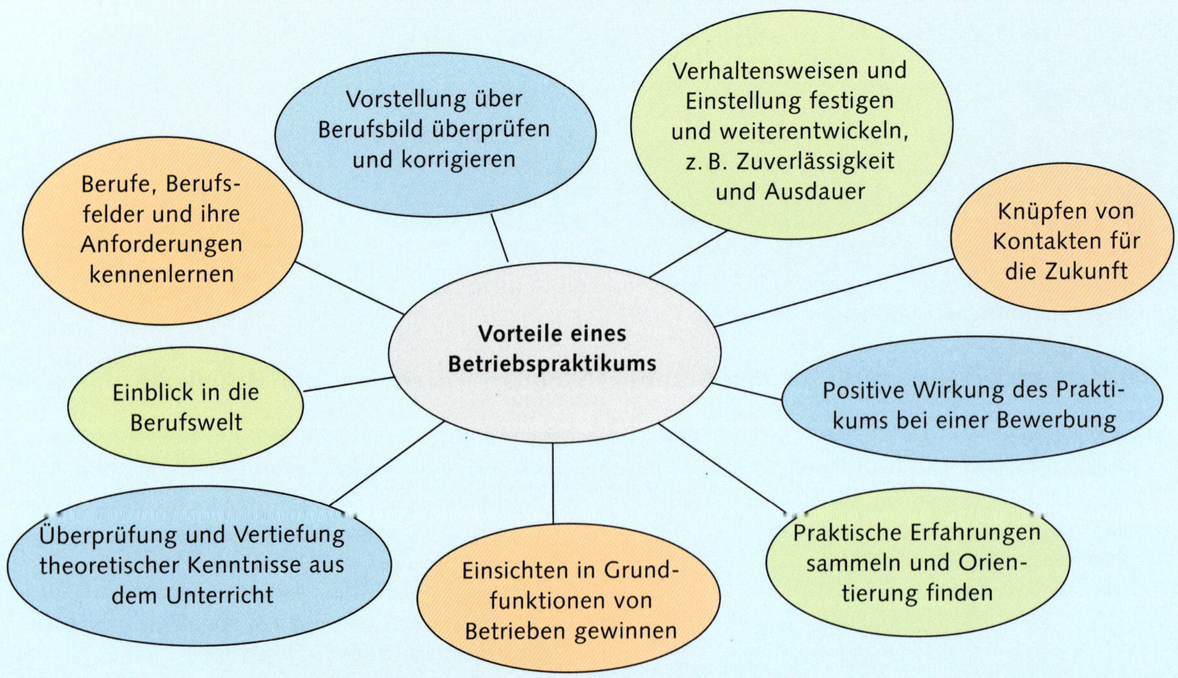

Vorbereitung des Betriebspraktikums
Wichtigste Voraussetzung für die Durchführung eines gewinnbringenden Praktikums ist eine ernsthafte Auseinandersetzung mit folgenden Fragen:

1. In welcher Branche und in welchem Beruf mache ich ein Praktikum?
2. Wo finde ich einen geeigneten Praktikumsbetrieb?

Bei der Vorbereitung des Betriebspraktikums helfen an jeder Schule Lehrkräfte, die Erfahrungen mit der Durchführung von Praktika haben. Sie stellen für die Schüler und die Betriebe eine wichtige Kontaktperson dar und werden mit den Praktikumsbetrieben die organisatorische Durchführung abstimmen.

Durchführung des Betriebspraktikums
Schüler werden bald feststellen, dass Arbeit und Schulalltag sehr unterschiedlich sind. So muss z. B. mancher Schüler morgens früher aufstehen, da der Weg zum Praktikumsbetrieb länger als der Schulweg ist. Auch sind die Arbeitstage meist länger als der Schultag.

Die Schüler sind während des Betriebspraktikums keine Arbeitnehmer des Betriebs. Daraus folgt, dass üblicherweise keine Vergütung bezahlt wird. Die Betriebe müssen während des Praktikums darauf achten, dass nur Tätigkeiten ausgeführt werden, die innerhalb des Jugendarbeitsschutzgesetzes zugelassen sind. In diesem Zusammenhang müssen z. B. bestimmte Arbeitszeiten (wie z. B. Verbot von Überstunden) oder die Beschränkung auf erlaubte Tätigkeitsbereiche für Jugendliche (wie z. B. Verbot, in einem Nachtclub zu arbeiten) eingehalten werden. Vorgeschriebene Arbeitsschutzmaßnahmen wie Belehrungen und das Vorhandensein spezieller Schutzkleidung (z. B. Schutzhelme, Gehörschutz, Schutzbrillen, Sicherheitsschuhe, Handschuhe usw.) sind sicherzustellen. Sollte trotz richtigen Verhaltens ein Unfall passieren, ist sofort der Betriebsarzt aufzusuchen und die Betriebsleitung und auch die Schule zu informieren. Die Unfallversicherung des Betriebes (Fachberufsgenossenschaft) muss in diesem Fall für die Folgen wie z. B. Krankenhauskosten oder Arztkosten aufkommen.

Hier ein paar Verhaltenstipps, die das Praktikum erfolgreich und nutzbringend werden lassen:
- Weisungen des Betriebspersonals Folge leisten
- sorgfältiger und umsichtiger Umgang mit Maschinen und sonstigen Arbeitsmitteln
- ggf. Schutzkleidung tragen
- Pünktlichkeit, Ordnung und Höflichkeit sind selbstverständlich
- bei Krankheit oder Fehlen aus einem anderen Grund entschuldigen
- ggf. verantwortungsbewusste Führung eines Berichtshefts
- Stillschweigen über Geschäftsgeheimnisse bewahren
- Initiative zeigen
- aufmerksam sein
- Informationen beschaffen
- das Betriebspraktikum zu Ende führen

Für das Betriebspraktikum besteht im Gegensatz zur Unfallversicherung keine gesetzliche Haftpflicht. Es ist empfehlenswert, diese durch die Eltern abschließen zu lassen. Manchmal übernehmen auch die Schulträger diese Finanzierung. Für eine spätere Bewerbung ist eine Praktikumsbescheinigung sehr sinnvoll.

i

Das Jugendarbeitsschutzgesetz regelt die Arbeitsbedingungen junger Menschen (vom 15. bis zum 18. Lebensjahr) im Arbeits- oder Ausbildungsverhältnis.

Unfallversicherung
Jeder Schüler ist im Rahmen eines Betriebspraktikums genauso wie alle anderen Mitarbeiter gesetzlich durch den Betrieb bei der entsprechenden Fachberufsgenossenschaft im Falle eines Unfalls versichert.

Haftpflichtversicherung
Die Haftpflichtversicherung übernimmt Vermögensschäden (z. B. Falsches Rausgeben von Wechselgeld) und Sachschäden (z. B. Fallenlassen und Beschädigung eines Laptops), die durch den Praktikanten verursacht worden sind.

Dokumentierung und Nachbereitung des Betriebspraktikums
Nach Beendigung des Praktikums ist es für alle Schüler interessant, wie bei den anderen das Praktikum abgelaufen ist. Für einen solchen Informationsaustausch bietet sich gut der Unterricht an. Oftmals wird auch ein Praktikumsbericht geschrieben, in dem die Erfahrungen, das Berufsbild und das Unternehmen beschrieben werden können. Wenn man noch ein größeres Publikum erreichen möchte, bieten Wandtafeln, Jahresberichte, Zeitungsberichte oder Referate hier vielfältige Möglichkeiten der Präsentation.

Plakatausstellungen
Auf diese Weise können nicht nur einzelne Personen, sondern größere Gruppen wie die Klasse oder Eltern über den Ablauf deines Praktikums informiert werden. Du kannst hier z.B. ein großes Plakat erstellen oder für die Darstellung auch eine Power-Point-Präsentation wählen. Suche noch Mitschüler, die einen Beruf in deinem Berufsfeld näher kennengelernt haben und erstelle mit ihnen gemeinsam mehrere Plakate.

Im Praktikum gemachte Fotos und Zeichnungen machen deinen Bericht anschaulicher! Als Grundlage kannst du z. B. dein Berichtsheft mit deinen Tagesprotokollen nehmen.
Falls du im Praktikum Werkstücke gefertigt hast, solltest du sie unbedingt mit ausstellen.
Die erstellten Plakate kannst du evtl. auch mit einem kleinen Referat präsentieren. Vielleicht ergeben sich im Anschluss auch Gelegenheit, Fragen zu beantworten. Die Ausstellung soll möglichst noch einige Wochen bestehen bleiben, damit sich möglichst viele informieren können. Überlegt gemeinsam, ob die Ausstellung moderiert werden soll und ob die Besucher evtl. verköstigt werden sollen.

i

Hilfen für die Erstellung einer Präsentation erhältst du auf den folgenden Seiten.

Inhaltliche Darstellung des Plakats:
- Vorstellung des Praktikumsbetriebes,
- erkundeter Beruf,
- typische Tätigkeiten innerhalb des Berufs (ggf. Fotos abbilden),
- Arbeitsablauf eines Tages darstellen,
- Darstellung als positiv empfundener Seiten des kennengelernten Berufs ,
- typische Arbeitsbelastungen (körperlich, psychisch, sozial usw.) und Umgebungseinflüsse (z.B. Geräuschpegel, Licht, Temperatur usw.),
- Ergebnis/Erfolg des Praktikums.

Falls möglich solltest du die Plakate fotografieren und aufbewahren.

4.1 Die Präsentation

Die Präsentation ist eine Darstellung von Sachverhalten mit dem Ziel,
- besser verstanden zu werden,
- im Gedächtnis haften zu bleiben,
- veranschaulicht werden zu können.

Grundfragen einer Präsentation:
- Wie setzt sich meine Zielgruppe zusammen?
- Welches Ziel möchte ich mit meiner Darstellung errreichen?
- Wie gliedere ich mein Thema?
- Welche Grafiken, Schaubilder, Bilder zur Veranschaulichung verwende ich zur besseren Visualisierung (= Übersetzung eines Gedankens in eine bildliche Darstellung)?
- Ich beachte: „In der Kürze liegt die Würze".

Präsentationsarten:
- Vortrag mit Unterstützung folgender Medien:
  - Flipchart
  - Pinnwand
  - Overheadfolie
  - Tafel
  - Beamer (z. B. PowerPoint)

- Stand-alone-Präsentation
  - Zeitungsartikel
  - Radiofeature
  - Gestaltung von Stellwänden oder Wandzeitung

Da du bei der Präsentation nicht anwesend bist, müssen die Informationen selbsterklärend und klar dargestellt werden.

Jede Präsentation kann gut in Kooperation mit anderen Gruppenmitgliedern durchgeführt werden.

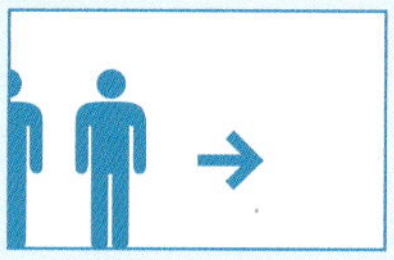

1. Vorbereitung

Kläre folgende organisatorischen Fragen anhand folgender Checkliste:
- Eignet sich der **Raum** für die vorgesehene Präsentation?
- Soll die **Sitzordnung** beibehalten oder verändert werden?
- Welche **Medien** sollen/können eingesetzt werden?
- Befinden sich die Medien im Raum oder müssen sie erst **beschafft** werden?
- **Funktionieren** die elektrischen Geräte wie Beamer oder Mikrofon?
- Müssen Verlängerungskabel, Mehrfachstecker **beschafft** werden?
- Ist eine **Verdunklung** des Raums erforderlich?
- Sind die benötigten **Materialien** vorhanden, z. B. Stifte, Folien, Pin-Nadeln, Magnete, Kreide?
- Muss ich die Bedienung der Medien noch **üben**?

10 Regeln für einen guten Vortrag:
1. Stell dich auf deine Zielgruppe ein!
2. Denke über das Ziel und die Absicht deines Vortrages nach!
3. Gliedere den Vortrag klar!
4. Bilde kurze Sätze!
5. Schau deine Zuhörer und nicht deine Darstellungen an! (Blickkontakt halten)
6. Sprich zügig, klar und deutlich, aber nicht zu schnell.
7. Mache Pausen nach Sinnabschnitten!
8. Wenn du passend zum Vortrag eine Präsentation erstellst, bedenke: Visualisierung und Vortrag (bzw. Vortragsabschnitt) müssen zueinander passen!

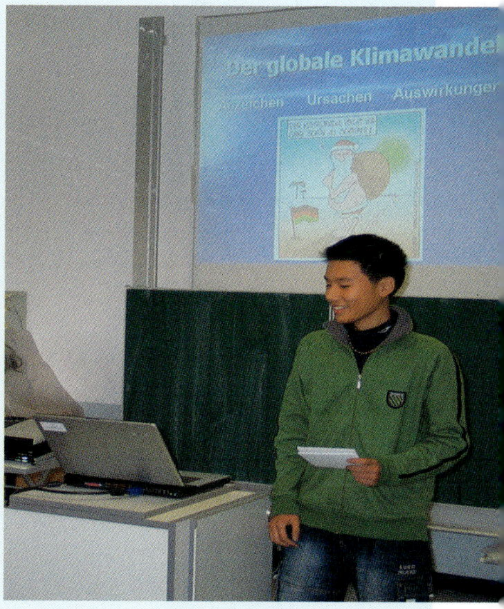

2. Durchführung

Der Stoff ist deutlich zu gliedern und auf das für die Teilnehmer Aufnehmbare zu beschränken. Die Visualisierung durch Bilder, Symbole und Grafiken soll wirkungsvoll, gut verständlich und wahrnehmbar sein.

3. Nachbereitung und Bewertung

- Du kannst dein Präsentationsverhalten für die Zukunft verbessern, wenn du der Nachbereitung deiner Präsentation etwas Zeit widmest.
- Du kannst dich dabei selbst hinterfragen, was dir besonders gut gelungen ist, bzw. was du das nächste Mal anders machen möchtest.
- Zusätzlich kannst du deine Mitschüler und Lehrkräfte um ein Feedback bitten.

Beispiel für einen Bewertungsbogen

	+	+	+	0	–	–	–
Inhalt							
fachlich korrekt							
Verständlichkeit							
Umfang und Länge der Präsentation							
Aufbau							
klare Struktur							
ansprechende und unterstützende Medien							
Motivierende Einleitung							
guter Abschluss							
Verständlichkeit							
gute und interessante Information über die Thematik							
Sprache							
Lautstärke							
freier Vortrag							
Sprechtempo							
gute Sprache							
Körpersprache							
Blickkontakt							
Sicherheit							
Lebendigkeit des Vortrags							
Körperhaltung							

1. Nenne Vorteile des Betriebspraktikums.

2. a) Nenne die beiden Versicherungen, die Schüler während des Praktikums absichern.
   b) Wodurch unterscheiden sich beide?

3. Führe einige Berufe aus dem Dienstleistungsbereich auf.

4. a) Schreibe die Abkürzung ITK aus.
   b) Betrachte das folgende Schaubild und nenne Teilbereiche der ITK-Technik.
   c) Finde den Teilbereich heraus, der den größten Anteil am Absatz hat.
   d) Berechne den prozentualen Anstieg des Umsatzes der ITK-Unternehmen von 2008 bis 2012.

5. Zähle einige neue IT-Berufe auf.

6. a) Betrachte die beiden Grafiken und finde einen Zusammenhang.
   b) Hättest du bei einer Befragung zum Ansehen der einzelnen Berufe eine ähnliche Rangordnung gefunden? Wenn nicht, erstelle sie für dich ganz persönlich.
   c) Findest du dich bei der Darstellung „Erwartungen an den zukünftigen Beruf" wieder? Wenn dies nicht der Fall ist, erstelle auch hier wieder für dich eine ganz persönliche Rangordnung.

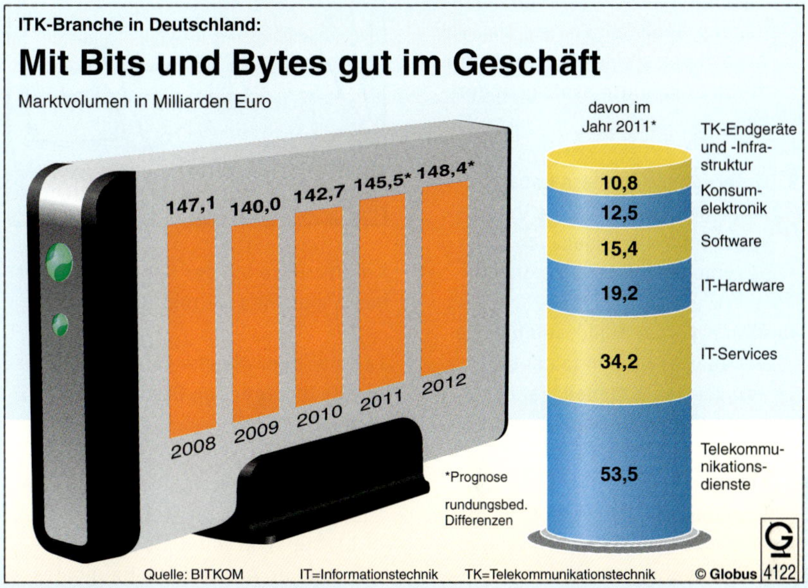

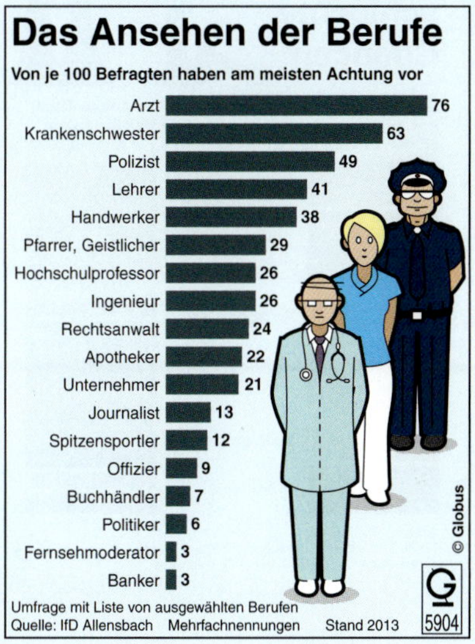

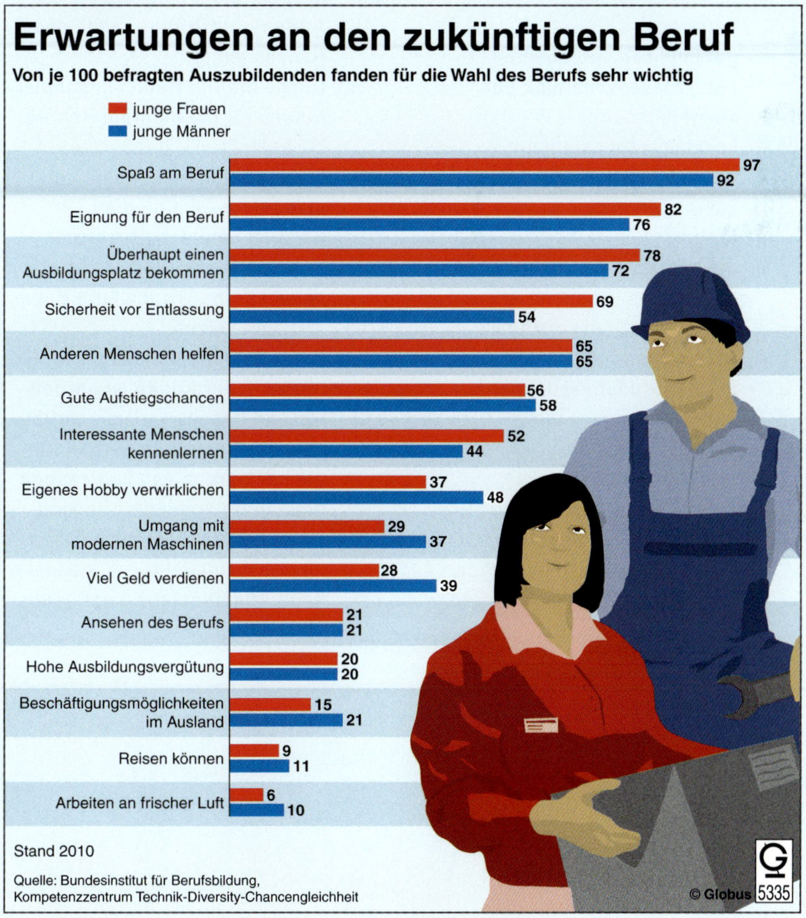

7. Begründe, warum das Beherrschen der englischen Sprache heute eine wichtige Anforderung der Unternehmen an ihre Mitarbeiter ist.

8. Beschreibe anhand der oben stehenden Abbildungen, wie sich die Arbeitsweise eines Konstrukteurs durch Computereinsatz geändert hat.

9. Unternehmen fordern heute vor allem ein hohes Maß an Verantwortungsbewusstsein von ihren Mitarbeitern. Begründe dies.

10. Man kann die Schlüsselqualifikationen u. a. auch in folgende Kompetenzarten einteilen: Fachkompetenz und Sozialkompetenz.

Erläutere, welche der beiden Kompetenzen für einen Arbeitgeber im Vordergrund stehen, wenn er z. B. einen
a) teamfähigen und kooperationsbereiten,
b) gut Englisch sprechenden,
c) naturwissenschaftlich gut ausgebildeten,
d) kommunikationsfähigen,
e) verantwortungsbewussten,
f) konfliktfähigen,
g) fairen,
h) die deutsche Rechtschreibung perfekt beherrschenden,
i) mit PC-Arbeiten vertrauten,
j) überzeugend wirkenden,
k) mit BWL- oder Produktionskenntnissen vertrauten
Mitarbeiter sucht.

11. Betrachte die nebenstehende Grafik und ziehe für dich ganz persönlich die Konsequenz hinsichtlich deiner weiteren schulischen und beruflichen Ausbildung.

Arbeitsweise bei der Konstruktion mit herkömmlichen Mitteln …

… und mithilfe eines Computers (CAD-Technik)

12. Überlege: Welche Fähigkeiten werden in folgenden Fällen besonders benötigt?
a) Adriana ist Floristin. Eine Kundin möchte einen schönen Blumenstrauß für 15 Euro.
b) Stefan arbeitet als Maurerpolier. Anhand des Bauplanes misst er die Eckpunkte für die Außen- und Trägerwände des Hauses ein.
c) Duygo erstellt Bedienungsanleitungen für die in ihrem Betrieb hergestellten Videogeräte. Dabei kommt es auf eine verständliche Anleitung an.
d) Hans ist Landschaftsgärtner. Bei nasskaltem Herbstwetter muss er eine Woche lang Baumpflanzen setzen.
e) Karin ist Speditionskauffrau. Ein italienischer Kunde ist am Telefon und beschwert sich darüber, dass die bestellten Farben für die Lackierung von Fahrzeugen noch nicht angekommen sind.
f) Florian muss als Systemelektroniker bei einem Privatkunden die neue Telefonanlage installieren.

CAD = computer aided design (engl.): computergestütztes Konstruieren

13. Betrachte die Tabelle auf Seite 63. Finde zu den folgenden Berufsfeldern noch jeweils zwei weitere Beispiele:
– Gesundheitswesen,
– Gastgewerbe,
– kaufmännische und Büroberufe.
Die auf Seite 56 aufgeführten Internetplattformen helfen dir bei der Lösung.

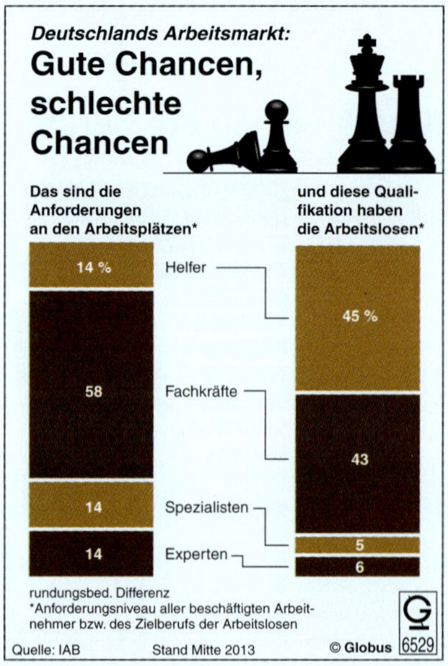

VI Grundlagen des Rechts

In diesem Kapitel lernst du, welche Aufgaben das Recht hat. Unser Recht ist auf Rechtsnormen ausgelegt, sie regeln im Alltag das Zusammenleben in der Gesellschaft. Du wirst die Unterschiede und die Gemeinsamkeiten von Besitz und Eigentum erkennen und beschreiben können.

1 Funktionen des Rechts

A

1. In vielen Wörtern findest du das Wort „Recht“, z. B. Rechtsanwalt, Rechtschreibung, Menschenrechte, gerecht.
   Finde weitere Beispiele.

2. Beschreibe mit eigenen Worten, welche Aufgabe das Recht übernimmt.

1.1 Rechtliche Regelungen im Zusammenleben der Menschen

Recht? Was ist das Recht? Wozu brauchen wir es?
Vereinfacht ausgedrückt beinhaltet das Recht die Rechtsordnung, **Regeln**, die wir befolgen, einhalten oder einfordern.

Sobald Menschen in einer Gemeinschaft zusammenleben, kann der Einzelne nicht das tun oder lassen, was er jetzt gerade will. Denn die Ausnutzung der Freiheit des Einzelnen begrenzt die Freiheit des anderen.

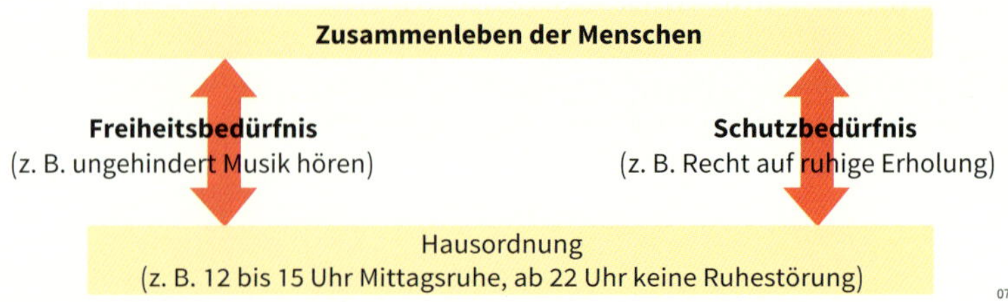

0771WX

i

Aufgabe des Rechts ist es, das Zusammenleben der Menschen zu schützen und zu ordnen.
Ohne Verhaltensregeln würde jede Ordnung in der menschlichen Gemeinschaft zusammenbrechen und es gäbe für den Einzelnen **keine Sicherheit**.

Vergrößerte Freiheit für den einen Menschen kann bedeuten: verkleinerte Freiheit für den/die anderen Menschen.
Verhaltensregeln bestimmen den Bewegungsspielraum der Menschen. Sie garantieren einerseits einen gewissen Freiraum, beschneiden aber andererseits übergroßen Freiheitsdrang.

Die Menschen haben oft voneinander abweichende Vorstellungen von moralischem und sittlichem Verhalten. Ein friedliches und geordnetes Zusammenleben wäre ohne Regeln nicht möglich. Deshalb sind
- genaue (schriftlich festgehaltene) Gebote und Verbote und
- deren Durchsetzung (notfalls mit Zwangsmaßnahmen)
  erforderlich.

Beispiele für Verhaltensregeln:
Rechte: Recht, eine weiterführende Schule zu besuchen, wenn die Voraussetzungen für die Aufnahme erfüllt sind; Lernmittelfreiheit
Gebote: Rechtsfahrgebot; Unterhaltspflicht
Verbote: Verbot, die vorgeschriebene Geschwindigkeit zu überschreiten oder in einer Einbahnstraße gegen die Fahrtrichtung zu fahren

1.2 Rechtsnormen

Eine Rechtsnorm besteht aus dem Tatbestand und der Rechtsfolge. Ein Beispiel hierzu: Tatbestand: Bei einer Schlägerei fügt Alex seinem Zechkumpanen Micha durch einen Faustschlag einen Nasenbeinbruch zu. Dies stellt eine körperliche Misshandlung dar, die eine gesundheitliche Schädigung bei Micha nach sich zieht.
Rechtsfolge: Alex hat sich mit seiner Handlung strafbar gemacht. Die Rechtsfolge ist im Strafgesetzbuch im Paragraf 223 definiert:
Wer eine andere Person körperlich misshandelt oder an der Gesundheit schädigt, wird mit Freiheitsstrafe bis zu fünf Jahren oder mit Geldstrafe bestraft.

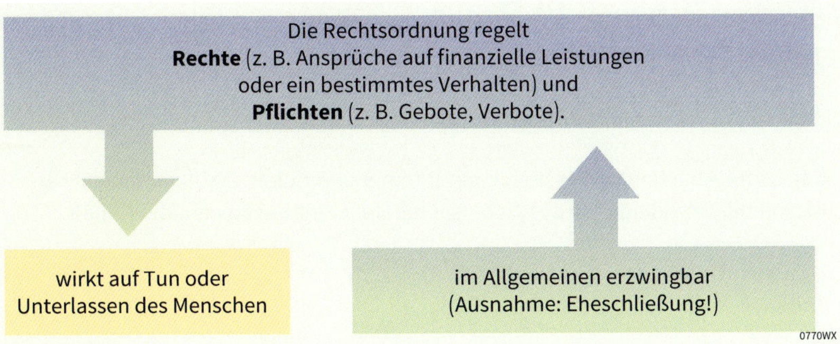

Überblick

Das „Recht" umfasst die Gesamtheit der Rechtsnormen, die in einer Rechtsgemeinschaft gelten. Diese Summe von Rechtsnormen bezeichnet man zusammengefasst als **Rechtsordnung**.
Die Rechtsprechung (Gericht) schützt und verwirklicht die Rechtsordnung, indem sie Gerechtigkeit walten lässt. Die wesentlichen Merkmale der Gerechtigkeit sind:

- Gleichheit, d. h., alle Menschen werden vor dem Gesetz gleich behandelt.
- Billigkeit bedeutet, dass die Folgen einer Tat angemessen sein müssen.

Beispiel: Zwei Diebe werden unterschiedlich bestraft, weil der eine schon etliche Vorstrafen hat und der andere vorher noch nicht straffällig geworden ist. Es wäre unbillig, jedem die gleiche Strafe aufzuerlegen.

A

Schon bei den Griechen und Römern in vorchristlichen Jahrhunderten galt der Satz: „Recht ist der Wille zur Gerechtigkeit."

a) Betrachte das nebenstehende Bild der römischen Gottheit Justitia (= Gerechtigkeit, ius = das Recht) genau.
b) Beschreibe das Bild und versuche, seine einzelnen Elemente zu deuten.

A

1. Nenne Beispiele aus der Thüringer Verfassung, die den Bildungsbereich betreffen.
2. Erläutere den grundlegenden Unterschied zwischen dem Thüringer Schulgesetz und der Thüringer Schulordnung.
3. Erkundige dich über die Hausordnung an deiner Schule. Beschreibe die Regelungen über die Sauberkeit und Ordnung in der Schule.

Funktionen des Rechts im Schulalltag

Auch für den Bereich der Schule gilt eine Rechtsordnung (Gesamtheit aller Rechtsnormen), die auf verschiedenen Gesetzen basiert.

Die gesamte Rechtsordnung der Bundesrepublik Deutschland baut auf dem Grundgesetz, d. h. auf der Verfassung, auf. Auf der Grundlage dieser Verfassungsnormen wurden Gesetze für alle Bürger erlassen und allen Bürgern bekannt gemacht.

Da die Gesetze oft sehr allgemein formuliert sind, gewähren sie viel Spielraum für die Auslegung. Daher ist es meist erforderlich, eine nähere Ausgestaltung durch Rechtsverordnungen zu bestimmen. In den Schulordnungen werden z.B. bestimmte Vorschriften festgelegt, die für die einzelnen Schularten gelten.

Beispiele für Rechtsquellen im Bereich der Schule

Verfassung des Freistaats Thüringen ↓	Aus dem Vorwort (Präambel): „In dem Bewusstsein des kulturellen Reichtums und der Schönheit des Landes, ..., gibt sich das Volk des Freistaats Thüringen ... diese Verfassung." Sie wurde auf der historischen Wartburg verabschiedet.	Der Dritte Abschnitt befasst sich mit Bildung und Kultur. Darin legen mehrere Artikel die Grundlage für das Schulsystem fest und bestimmen den Inhalt. Z. B. aus Art. 20: Jeder Mensch hat das Recht auf Bildung. oder aus Art. 23: (1) Es besteht allgemeine Schulpflicht. oder aus Art. 24: (3) Der Unterricht an öffentlichen Schulen ist unentgeltlich. Die Finanzierung von Lern- und Lehrmitteln regelt das Gesetz.
Gesetz ↓	Thüringer Schulgesetz (ThürSchulG), im Thüringer Landtag beraten und beschlossen. Zuständig für die Einhaltung des Gesetzes ist das Thüringer Kultusministerium.	Das Thüringer Schulgesetz (ThürSchulG) gilt für alle Schularten. Es beschreibt den Aufbau und die Aufgaben der Schulen und regelt den Schulbetrieb. Z. B. Auszug aus § 4 (Schularten): (3) Die Regelschule mit den Klassenstufen 5 bis 10 vermittelt eine allgemeine und berufsvorbereitende Bildung ... Der Realschulabschluss wird nach erfolgreichem Besuch der Klassenstufe 10 und bestandener Prüfung erworben.
Verordnung ↓	Thüringer Schulordnung für die Grundschule, die Regelschule, die Gemeinschaftsschule, das Gymnasium und die Gesamtschule – ThürSchulO – vom Thüringer Kultusministerium erlassen.	Die ThürSchulO regelt und bestimmt spezielle, für die einzelnen Schularten geltende Vorschriften. Z. B. aus § 67 (Realschulabschluss): (2) Die Abschlussprüfung zum Erwerb des Realschulabschlusses gliedert sich in – einen schriftlichen Teil in den Fächern Deutsch und Mathematik sowie erste Fremdsprache mit einem Anteil Hörverstehen und – einen mündlichen Teil a) als Pflichtprüfung in einem Fach ... b) als freiwillige Prüfung in weiteren Fächern nach Wahl des Schülers.
Satzung	Hausordnung – von einer beliebigen Schule erstellt	Jede Schule stellt eigene Regeln für ihre Gemeinschaft auf, z. B.: – Pausenregelung (2 x 15 Min. oder 1 x 30 Min.) – Fahrradabstellen im Keller – Verbot des Kaugummikauens

2 Die Eigentumsordnung

Ein wesentlicher Teil unserer Rechts- und Wirtschaftsordnung betrifft das Eigentumsrecht. Jeder, der einen Gegenstand, eine Sache, z. B. einen Anzug, kauft und bezahlt, erwirbt das Eigentum daran. Er hat mit dem Kauf auch Rechte erworben. Wie würdest du wohl handeln, wenn du zu Hause entdeckst, dass eine Tasche des Anzugs nicht richtig angenäht ist und bald abreißt?

Eine Familie zieht in ein neues, eigenes Reihenhaus ein. Sie umzäunt das Grundstück. Beide Kinder freuen sich über ein eigenes Zimmer. Christian hört gerne Hip-Hop-Musik, aus Susannes Zimmer dröhnt Heavy Metal. Im Sommer grillt die Familie gern mit Freunden auf der Terrasse. Sie nutzen ihr Eigentumsrecht aus. Die Reihenhausnachbarn „dürfen" sowohl die Musik als auch die Begleiterscheinungen wie Gerüche und vielleicht auch Lärm der abendlichen Grillfeste mitgenießen. Was werden sie wohl auf Dauer dazu sagen?

In solchen (Streit-)Fällen brauchen wir Rechtsvorschriften, die für alle gültig sind. Das Bürgerliche Gesetzbuch (abgekürzt BGB) beschreibt in seinen Paragrafen (Paragraf, griech.: Absatz in einer Schrift, Zeichen: §) Rechte und Pflichten, die alle Bürger betreffen. Die erste Fassung des BGB stammt noch aus dem Deutschen Reich, wurde 1896 erlassen und ist seit Anfang 1900 in Kraft. In den letzten Jahrzehnten wurden die Gesetze laufend ergänzt und zum Teil neu definiert.

2.1 Besitz und Eigentum

Christian hat zu Beginn des Schuljahres eine Reihe von Schulbüchern erhalten. Sie wurden in der Klasse ausgeteilt und in einer Liste erfasst. Während des Schuljahres darf Christian die Bücher benutzen, in ihnen lesen, mit ihnen lernen. Am Ende des Schuljahres muss er die Bücher wieder abgeben. Christian hat diese Bücher in seinem **Besitz**.

Sie gehören ihm nicht, er ist **nicht Eigentümer, sondern Besitzer**.

Zur Lösung von Mathematikaufgaben darf Christian eine Formelsammlung verwenden. Er kann sie bis zum Ende seiner Schulzeit benutzen und mit ihr arbeiten. Christian hat sie in einer Buchhandlung gekauft. Christian hat das **Eigentum** an diesem Buch erworben.

Er ist damit **Eigentümer** und **Besitzer**.

A

1. Nenne den Namen des zentralen Gesetzbuches im deutschen Privatrecht.
2. Erläutere, was im Titel dieses Gesetzbuches mit dem Begriff „Bürger" gemeint ist.
3. Beschreibe den Aufbau des BGB. Aus wie vielen Teilen besteht es? Nenne diese.

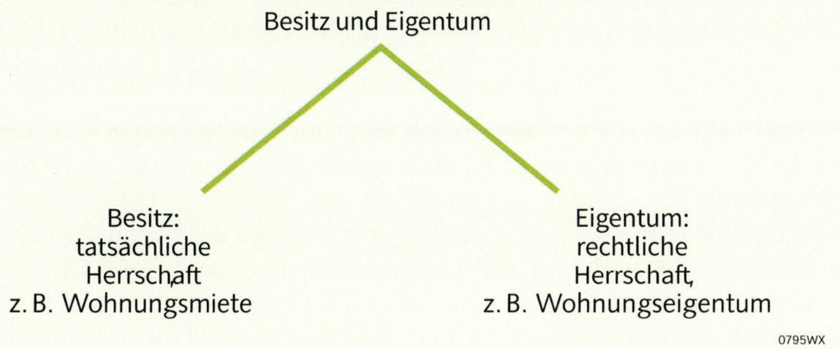

i

Das Eigentum ist das alles umfassende Recht an einer Sache, dazu gehört auch das Recht zum Besitz.

i

Die Artikel aus dem BGB findest im Internet unter der Adresse: www.gesetze-im-internet.de

Rechte des Eigentümers
Lies den § 903 BGB (Satz 1), und teile diesen Paragraf in drei wichtige Abschnitte auf:

1. „... nach Belieben verfahren."
Der Eigentümer darf sein Eigentum benutzen, verkaufen, verändern, zerstören ...

2. „... sofern nicht das Gesetz oder Rechte Dritter ..."
Zum Wesen des Eigentums gehören nicht nur Rechte, sondern auch Pflichten. Durch das Ausüben des Eigentumsrechts darf anderen kein Schaden zugefügt werden.
- Martin E. stellt fest, dass die Winterreifen seines Autos abgefahren sind. Zur schnellen „Entsorgung" wirft er sie in den nächsten Fluss.
- Tobi möchte ein neues Fahrrad. Sein altes ist verrostet und hat einen platten Reifen, die Beleuchtung fehlt, der Sattel ist kaputt. Er will es loswerden und lässt es einfach im Fahrradständer des Supermarktes stehen.
- Der Hausbesitzer Emil Z. will an der Grenze seines Grundstücks eine vier Meter hohe Mauer errichten, weil er jederzeit unbeobachtet nackt sonnenbaden möchte. Durch die Mauer würden jedoch die Fenster seines Nachbarn kaum noch Sonnenlicht erhalten.

3. „... andere von jeder Einwirkung ausschließen."
Das Eigentum steht unter staatlichem Schutz, d. h., ein überführter Dieb wird bestraft, ein beobachteter Diebstahl darf mit Gewalt verhindert werden.

Jeder Eigentümer hat

Rechte	und	Pflichten
z.B. kann er sein Eigentum - benutzen, - verkaufen, - vermieten, - verändern, - u. Ä.		Der Eigentümer darf anderen durch die Ausübung des Eigentumsrechts keinen Schaden zufügen, z. B. durch - Lärm, - Gestank, oder andere Umweltbeeinträchtigungen.

0768WX

Verbotene Eigenmacht
Christian bringt seine neue CD von der Rise-up-Group in die Schule mit. Als er die CD in der zweiten Pause Florian zeigen möchte, muss er leider feststellen, dass sich die CD nicht mehr in seiner Schultasche befindet. Ein Mitschüler hat die CD wohl entwendet. Dieser besitzt jetzt zwar die CD, ist aber unberechtigter Besitzer.
Im § 858 BGB steht, dass derjenige widerrechtlich (= gegen das Recht) handelt, der dem Besitzer den Besitz entzieht. Das **Bürgerliche Recht** nennt diesen Vorgang „Verbotene Eigenmacht". Der Dieb handelt verbotenerweise eigenmächtig.
Das **Strafrecht** bezeichnet den Vorfall als Diebstahl. Jemand entwendet eine Sache einem anderen, er handelt rechtswidrig und kann dafür bestraft werden.
Angenommen, Christian sieht zufällig, wie Michael die CD aus seiner Tasche nimmt. Er wird wohl nicht tatenlos zusehen, wenn sein Eigentum von einem anderen weggenommen wird. Das BGB spricht im § 859 hier vom Selbsthilferecht. Danach darf ein Eigentümer/Besitzer sich mit Gewalt wehren und dem Täter die Sache wieder abnehmen.

A

Lies den § 859 BGB.
1. Erkläre, warum der Anwendung von Gewalt Grenzen gesetzt sein müssen.
2. Stelle dar, wann nur Gewalt angewendet werden darf.
3. Erläutere, was ein Eigentümer/Besitzer tun kann, wenn er den Täter nicht auf frischer Tat ertappt.

A

Die nebenstehenden Zeichnungen sollen dir bildhaft die Rechte des Eigentümers und die Auswirkungen der „verbotenen Eigenmacht“ verdeutlichen.

1. Beschreibe die Abläufe in nebenstehenden Fällen.

2. Stellt den Ablauf in einem Rollenspiel dar und begründet die Handlungen jeweils mit den entsprechenden Paragrafen aus dem BGB.

Eigentumserwerb durch Rechtsgeschäft

Unsere Rechtsordnung unterscheidet:

- bewegliche Sachen (Mobilien, aus dem Lateinischen: mobilis = beweglich). Darunter versteht man alle transportablen Sachen (vergleiche auch unser deutsches Wort: Möbel, es hat den gleichen Wortstamm).
- unbewegliche Sachen (Immobilien, die Vorsilbe „im“ bedeutet eine Verneinung, also immobil = unbeweglich) wie Grundstücke und Bestandteile von Grundstücken (z. B. Häuser und Eigentumswohnungen).

Maschinen, Fahrzeuge, Bürogeräte = Mobilien

Werksgelände, Fabrikhalle = Immobilien

Eigentumserwerb an beweglichen Sachen

Die Großeltern erfüllen Dani zu seinem 12. Geburtstag einen lang gehegten Wunsch. Sie schenken ihm ein neues Fahrrad. Dadurch geht das Eigentum auf den neuen Besitzer über.

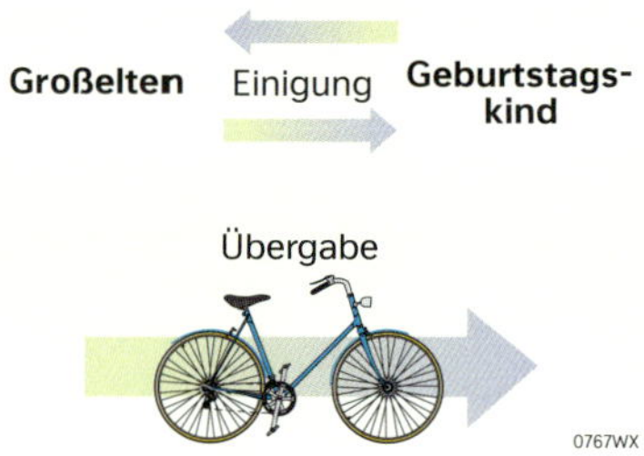

Beim Erwerb von Eigentum an beweglichen Sachen sind zwei Gesichtspunkte besonders wichtig:

- Der rechtsverbindliche Wille der Partner (Einigung), die innere Einstellung muss vorhanden sein.
  Die Großeltern und das Geburtstagskind sind sich einig, dass das Rad Dani gehören soll.
- Das aktive, äußerlich sichtbare Tun als Zeichen der inneren Einstellung muss erkennbar sein (Übergabe).
  Die Großeltern übergeben Dani das Fahrrad.

A

1. Der § 90 BGB lautet: Sachen im Sinne des Gesetzes sind nur körperliche Gegenstände.
   Erläutere, was mit „körperlichen Gegenständen“ gemeint ist.
2. Betrachte nebenstehendes Bild und lies aufmerksam den darunter stehenden Text. Ist Dani nun Besitzer und/oder Eigentümer des Fahrrads?
3. Erkläre den Ausdruck „rechtsverbindlicher Wille“.

Eigentumserwerb an unbeweglichen Sachen

Das Gebäude wurde vom Bauträger (Bauherr) errichtet. Er verkauft nun die einzelnen Wohnungen weiter. Die meisten Eigentümer wohnen selbst in diesem Haus, einige haben jedoch ihre Wohnungen vermietet.

Aufgrund einer Zeitungsannonce interessiert sich die Familie Schilling für eine Wohnung in der Karlstraße. Durch den Kauf einer Wohnung erwirbt die Familie auch einen Anteil am Grundstück.

Grundstücke sind Güter besonderer Art: Sie sind in der Regel sehr wertvoll, und sie sind nicht herstellbar wie andere Güter. Ein Streit um das Eigentumsrecht an einem Grundstück würde den Rechtsfrieden stark gefährden. Deshalb wurde für jede Gemeinde ein staatliches Register, ein **Grundbuch**, angelegt, in dem alle Eigentümer von Immobilien eingetragen sind. Es wird beim zuständigen Amtsgericht geführt. Jeder Kauf eines Hauses, einer Eigentumswohnung oder eines Grundstückes muss von einem Notar (vom Staat bestellte, juristisch vorgebildete Person mit der Aufgabe, Beurkundungen vorzunehmen) bestätigt werden. Er veranlasst den Eintrag in das Grundbuch.

Übertragung des Eigentums an einer Immobilie		
Einigung zwischen Eigentümer und Erwerber vor einem Notar = **Auflassung**	+	Eintragung im Grundbuch

Dazu gehören:
- Eintragung des Namens eines Eigentümers,
- Eintragung von Belastungen eines Grundstücks.

Beispiele für Belastungen sind:
- Grundschulden. Sie dienen zur Sicherheit eines aufgenommenen Darlehens.
- Dienstbarkeiten. Der Eigentümer muss z. B. zugunsten eines anderen einen Weg über sein Grundstück dulden.

Die Eintragung von Belastungen ist vor allem wichtig für jemanden, der ein Grundstück kaufen möchte.

A

1. Suche in der Wochenendausgabe der Zeitung den Immobilienteil und stelle dar, von wem Immobilien angeboten werden.

2. Informiere dich über die Preise von Reihenhäusern und Eigentumswohnungen.

3. Im § 873 Absatz 1 BGB steht: „Zur Übertragung des Eigentums an einem Grundstück, ist … die Eintragung der Rechtsänderung in das Grundbuch erforderlich, … „
   a) Beschreibe, welche Inhalte im Grundbuch aufgenommen werden müssen.
   b) Diskutiere in der Klasse, warum bei der Übertragung von Grundstücken eine Eintragung im Grundbuch erforderlich ist.

4. Der § 925 BGB beschreibt den Begriff der Auflassung. Er beinhaltet die erforderliche Einigung des Veräußerers und des Erwerbers (Auflassung). Diese Einigung muss ein besonders bestellter Jurist bestätigen. Nenne seine Berufsbezeichnung und erläutere seine Aufgaben.

2.3 Rollenspiel zum Schlichtungsverfahren

Rollenspiel	
Rollen	**Spiel**
Sie sind Verhaltensweisen in der Gruppe, die für den Inhaber einer bestimmten Position in der jeweiligen Situation angemessen erscheinen und charakteristisch sind.	Stellt eine spielerische Auseinandersetzung mit einer Situation bzw. einem Gegenstand (z. B. einer Rolle) dar.

Das Rollenspiel fördert durch die Auseinandersetzung mit der Sachlage, sich die notwendigen Kenntnisse und Fertigkeiten anzueignen.

Durch die Beachtung bestimmter Spielregeln werden Umgangsformen, Teamfähigkeit, Kooperations- und Kompromissfähigkeit trainiert. Verständnis für Sachverhalte wirtschaftlicher bzw. rechtlicher Art kann ebenso gewonnen werden wie das Erkennen sozialer Zusammenhänge. Durch die eigene Aktivität wächst auch das Erleben, sich mit den Motiven und Handlungsweisen anderer zu beschäftigen.

Ein solches Rollenspiel sollt ihr zum folgenden Fallbeispiel entwickeln: Streit zwischen den Nachbarn Altman und Zingli.

Das Ablaufschema auf der nächsten Seite soll euch bei der Umsetzung des Falles in ein Rollenspiel helfen.

Streit zwischen den Nachbarn Altmann und Zingli.
Schon lange ärgert sich Herr Altmann über das Verhalten seines Nachbarn Zingli. Seit letzter Woche hat sich der Streit sehr zugespitzt, weil Zingli eigenmächtig und heimlich die an der Grundstücksgrenze gepflanzte Hecke des Herrn Altmann um ca. 30 cm gekürzt hat. Ihn stört es, dass er auf seiner Terrasse wegen der Pflanzen am Zaun keine Sonne mehr hat. Herr Altmann ist empört und will jetzt 500 Euro Schadensersatz. Herr Zingli weigert sich jedoch, diesen zu bezahlen. Auf Vermittlung eines anderen Nachbars treffen sie sich mit einem Rechtsanwalt, der versuchen soll, den Streit zu schlichten, ohne, dass die beiden vor Gericht ziehen.

Herr Altmann und Herr Zingli
Streit am Zaun.

1.
Vorbereitung

Fall lesen
Wir lesen den Fall aufmerksam durch.

Rollen besetzen
Wir stellen fest, wer welche Rollen spielen möchte. Dazu teilen wir die Klasse in drei Gruppen. Wir klären, ob Zeugen auftreten sollen.

2.
Durchführung

Situationen besprechen
Wir besprechen in den Gruppen die Situationen der Beteiligten.
Jede Gruppe bestimmt eine/n, der/die Herrn/Frau Altmann, Herrn/Frau Zingli, sowie den/die Schlichter/-in spielt.

Fall spielen
Wir spielen die Rollen. Die anderen Schülerinnen/Schüler beobachten und machen sich Notizen.

Verhalten besprechen
Wir besprechen das Geschehen, das Verhalten und die Aussagen der Spieler/-innen.

3.
Auswertung

Alternativen suchen
Wir setzen uns mit alternativen Lösungen auseinander (gleicher Fall, jedoch andere Spieler).

Ergebnisse auswerten
Wir erstellen ein Protokoll und werten die Ergebnisse aus.

Bei Streitigkeiten unter Nachbarn geht es oft um zu lange Äste, falsch oder zu hoch gesetzte Zäune oder um schneebedeckte, nicht geräumte Wege. Beschäftigt euch mit folgendem Fall und versucht in einem Rollenspiel unter Einschaltung eines Schlichters, eine für beide Seiten tragbare Lösung zu finden. Der Fall kann auch variiert werden, indem das Problem der sommerlichen Grillabende zum Thema gemacht wird.

Beispiel für eine Schlichtung

Im ersten Stock eines Mehrfamilienhauses wohnt seit langem ein naturverbundenes, sehr gesund lebendes Ehepaar. Die beiden wollen nicht akzeptieren, dass sie auf dem Balkon jederzeit vom Zigarettenqualm der im Erdgeschoß lebenden Raucherfamilie belästigt werden. Der Qualm zieht je nach Wetterlage und Windverhältnissen nach oben. Sie legen ein Gutachten vor, um die Gesundheitsschädlichkeit des Qualms zu beweisen. Ist der Qualm unzumutbar? Sollten rauchfreie Zeiten festgelegt werden? Kann die Privatsphäre von beiden Seiten eingeschränkt werden?

1. Beschreibe die Aufgaben des Rechts.

2. Das Grundgesetz der Bundesrepublik Deutschland hat gegenüber den Verfassungen der deutschen Bundesländer stets Vorrang. Man beschreibt dies auch mit den Worten „Bundesrecht bricht Landesrecht". Gib für den Vorrang des Grundgesetzes eine Begründung.

3. Beurteile, inwiefern die Gesetze als Ausdruck des Volkswillens angesehen werden können.

4. Was wären die Folgen schrankenloser Freiheit? Begründe deine Antwort.

5. Beurteile, inwiefern die Straßenverkehrsordnung auch dem Freiheits- und Schutzbedürfnis der Menschen Rechnung trägt.

6. Eine Rechtsordnung sollte „zweckmäßig" und „durchsetzbar" sein. Nenne Beispiele aus der Schulordnung, die diese Vorgaben erfüllen.

7. Ziel und Maßstab jeglichen Rechts ist die Gerechtigkeit. Begründe, warum dieser Satz auch für dich sehr wichtig ist.

8. a) Beschreibe anhand von Beispielen die Unterschiede zwischen Besitz und Eigentum.
   b) Stelle dar, was der Besitzer mit einer Sache tun kann und was nicht.
   c) Erläutere die wesentlichen Inhalte des Begriffs Eigentum.

9. Nenne mindestens drei Aussagen des Grundgesetzes über das Eigentum.

10. Erläutere, ob per Gesetz die Eigentumsrechte an Grund und Boden eingeschränkt werden können.

11. a) Mehmet fährt mit seinen Eltern einige Tage weg. Er gibt seinen Wellensittich seinem Freund Martin zur Pflege. Begründe, wer nun Eigentümer, wer Besitzer des Vogels ist.
    b) Der Vogel flattert Martin davon und setzt sich – von Martin unbemerkt – einige Häuser weiter auf den Balkon des Herrn Faust, der den Vogel in einem provisorischen Käfig unterbringt. Erläutere, wer Eigentümer des Vogels, wer Besitzer ist.
    c) Stelle dar, welche Verpflichtung Herr Faust eingegangen ist, indem er den Wellensittich aufnahm.

12. a) Erkläre, welche Rechte der Eigentümer hat, wenn ihm durch verbotene Eigenmacht der Besitz entzogen wird.
    b) Überlege dir die Lösung der in folgender Skizze enthaltenen Fragen.

13. Herr Sparsam will als Bauherr die teuren Wasser- und Kanalgebühren sparen. Statt sich an das öffentliche Versorgungs- und Entsorgungsnetz anzuschließen, bohrt er einen eigenen Brunnen und schachtet eine Versitzgrube aus. Argumentiere aus der Sicht des Herrn Sparsam und aus der Sicht des Bürgermeisters, z. B. in Form eines Rollenspiels.

14. Landwirt Grüner am Rande des Thüringer Waldes hat eine Wiese am Dorfrand. Er will den Großteil seiner Äcker verkaufen und mit dem Erlös auf dieser Wiese ein Appartementhaus errichten. Er meint, das biedere, althergebrachte Dorf könne durch einen modernen Großbau nur verschönert werden. Dem Landwirt Grüner gehört auch noch ein Stück Wald. Er will es abholzen, um dort eine Tennisanlage zu errichten.
    Äußere und begründe deine Meinung.

15. Erläutere, was man unter dem Begriff der Sozialpflichtigkeit des Eigentums versteht.

16. Nenne Beispiele und Einschränkungen des Nachbarrechts.

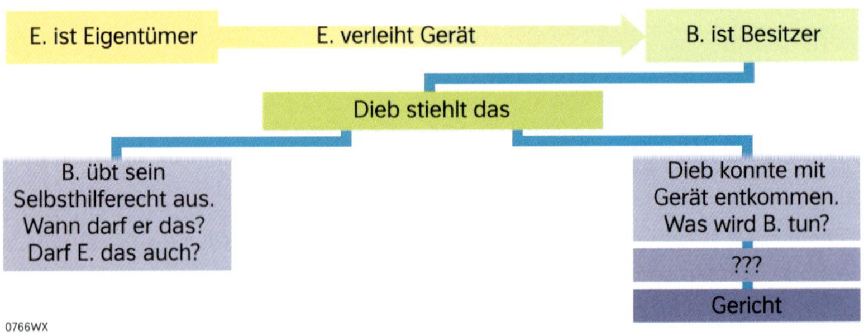

0766WX

VII Grundlagen des Privatrechts

In diesem Kapitel lernst du die Grundlagen des Privatrechts kennen. Du wirst den Aufbau des Bürgerlichen Gesetzbuches (BGB) erfahren. Außerdem wird dir erläutert, welche Zusammenhänge zwischen Recht und Lebensalter bestehen.

1 Privatrecht und öffentliches Recht

Gemeinden schaffen zur Regelung der ihnen übertragenen Aufgaben Recht durch **Satzungen**. Zuständig dafür ist der Stadtrat oder in kleineren Gemeinden der Gemeinderat, z. B. für die Regelung des Badebetriebes im Hallenbad, Verordnungen über das Reinhalten und die Reinigung der Gehwege oder für die Müllentsorgung.

Beispiel: Auszug aus der Satzung für die Abfallwirtschaft einer Gemeinde. In diesem Abschnitt wird die Papiermüllabfuhr geregelt: „... der Papiermüll wird im 3-wöchigen Turnus an den nachstehenden Wochentagen abgeholt. Fällt der vorgesehene Wochentag auf einen gesetzlichen Feiertag, so wird die Abholung entweder auf einen Werktag vorverlegt oder am folgenden Werktag vorgenommen. Die Mülltonnen sind am Abfuhrtag spätestens ab 06.00 Uhr bereitzustellen."

Rechtsgebiete
Die Vielfalt der Lebensverhältnisse schafft eine Vielfalt von Rechtsbeziehungen. Wir unterscheiden dabei die folgenden Rechtsgebiete:
- öffentliches Recht,
- Privatrecht,
- Arbeitsrecht (nimmt eine Mittelstellung zwischen beiden ein).

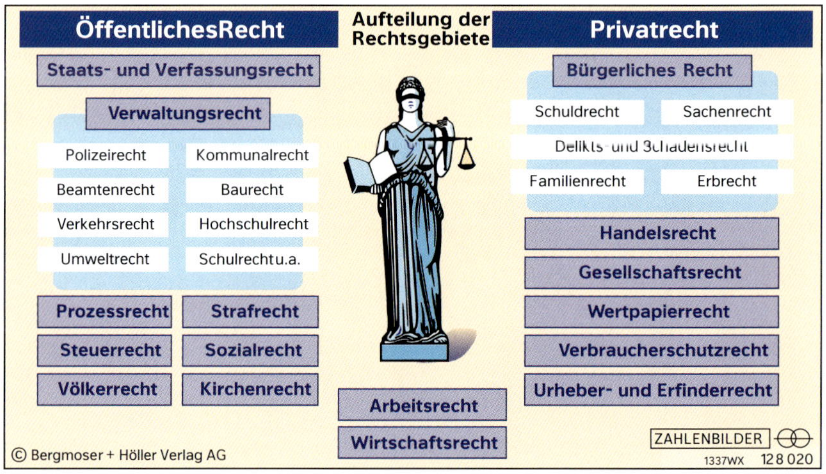

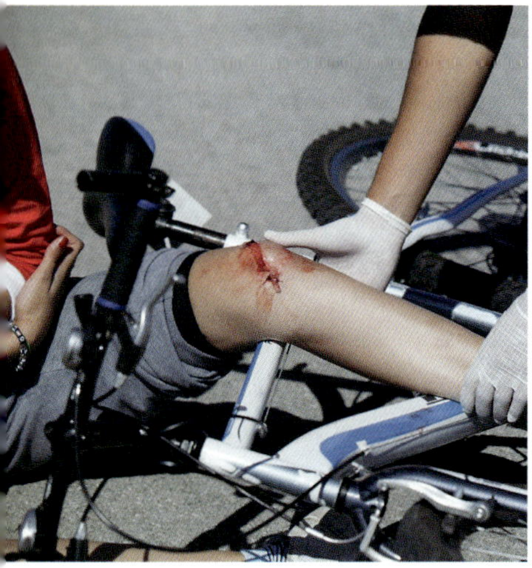

Ein Beispiel verdeutlicht diese Beziehungen der Rechtsgebiete untereinander: Ein betrunkener Autofahrer hat die Vorfahrt missachtet und einen Radfahrer erheblich verletzt.

öffentliches Recht	Privatrecht	Arbeitsrecht
Wenn alle Autofahrer betrunken die Vorfahrt missachteten, würde die öffentliche Ordnung zusammenbrechen. Nun dürfen jedoch nicht etwa die Brüder des Radfahrers den Autofahrer zusammenschlagen. Der Staat hat sich das Strafen vorbehalten. Dadurch wird das Faustrecht ausgeschaltet und die öffentliche Ordnung gewährleistet.	Der geschädigte Radfahrer kann vom Schädiger Ersatz der Kosten für die Krankenhausbehandlung, Schmerzensgeld, Verdienstausfall usw. verlangen. In unserem Beispiel wird zunächst die Versicherung des Autofahrers zahlen und diesen Betrag dann vom Unfallverursacher zurückverlangen, weil dieser betrunken war.	Wir nehmen einmal an, dass dem schuldigen Kraftfahrer der Führerschein abgenommen wird. Er ist Berufskraftfahrer und seine Firma kündigt ihm fristlos und begründet dies damit, dass sie keine Verwendung mehr für ihn habe. Diese Kündigung hält nun der Kraftfahrer für ungerechtfertigt. Er meint, die Firma könne ihn auch im Lager beschäftigen.

Das öffentliche Recht

- Es regelt die **Rechtsbeziehung** zwischen **Staat** und **Bürger**. Dabei gilt der Grundsatz der Unterordnung des Staatsbürgers. Notfalls kann der Staat Zwangsmittel und Strafen anwenden. Er muss sich jedoch stets an die geltenden Gesetze halten.
  Beispiel: Eine Gemeinde verfügt, dass ein Bürger einen Schwarzbau wieder abreißen muss.
  Tritt der Staat jedoch nicht als Träger hoheitlicher Gewalt auf, ist die Rechtsbeziehung privatrechtlich.
  Beispiel: Die Gemeindeverwaltung lässt ein Kopiergerät reparieren.
- Es regelt staatliche Interessen untereinander:
  - Rechtsverhältnisse von Staat zu Staat (z. B. Verträge zwischen den europäischen Staaten über die Einigung Europas)
  - Rechtsverhältnisse von staatlichen Körperschaften untereinander (z. B. Bundesländer gegenüber dem Bund)

i

Zum öffentlichen Recht gehören:
- Völkerrecht,
- Staats- und Verwaltungsrecht,
- Steuerrecht,
- Strafrecht,
- Gerichtsverfassungs- und Prozessrecht,
- Sozialrecht.

Das Privatrecht

Das Privatrecht, oder auch Zivilrecht, regelt die **Rechtsbeziehungen der einzelnen Rechtspersonen zueinander**. Es ist gekennzeichnet durch:
- Gleichstellung der Beteiligten. Die Einzelnen stehen sich als gleichrangige Partner gegenüber.
- Vertragsfreiheit, d. h., die Bürger können Verträge beliebiger Art miteinander schließen, und sie können ihre Rechtsbeziehungen untereinander so regeln, wie es ihnen am zweckmäßigsten erscheint: Herr Huber kann seinen Wagen an Herrn Meier verkaufen, er muss aber nicht. Kaufpreis, Übergabedatum usw. können dabei zwischen den Parteien frei vereinbart werden.

i

Zur Durchsetzung des Privatrechts dient der **Zivilprozess** (zivil = bürgerlich, von lat. civis = der Bürger).

Kernstück des Privatrechts ist das Bürgerliche Gesetzbuch (BGB).

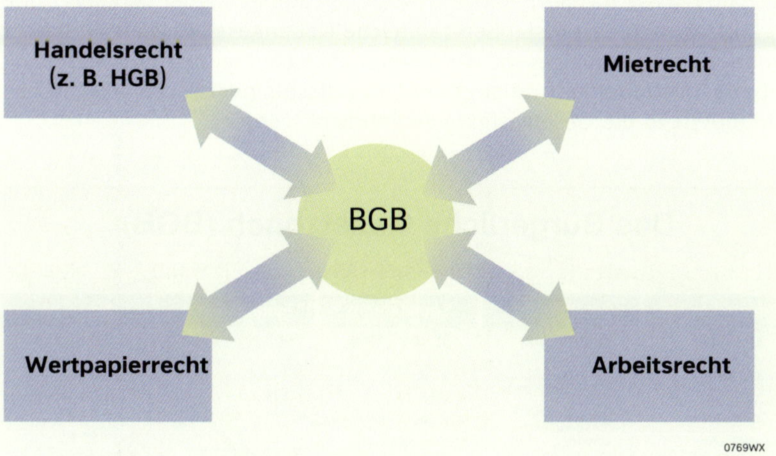

A

Das BGB ist in fünf Bücher unterteilt:
1) Allgemeiner Teil
2) Schuldrecht
3) Sachenrecht
4) Familienrecht
5) Erbrecht

Finde zu den Teilbereichen 1–3 je ein Rechtsbeispiel (Fall).

Das Verhältnis des öffentlichen Rechts zum Privatrecht

Bei den Regelungen von Privatinteressen ist auch das Gemeinwohl zu beachten, und beim öffentlichen Recht darf nicht über die Interessen des Einzelnen hinweggegangen werden.
Beispiel: Der Stadtrat hält die Erweiterung des Rathauses für notwendig. Ein Anbau ist aber nur möglich, wenn ein Kaufmann das Nachbargrundstück, auf dem sich sein Lebensmittelgeschäft befindet, verkauft. Er lehnt dies jedoch ab und argumentiert, dass dadurch seine Existenz zerstört werden würde.

2 Einführung in das Bürgerliche Gesetzbuch

i

Die Paragrafen des BGB findest du unter dem Link: www.gesetze-im-internet.de.

Das BGB gibt es auch als Taschenbuch. Du kannst es dir in der Bibliothek ausleihen.

Das Kernstück des Privatrechts ist das Bürgerliche Gesetzbuch. Die darin enthaltenen Rechtsvorschriften regeln die wichtigsten allgemeinen Rechtsbeziehungen zwischen Privatpersonen. Im Bürgerlichen Gesetzbuch (BGB) sind auch Nebengesetze, wie z. B. Wohnungseigentumsgesetz, Gesetz für die Allgemeinen Geschäftsbedingungen, enthalten. Zu den Sonderprivatrechten gehören z. B. das Handels- und Gesellschaftsrecht, das Wertpapierrecht, das Wettbewerbsrecht und das Urheberrecht. Diese Sonderprivatrechte beziehen sich auf bestimmte Berufsgruppen oder Lebensbereiche.

Die wesentlichen Inhalte des Bürgerlichen Rechts sind immer noch im BGB in der Fassung vom Jahr 1900 enthalten. In Deutschland gab es im 19. Jahrhundert zahlreiche Einzelstaaten, die alle ihre eigenen Rechtsordnungen hatten. Dies behinderte die entstehende Industrie, den Handel und das Verkehrswesen. Mit der Gründung des Deutschen Reiches im Jahr 1871 wurde eine einheitliche Rechtsordnung notwendig. Nach langwierigen Beratungen wurde am 18. August 1896 das Bürgerliche Gesetzbuch vom Kaiser ausgefertigt und trat dann am 1. Januar 1900 in Kraft.

Sowohl die nationalsozialistische Herrschaft als auch das Regime der DDR setzten Teile des BGBs außer Kraft. Seit dem 3.10.1990 gilt das BGB aufgrund des Einigungsvertrages für die ganze Bundesrepublik Deutschland.

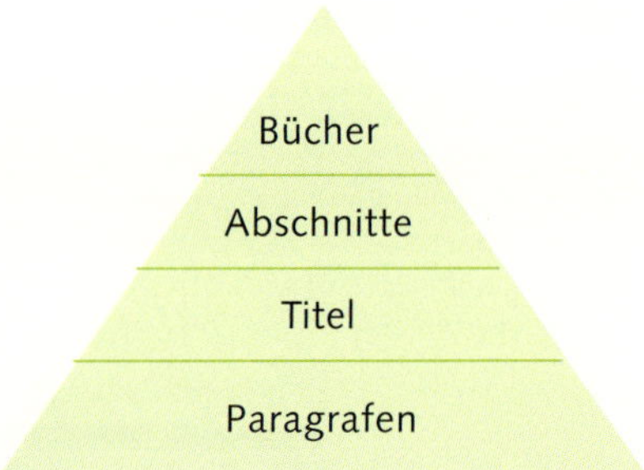

Gliederung des BGB

Die Veränderungen in der Gesellschaft, der technologische und wirtschaftliche Wandel machten im 20. Jahrhundert Veränderungen bzw. Ergänzungen des BGBs notwendig. So galt und gilt es z. B. immer mehr, die wirtschaftlich Schwächeren, insbesondere die Verbraucher, zu stärken. Deshalb musste das Bürgerliche Gesetzbuch immer wieder verändert und ergänzt werden. Es entstanden zahlreiche Nebengesetze, wie z. B. das Wohnungseigentumsgesetz, das Verbraucherschutzgesetz oder das Urheberrecht. Außerdem verlangt der Umweltschutz verstärkte Beachtung und musste in die Gesetzestexte eingebracht werden.

3 Recht und Lebensalter

3.1 Wichtige Lebensaltersstufen: Rechts-, Geschäfts- und Deliktfähigkeit, Strafmündigkeit

Die Rechtsfähigkeit

Um am Rechtsleben teilnehmen zu können (d. h. Rechte und Pflichten wahrzunehmen), muss man rechtsfähig sein. Diese Rechtsfähigkeit kommt jedem Menschen vom Augenblick der Geburt an bis zu seinem Tode zu. Deshalb kann z. B. schon das kleinste Kind Eigentum erwerben, erben, Recht auf Leben und körperliche Unversehrtheit beanspruchen, einen Namen führen, Staatsangehörigkeit besitzen usw.

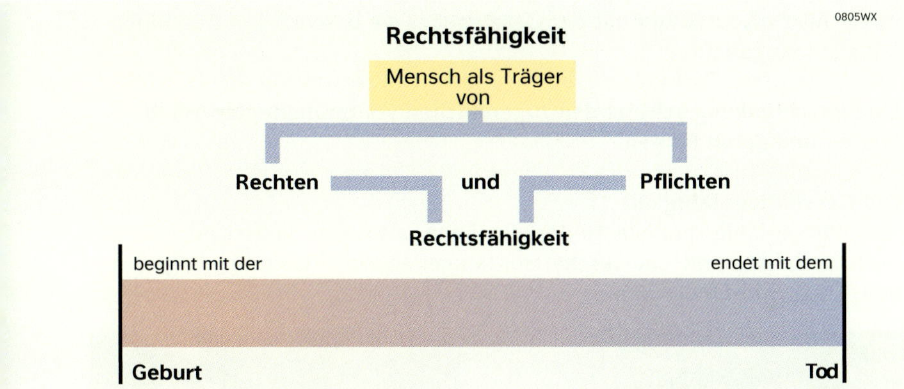

A

Lies § 1 BGB, Beginn der Rechtsfähigkeit, löse die beiden Fälle und begründe.

a) Der Vater eines zwei Stunden alten Babys verunglückt tödlich. Ist das Baby erbberechtigt?
b) Eine alleinstehende alte Dame verfügt in einem Testament, dass nach ihrem Tod zwei Katzen und ihr Dackel erben sollen. Können Tiere erben?

Neben den **natürlichen Personen** (Menschen) besitzen aber auch künstlich geschaffene Rechtsgebilde wie z. B. Kapitalgesellschaften, Vereine usw. Rechtsfähigkeit. Man nennt sie **juristische Personen**.
Juristische Personen erhalten die Rechtsfähigkeit durch Eintrag in ein Register beim zuständigen Amtsgericht, z. B. Handelsregister, Vereinsregister oder durch staatliche Verleihung (Anstalten des öffentlichen Rechts). Die Rechtsfähigkeit endet mit der Löschung in dem jeweiligen Register oder mit der Entziehung der staatlichen Genehmigung.

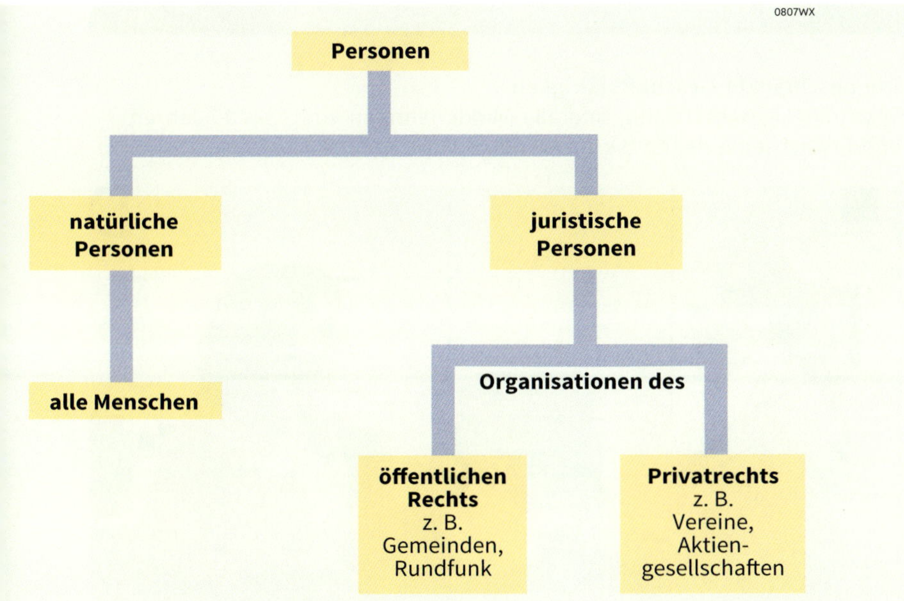

Natürliche Personen

Juristische Personen

Die Geschäftsfähigkeit
Nicht jeder Mensch, der rechtsfähig ist, kann ohne Weiteres auch selbstständig handelnd am Rechtsverkehr teilnehmen. Um Rechtsgeschäfte voll wirksam abschließen zu können, muss der Mensch die sog. Geschäftsfähigkeit erreicht haben, d. h. durch **eigenes Handeln** Rechte und Pflichten übernehmen können.

Die Geschäftsfähigkeit ist abhängig vom Lebensalter. Ein kleines Kind kann zwar, wie die §§ 1 und 1923 BGB aussagen, bereits Erbe eines Vermögens sein, aber es kann über diese Erbschaft noch nicht frei verfügen. Das Kind ist zwar rechtsfähig, aber noch nicht geschäftsfähig.
Die volle Geschäftsfähigkeit ist mit einem sehr hohen Maß an Verantwortung verbunden und wird mit dem 18. Geburtstag erreicht (siehe § 2 BGB). Als Zwischenstufe hat der Gesetzgeber die beschränkte Geschäftsfähigkeit eingebaut.

Eine Beschränkung schützt den Jugendlichen vor unüberlegten Handlungen und deren Folgen.

Die Geschäftsunfähigkeit
Geschäftsunfähig sind alle Kinder, die jünger als sieben Jahre sind. Rechtsgeschäfte, die ein Geschäftsunfähiger abschließt, sind nichtig, d. h. von Anfang an unwirksam.

Die beschränkte Geschäftsfähigkeit
Beschränkt geschäftsfähig sind alle Minderjährigen von 7 bis 17 Jahren und Erwachsene, denen die notwendige Einsicht fehlt.

A

Löst die folgenden Aufgaben in Partnerarbeit.

1. Lest den § 104 BGB.
   Frank, sechs Jahre alt, kauft sich von seinem Geld Süßigkeiten. Sein Vater verlangt, dass er den Kauf sofort rückgängig macht. Muss die Verkäuferin den Kaufpreis zurückzahlen (auch wenn Frank die Bonbons bereits verzehrt hat)?
   Begründet eure Antwort.

2. Lest die §§ 106 und 107 BGB.
   Monika (15 Jahre) kauft sich für 349 Euro eine Mini-Anlage. Das Geld hat sie durch das Austragen von Zeitungen verdient. Ihre Eltern haben ihr den Kauf verboten. Muss sie die Anlage zurückgeben und der Verkäufer die Anlage zurücknehmen?
   Begründet eure Antwort.

Grundsätzlich braucht ein Minderjähriger die Zustimmung der Erziehungsberechtigten. Verweigern diese die Einwilligung zum Kauf, d. h., verbieten sie ihn, so ist dieser **Kauf nichtig**.
Steht die Einwilligung der Erziehungsberechtigten aber bei Vertragsabschluss noch aus, ist dieser Vertrag bis zur Genehmigung bzw. Ablehnung durch die Erziehungsberechtigten **schwebend unwirksam**.

Sind die Erziehungsberechtigen mit dem Kauf einverstanden, ist er **gültig**, sind sie es nicht, ist der Kauf **ungültig**.

Es gibt allerdings Ausnahmen:
Auch ohne die ausdrückliche Zustimmung der Erziehungsberechtigten kann ein Minderjähriger in einigen Fällen von Anfang an gültige Rechtsgeschäfte tätigen:
- Ein Minderjähriger kann Rechtsgeschäfte tätigen, die ihm ausschließlich einen rechtlichen Vorteil bringen, wie z. B. ein **Geschenk annehmen**, das keine Rechtsverpflichtung nach sich zieht.
- Ein beschränkt Geschäftsfähiger kann über sein **Taschengeld** frei verfügen.
- Er kann mit **Mitteln**, die ihm für einen **bestimmten Zweck** (z. B. Kauf einer Ware) überlassen worden sind, vollgültige Kaufverträge abschließen.
- Er kann im Rahmen eines **Arbeitsverhältnisses**, zu dem die Erziehungsberechtigten ihre Zustimmung gegeben haben, Rechtsgeschäfte tätigen.

A

Sind folgende Rechtsgeschäfte gültig? Begründe deine Meinung.

a) Deine Mutter gibt dir 80 Euro für einen neuen Pullover. Du kaufst ihn dir am nächsten Tag.
b) Zum Geburtstag bekommst du von deiner Tante einen Hund und von deiner Oma eine neue Hose geschenkt. Beides sollst du nach Meinung deiner Mutter zurückgeben: Der Hund wäre eine zu große Belastung für die Familie und die Hose hätte eine hässliche Farbe.

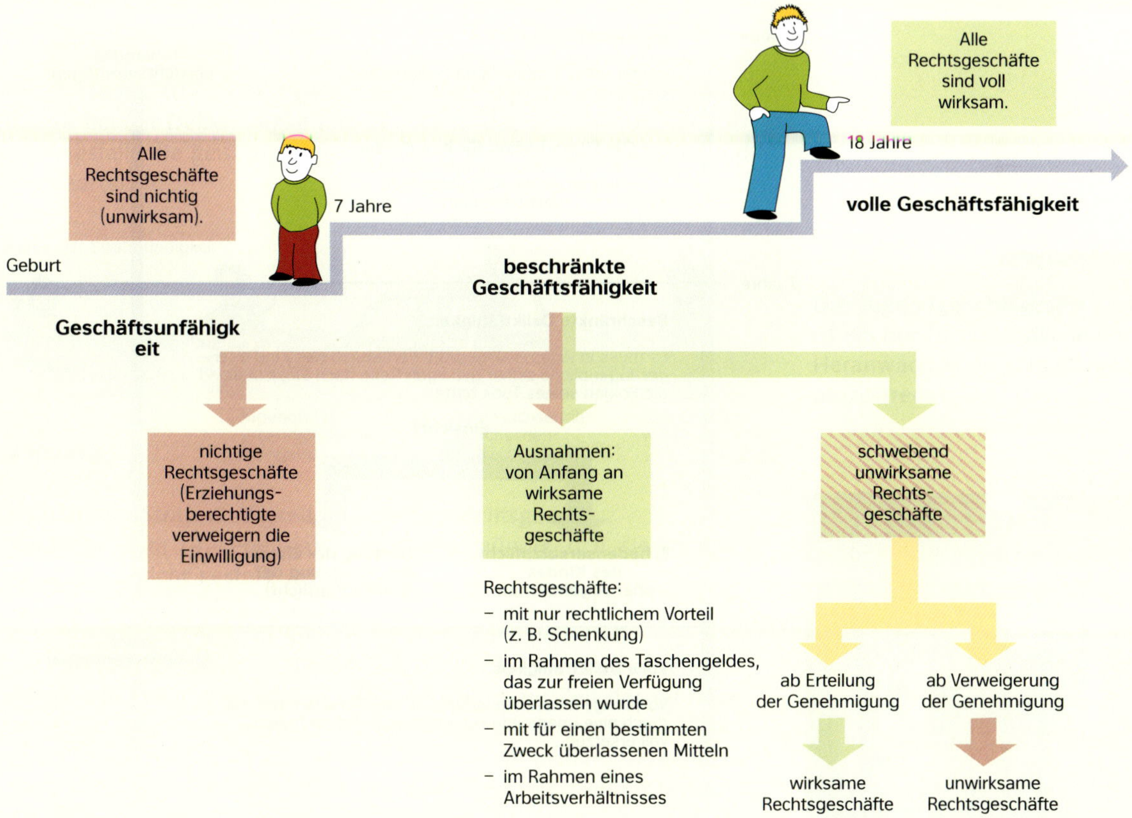

0806WX

3.2 Mit Gesetzestexten arbeiten

Es ist oft schwierig, den Inhalt von Gesetzestexten zu verstehen. Das kommt zum einen daher, dass manche Texte sehr lang und umfangreich und mit vielen Bezügen auf andere Paragrafen abgefasst sind, zum anderen weil wir nicht an die sogenannte Juristenfachsprache gewöhnt sind.
Nicht nur Schüler haben Schwierigkeiten, das Gemeinte zu verstehen.

Die Gesetzbücher erheben selbstverständlich nicht den Anspruch, anschaulich erzählend zu sein, sondern müssen allgemeingültige Definitionen enthalten und sollten für jeden Bürger verständlich sein. Oft streiten sich aber selbst Juristen untereinander, weil sie manche Paragrafen oder Teile davon unterschiedlich auslegen.

Jedes Gesetz stellt allgemeine Regeln für die Entscheidung von Fällen auf. Es gilt als rechtliche Grundlage für das Zusammenleben der Bürger.

Anhand des sogenannten Taschengeldparagrafen wollen wir versuchen, einen Gesetzestext zu erschließen. Da der Text eine Fülle von zunächst eher unverständlichen Formulierungen enthält, teilen wir den Text und versuchen, ihn zu gliedern.

i

Das BGB wurde 1896 vom deutschen Kaiser auf der Grundlage des Römischen Rechts ausgefertigt und trat am 1. Januar 1900 in Kraft. Es wurde im 20. Jahrhundert laufend ergänzt und verändert. In der früheren DDR wurde es schrittweise außer Kraft gesetzt. Seit dem 3. Oktober 1990 gilt es für die ganze Bundesrepublik Deutschland.

§ 110 BGB „Taschengeldparagraf"
Ein von dem Minderjährigen ohne Zustimmung des gesetzlichen Vertreters geschlossener Vertrag gilt als von Anfang an wirksam, wenn der Minderjährige die vertragsmäßige Leistung mit Mitteln bewirkt, die ihm zu diesem Zwecke oder zu freier Verfügung von dem Vertreter oder mit dessen Zustimmung von einem Dritten überlassen worden sind.

1. Vorbereitung

1. *Lies den Text langsam und mehrmals im Zusammenhang.* Beachte die Satzzeichen, schreibe die Nebensätze auf ein Blatt Papier.
2. *Zerlege den Text, reduziere ihn auf den wesentlichen Inhalt.* Beispiel: Ein von dem Minderjährigen geschlossener Vertrag (Kauf einer CD) gilt als … wirksam.

Versuche jetzt, die Einschränkungen oder Zusätze einzubauen, z. B.:
a) … ohne Zustimmung des gesetzlichen Vertreters (z. B. Eltern) … oder
b) … mit Mitteln (Geld) bewirkt, die ihm zu diesem Zwecke (Kauf einer CD) … überlassen worden sind oder:
c) … zur freien Verfügung (Taschengeld) … überlassen worden sind.

2. Durchführung

3. Erläutere, kläre und diskutiere die Fachbegriffe

- minderjährig
  - Welche Altersgruppe?
- gesetzlicher Verteter
  - Wer vertritt Minderjährige nach dem Gesetz im Normalfall, welche Ausnahmen gibt es?
- Vertrag
  - Immer schriftlich notwendig?
- Mittel
  - Bargeld, Geld- oder EC-Karte?
- von einem Dritten
  - An wen ist hier gedacht?

In § 110 BGB sind sinngemäß folgende Arten von Taschengeld genannt:

- zweckgebundene Mittel,
- Mittel zur freien Verfügung, vom gesetzlichen Vertreter überlassen,
- Mittel von Dritten, mit Kenntnis des gesetzlichen Vertreters.

4. Kläre Inhalte mithilfe anderer Paragrafen

Minderjährig → Lies die §§ 2 und 106 BGB.

Aufgrund des § 2 BGB und des § 106 BGB ergibt sich die Altersgruppe der Minderjährigen: von 7 bis 18 Jahren.

Aus § 106 ergibt sich außerdem, dass Minderjährige in ihrer Geschäftsfähigkeit beschränkt (eingeschränkt) sind. Worauf eingeschränkt?

Lies dazu auch die §§ 107 und 108 BGB.

3. Auswertung

5. Bearbeite folgende Fälle:

1. Die 17-jährige Veronika kauft von einem Geldgeschenk ihrer Oma eine teure Daunenjacke. Als sie nach Hause kommt, verweigern ihre Eltern die Zustimmung. Veronika bringt die Jacke in die Boutique zurück und möchte ihr Geld wiederhaben. Die Geschäftsfrau lehnt jedoch ab.

   Kläre den Fall mithilfe des „Taschengeldparagrafen".

   Durfte Veronika das Geldgeschenk überhaupt annehmen? Lies hierzu noch einmal den § 107 BGB.

   Was meinst du: Wer hätte den Schaden zu tragen, wenn die Jacke auf dem Weg von der Wohnung zurück zur Boutique schmutzig oder beschädigt worden wäre?

2. a) Der 15-jährige Robert hat sich zu Weihnachten von seinen Onkeln und Tanten als Geschenk Geld gewünscht. Nun reicht es zum Kauf des lang ersehnten Mofas. Als er es in einem Geschäft kaufen möchte, verlangt der Händler noch keine Zahlung, will aber das Mofa erst an Robert aushändigen, wenn dieser die Genehmigung seiner Eltern zum Kauf vorlegt.

   Wie siehst du den Fall? Beurteile das Verhalten des Händlers von der rechtlichen Seite.

   b) Robert ist durch das Verhalten des Händlers gekränkt. Er sagt: „Mit meinem Taschengeld kann ich machen, was ich will!"

   Empört verlässt er den Laden und geht ins nächste Geschäft. Dort sieht er ein tolles Motorrad. Es ist zwar ein Gebrauchtfahrzeug, aber ein einmaliges Schnäppchen. Leider hat es den Nachteil, dass es 200 Euro mehr kostet, als er hat. Robert erklärt, dass er die Maschine von seinem Taschengeld kaufen wolle, der Händler müsse ihm nur gestatten, einen Rest des Kaufpreises in zwei Raten abzuzahlen. Auch dieser Händler verkauft ihm kein Zweirad. Warum wohl nicht? Begründe.

1. Nenne die zwei großen Bereiche der Rechtsgebiete und gib jeweils zwei Beispiele dazu an.

2. Erläutere kurz die Inhalte des öffentlichen Rechts.

3. Stelle dar, welche Rechtsbeziehungen das Privatrecht regelt.

4. Nenne das Gesetzbuch, das als Kernstück des Privatrechts bezeichnet wird.

5. Beschreibe die Einteilung bzw. den Aufbau des Bürgerlichen Gesetzbuches (BGB)

6. Der 22-jährige M. versetzt seinem Kumpel K. einen Faustschlag, weil K. mit seiner Freundin flirtet. K. verlangt die Arztkosten in Höhe von 300 Euro von M. Informiere dich über den § 823 BGB und erläutere, welchen Bereich des öffentlichen Rechts dieser Fall auch betrifft.

7. Du bist im Supermarkt beim Einkaufen. Versehentlich fällt dir ein Glas Gewürzgurken aus der Hand und zerschellt am Boden. Erläutere, ob dieser Fall im öffentlichen Recht oder im Privatrecht einzuordnen ist. Begründe deine Ansicht.

8. Beschreibe den Begriff Zivilrecht.

9. Berichte kurz über die Geschichte des BGB.

10. Erkläre das Sprichwort „wer Rechte hat, hat auch Pflichten" anhand eines Beispiels.

11 a) Nenne die Altersgrenzen für die drei Stufen der
   - Geschäftsfähigkeit,
   - Deliktfähigkeit,
   - Strafmündigkeit.

   b) Der Gesetzgeber hat das Lebensalter als Kriterium für diese Einteilung genommen. Finde dafür Gründe.

12. Die 6-jährige Susanne verschenkt ihr Kinderfahrrad, weil sie hofft, auf diese Weise schneller zu einem neuen Fahrrad zu kommen. Können die Eltern das Fahrrad vom Beschenkten zurückverlangen? Begründe deine Aussage.

13. Drei Monate nach Sonjas Geburt stirbt die vermögende Tante Elfriede und vererbt dem Säugling ihr gesamtes Vermögen (ein großes Wohnhaus, ein Grundstück und 10.000 Euro Bankguthaben).
   a) Kann Sonja dieses Vermögen erben? Begründe deine Aussage.
   b) Das Wohnhaus muss dringend ein neues Dach erhalten.
      - Wer kann den Auftrag an den Dachdecker geben?
      - Welche anderen möglichen Rechtsgeschäfte, die mit dem Erbe in Zusammenhang stehen können, müssen noch getätigt werden?

14. Der 16-jährige Donnie, der älter aussieht, als er ist, kauft sich bei einem Instrumentenhändler für 250 Euro eine E-Gitarre. Er zahlt 50 Euro an, über den Rest vereinbart er eine Zahlung in fünf Raten. Den Eltern ist das zu teuer. Sie schreiben den Händler, dass sie mit dem Kauf nicht einverstanden sind und den Kaufpreis zurück haben wollen.
   a) Begründe die Unwirksamkeit dieses Kaufvertrags.
   b) Beschreibe kurz die Folgen für den Händler.

15. Der 15-jährige Kevin spart sich immer etwas von seinem Taschengeld, das er monatlich in Höhe von 25 Euro von seinem Vater bekommt. Als er auf diese Weise 100 Euro zusammengespart hat, kauft er sich in der Klassenlotterie ein Los und gewinnt 5.000 Euro. Ohne Wissen seiner Eltern kauft er sich davon eine wertvolle Stereoanlage. Als die Eltern hiervon erfahren, verlangen sie von dem Elektrohändler, dass dieser die Anlage zurücknimmt und das Geld wieder zurückzahlt. Dieser weigert sich. Kevin hätten die 5.000 Euro zur freien Verfügung gestanden, und jeder Vertrag, der mit solchen Mitteln erfüllt wird, sei wirksam. Beurteile, wer Recht hat.

16. Du bestellst per Internet ein Computerspiel im Wert von 150 Euro, ohne deine Eltern zu fragen.
   a) Ist der Kaufvertrag zustande gekommen?
   b) Das Spiel wird nach einer Woche geliefert, wodurch deine Eltern von deiner Bestellung erfahren. Sie möchten, dass du das Spiel zurückschickst. Du weißt, dass Computerspiele normalerweise nicht umgetauscht werden können. Muss der Hersteller dein Spiel wieder zurücknehmen? Begründe deine Meinung.

VIII Verträge im Alltag

In diesem Kapitel erfährst du, wie Verträge abgeschlossen werden und sie Rechtsgültigkeit erlangen. Trotz der in Deutschland herrschenden Vertragsfreiheit kannst du Einschränkungen benennen. Ein weites Feld ist in diesem Kapitel dem Kaufvertrag gewidmet. Das Zustandekommen des Kaufvertrags und die seine Erfüllung werden ausführlich dargestellt.

1 Grundsatz der Vertragsfreiheit

Jeder Vertrag ist ein Rechtsgeschäft, das nach Willenserklärungen von mindestens zwei Personen zustande kommt. Bei der Wahl der Vertragspartner sind die Bürger in unserer Wirtschafts- und Rechtsordnung frei (Abschlussfreiheit). Auch der Inhalt der Rechtsgeschäfte kann in der Regel frei und selbst bestimmt werden (Gestaltungsfreiheit). Der Grundsatz der Vertragsfreiheit besagt, dass jeder Vertragspartner selbstständig entscheiden, planen und handeln kann.

Frei Angebotswahl

Den günstigsten Handytarif zu finden, ist nicht leicht. Die zahlreichen Angebote erschweren oft die Auswahl. „Wer die Wahl hat, hat die Qual.“ Vergleiche die verschiedenen Handytarife der großen Anbieter. An nachfolgender Tabelle können wir feststellen, dass es nicht nur verschieden hohe Angebote gibt, sondern dass jeder der Anbieter andere Kriterien setzt. Jeder Kunde kann frei entscheiden, welches Angebot seiner Meinung nach für ihn am günstigsten ist und seinen Bedürfnissen am ehesten entspricht.

Anbieter	Grundgebühr	Inklusivminuten	Telefonat	SMS-Inklusiv	SMS
Coffeeshop	8,95 €	200	0,09 €/Min.	150	0,09 €/SMS
Bigphone	9,95 €	250	0,08 €/Min.	200	0,08 €/SMS
Mobilmax	7,95 €	150	0,12 €/Min.	150	0,12 €/SMS
Allphone	9,95 €	250	0,15 €/Min.	250	0,15 €/SMS
Phonetrip	19,95 €	Flat	Flat	Flat	Flat
Starphomob	4,95 €	50	0,12 €/Min.	50	0,12 €/SMS

A

1. Überlege: Zeigt das oben stehende Bild auch den Abschluss eines Kaufvertrages?
2. Erkundige dich nach den verschiedenen Tarifen für den Internetzugang.
3. Erläutere aufgrund der nebenstehenden Fotos, inwiefern es sich jeweils um den Grundsatz der Vertragsfreiheit handelt.

In Deutschland herrscht grundsätzlich (aus den Grundrechten des Grundgesetzes abgeleitet) **Vertragsfreiheit**. Das heißt, jeder kann mit jedem einen Vertrag schließen, sobald die beiderseitige Willenserklärung vorliegt. Die Vertragsfreiheit hat jedoch Grenzen.

Einschränkungen der Vertragsfreiheit

Rechtsgeschäfte sind dann nichtig, d. h. von Anfang an unwirksam, wenn:
- die Willenserklärung von geschäftsunfähigen Personen abgegeben wurde,
- der Vertrag gegen die guten Sitten verstößt, z. B. bei Wucher oder Ausnutzung einer Notlage,
- der Vertrag gegen ein gesetzliches Verbot verstößt, z. B. Rauschgifthandel, Schwarzarbeit,
- der Vertrag nicht in der vom Gesetz vorgeschriebenen Form abgeschlossen wurde, z. B. Kauf von Immobilien,
- die Willenserklärung nur zum Schein oder aus Scherz abgegeben wurde, z. B. falsche Preisangabe.

Anfechtbare Rechtsgeschäfte sind im Gegensatz zu den nichtigen zunächst gültig und bleiben es, solange sie nicht angefochten werden.

Ein **Rechtsgeschäft** kann **angefochten** werden
- wegen **Irrtums**
  Typische Fälle von Irrtum sind jene, die durch Verschreiben oder Versprechen entstehen.
  Beispiel: In einem Kostenvoranschlag für einen Einbauschrank gibt ein Schreiner einen Preis von 360 Euro an. Er wollte jedoch 3 680 Euro schreiben und kann diese Erklärung anfechten, muss allerdings dem Kunden den Schaden ersetzen, wenn dieser inzwischen ein für ihn günstigeres Angebot ausgeschlagen hat.

- wegen **arglistiger Täuschung**
  Beispiel: Der Käufer eines Gebrauchtwagens fragt den Händler, ob es sich um einen Unfallwagen handle. Der Händler verneint, obwohl er selbst das Fahrzeug hergerichtet hat. Auch in diesem Fall kann der Käufer den Vertrag anfechten und Schadenersatz verlangen, falls wegen der Täuschung für ihn ein Schaden entstanden ist.

- wegen **Drohung**
  Dein Rechtsgefühl sagt dir sicher auch, dass eine Schenkung oder ein Verkauf rechtlich nicht wirksam sein kann, wenn die Übergabe aufgrund einer Drohung erfolgt.
  Beispiel: Eine Gang lauert dir auf und droht dir Schläge an, wenn du ihnen nicht sofort deine Lederjacke für 10 Euro verkaufst.

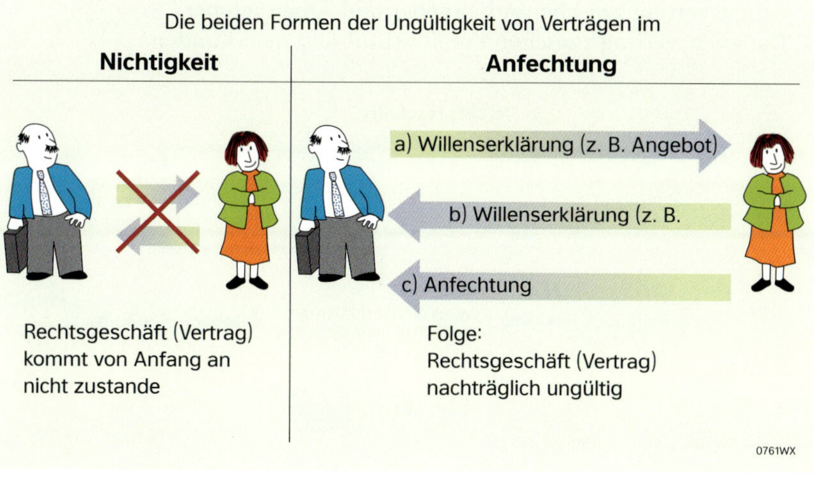

i

Beachte: Die Anfechtung muss unverzüglich erfolgen, nachdem derjenige, der dazu berechtigt ist, den Sachverhalt kennt.

A

Ermittle die rechtliche Situation bei folgenden Beispielen:

1. Frau Neureich schlüpft in einem Pelzgeschäft in einen Mantel. Er passt wie angegossen, und sie fragt nach dem Preis. Die Verkäuferin nennt ihr irrtümlich 15 000 Euro, obwohl sie weiß, dass er 50 000 Euro kostet. „So viel habe ich noch dabei", sagt Frau Neureich, zahlt und will gerade mit dem Mantel das Geschäft verlassen, als die Verkäuferin ihr nachläuft und den Irrtum erklärt.

2. Herr Rumpler benötigt für einen Transport einen Leih-Lkw für einen Tag und bittet seine Frau, diesen zu bestellen. Frau Rumpler irrt sich und bestellt den Lkw statt für einen Tag für zehn Tage. Der Irrtum stellt sich beim Abholen des Wagens heraus. Der Unternehmer kann den Lkw aber erst drei Tage später wieder einsetzen.

3. Herr Pluster ist mit Hilfsarbeiten in der Buchhaltung beschäftigt, glaubt aber, zum Bilanzbuchhalter befähigt zu sein, und bewirbt sich um eine solche Stellung mit gefälschten Zeugnissen bei einer anderen Firma. Er bekommt die Stelle, aber es fällt bald auf, dass er den Aufgaben nicht gewachsen ist. Der Schwindel kommt heraus, die Firma will ihn „feuern" und ihn für die Kosten neuer Inserate in Anspruch nehmen.

2 Abschluss rechtsgültiger Verträge

2.1 Willenserklärung

Bei allen Käufen liegt ein sog. zweiseitiges Rechtsgeschäft vor. Jeder der Beteiligten (Käufer – Verkäufer) hat eine „**Willenserklärung**" abgegeben. Die Formulierung „Willenserklärung" kommt im allgemeinen Sprachgebrauch selten vor. Im Bereich des Rechts ist sie jedoch als Verhalten definiert, das eine Rechsfolge (z. B. Kauf) herbeiführen soll.

A

Beurteile, ob das oben stehende Bild auch den Abschluss eines Kaufvertrages zeigt.

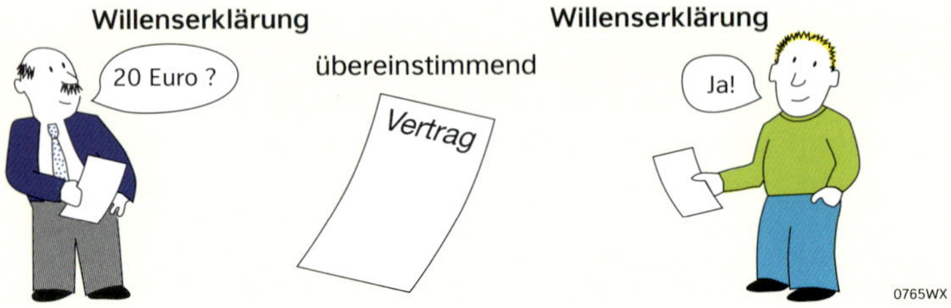

Ausdrucksformen einer Willenserklärung können sein:
- mündliche oder schriftliche Erklärungen,
- schlüssiges Handeln, aus dem sich der Wille erklären lässt (z. B. Zeigen auf eine Ware, Kopfnicken, Handheben bei Versteigerungen),
- in manchen Fällen, allerdings selten, auch schweigendes Handeln.

Einseitiges – zweiseitiges Rechtsgeschäft

Ein **einseitiges Rechtsgeschäft** liegt vor, wenn die Willenserklärung einer Person genügt, um eine bestimmte Rechtswirksamkeit herbeizuführen.

100 € Belohnung!
Wer hat unseren Coco gesehen?
Graupapagei seit letztem Sonntag im östlichen Ringgebiet entflogen.
Coco spricht und ist sehr zutraulich.
Hinweise bitte an: 03661/...

Beispiele:
- Aufsetzen eines Testaments („Mein letzter Wille ..."),
- Aussprechen einer Kündigung („Hiermit kündige ich meine Tätigkeit ..."),
- Ankündigung einer Belohnung („Für das Wiederbeschaffen meiner Brieftasche zahle ich 50 Euro Belohnung.").

Für viele **zweiseitige Rechtsgeschäfte** durch Willenserklärung **zweier oder mehrerer** Personen ist die schriftliche Form zweckmäßig.

Beispiele:
- Mietvertrag zwischen Vermieter und Mieter,
- Arbeitsvertrag zwischen Arbeitgeber und Arbeitnehmer,
- Darlehensvertrag zwischen Kreditinstitut und dem Kunden.

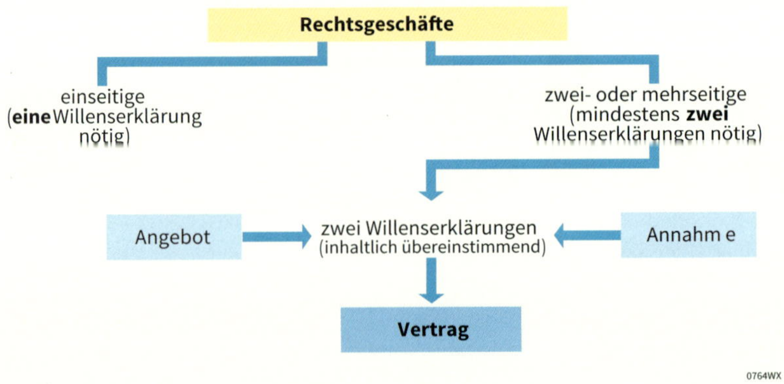

2.2 Form der Willenserklärung

Als Testament wird die schriftliche Niederlegung einer einseitigen Willenserklärung bezeichnet.
Durch das Testament kann der Erblasser, abweichend vom gesetzlichen Erbrecht, bestimmen, wem er den Nachlass zukommen lassen will. Es kann ein Alleinerbe eingesetzt oder eine bestimme Teilungsordnung getroffen werden (Angabe des Bruchteils usw.). Dieses kann beispielsweise sinnvoll sein, wenn ein Unternehmen oder ein landwirtschaftlicher Betrieb erhalten bleiben soll und es unwirtschaftlich wäre, den Nachlass aufzuteilen.

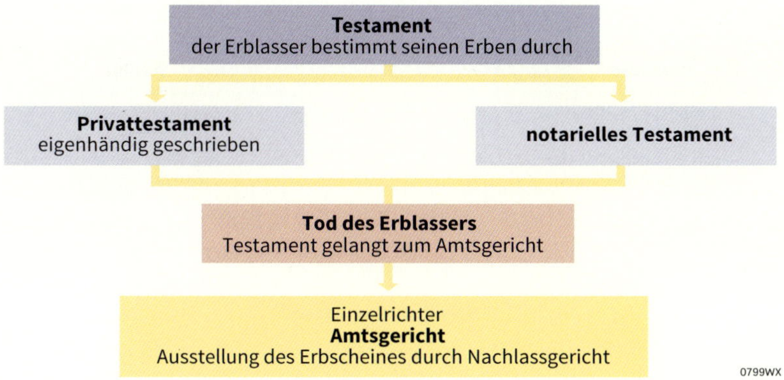

0799WX

Die Fähigkeit zur Abfassung eines Testaments nennt man Testierfähigkeit. Dabei gelten folgende Altersbeschränkungen:

Formfreiheit

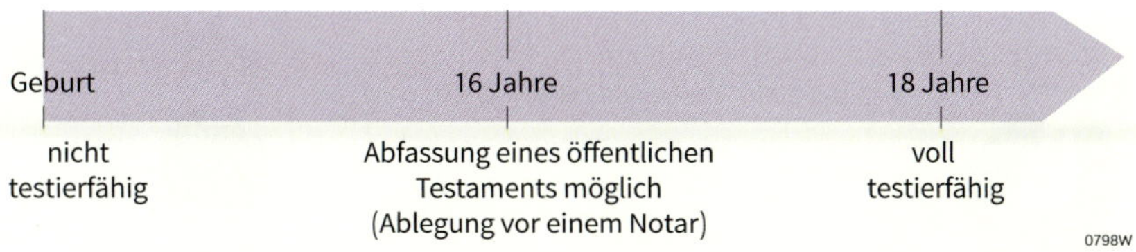

0798W

Neben dem Grundsatz der Vertragsfreiheit gilt der Grundsatz der Formfreiheit. Grundsätzlich ist es für die Gültigkeit eines Vertrages unerheblich, in welcher Form die Willenserklärung abgegeben wird.

Verträge können in **beliebiger Form** abgeschlossen werden, sie müssen nicht immer schriftlich abgefasst werden.
Aber: Keine Regel ohne Ausnahme! Für bestimmte Rechtsgeschäfte hat der Gesetzgeber eine besondere Form vorgeschrieben. Wird sie nicht eingehalten, so ist das Rechtsgeschäft nichtig, d. h. von Anfang an ungültig, und zwar selbst dann, wenn gegen die gesetzlich vorgeschriebene Form nur aus Unkenntnis verstoßen wurde. Vorgeschrieben sind z. B.

- **die Schriftform** für Mietverträge über Wohnungen und Pachtverträge über Grundstücke und Gebäude mit einer längeren Dauer als einem Jahr.
- **die gerichtliche oder notarielle Beurkundung** bei Kaufverträgen über Grundstücke und Gebäude sowie bei Verträgen zwischen Eheleuten über die Regelung ihrer vermögensrechtlichen Verhältnisse.

Sinn einer gesetzlichen Formbedürftigkeit kann es sein, Beweise zu sichern, eine Überprüfung zu ermöglichen oder die Beratung durch Rechtskundige sicherzustellen.

i

§ 1937 BGB
Erbeinsetzung durch Testament
Der Erblasser kann durch einseitige Verfügung von Todes wegen (Testament, letztwillige Verfügung) den Erben bestimmen.

§ 550 BGB
Form des Mietvertrags
Wird der Mietvertrag für längere Zeit als ein Jahr nicht in schriftlicher Form geschlossen, so gilt er für unbestimmte Zeit. Die Kündigung ist jedoch frühestens zum Ablauf eines Jahres nach Überlassung des Wohnraums zulässig.

§ 1410 BGB
Form
Der Ehevertrag muss bei gleichzeitiger Anwesenheit beider Teile zur Niederschrift eines Notars geschlossen werden.

A

Lies die §§ 550, 1410 BGB und stelle dar, welche Vorteile und welche Gefahren der Grundsatz der Formfreiheit mit sich bringt.

Ebersberg, den 16. März 20..

Mein letzter Wille

Zur alleinigen Erbin meines gesamten Nachlasses setze ich meine Schwester Laura Rotter ein.

Sebastian Rotter

3 Der Kaufvertrag

3.1 Verpflichtungsgeschäft

- Mit dem Abschluss eines Kaufvertrages verpflichten sich Käufer und Verkäufer zu bestimmten Leistungen.
- Käufer und Verkäufer müssen ihre Verpflichtungen, je nach Vereinbarung, entweder sofort oder später erfüllen.

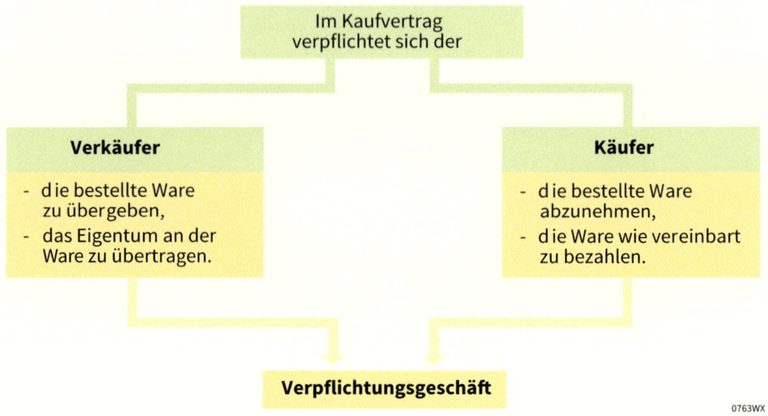

A

Kommt in folgenden Fällen ein Kaufvertrag zustande?

a) Der kaufwillige Herr Meier schreibt: „Ich kaufe die angebotene Maschine, falls Sie mir noch einen Rabatt von 10 % gewähren."

b) Ein Kaufwilliger schreibt: „Ich will nun doch auf das Angebot zurückkommen, das Sie mir vor zwei Jahren gemacht haben."

c) Der Verkaufsleiter eines großen Geschäftes hatte ein Angebot gemacht und dazu die Bemerkung angefügt: „Dieses Angebot ist freibleibend." (Er hätte auch schreiben können: „Nur solange der Vorrat reicht.") – Hierauf antwortet der Kaufwillige: „Ja, ich kaufe davon 10 Stück zum angegebenen Preis."

Zwei Beispiele:

1. Herr Ziegler wird von einem Autoverkäufer angesprochen, der sagt: „Kaufen Sie doch das neue Modell!" – Wer hat einen Antrag auf Abschluss eines Kaufvertrages gemacht?

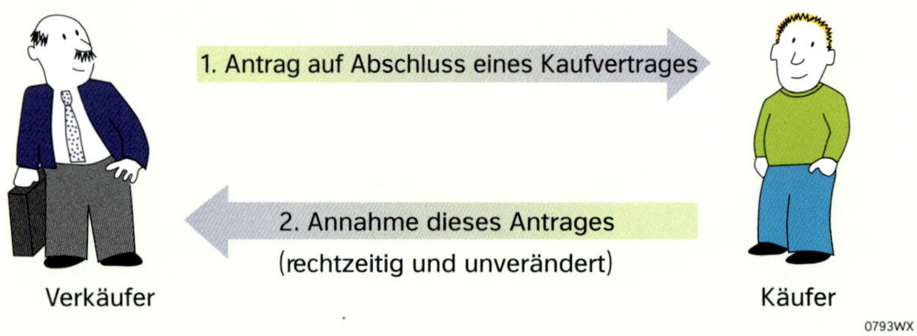

2. Ein Geschäftskollege deines Vaters erfährt, dass sich dein Vater einen neuen Wagen kaufen will. Er sagt zu deinem Vater: „Verkaufe mir deinen jetzigen Wagen, ich zahle dir 3 000 Euro dafür." – Wer hat nun einen Antrag auf Abschluss eines Kaufvertrages gemacht?

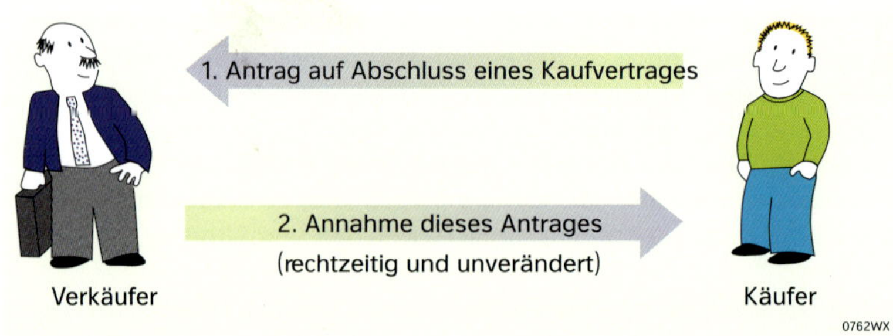

i

Ein Kaufvertrag kommt nur zustande, wenn der Antrag **unverändert** und **rechtzeitig** angenommen wird.

3.2 Das Verfügungsgeschäft

Monika sucht in der Geschenkeboutique nach einem Mitbringsel für die Geburtstagsfeier bei ihrer Freundin. Sie kauft zwei Kerzenleuchter und zahlt an der Kasse. Dort erhält sie den nebenstehenden Kassenzettel.

Bei diesem Kauf handelt es sich offensichtlich um einen mündlichen Kaufvertrag. Der Verkäufer und der Käufer müssen die bei Vertragsabschluss versprochenen Leistungen erfüllen:
- Der Verkäufer erfüllt seine Verpflichtungen, indem er die Ware dem Käufer übergibt und ihm das Eigentum an der Sache überträgt.
- Der Käufer erfüllt seine Pflicht, indem er den Kaufpreis begleicht und die gekaufte Sache übernimmt.

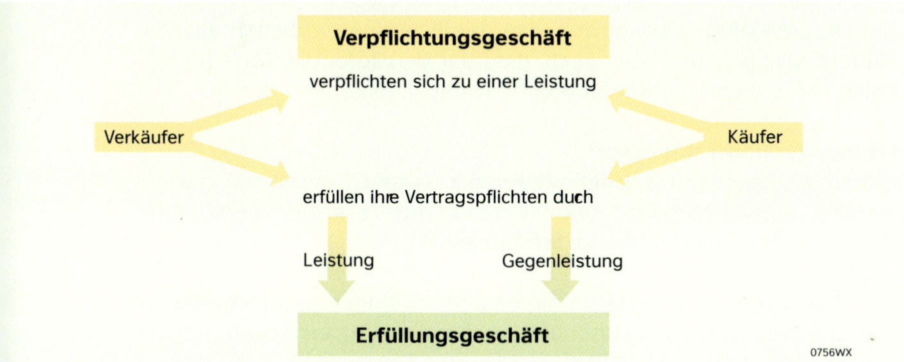

Boutique Petra
Inh. Petra Maier
Nordendstr. 4
82357 München
Tel.: 089/123456

Artikel	Menge	Summe
012345 Leuchter Ciao	1	3,45
012345 Leuchter Ciao	1	3,45
033421 Kerzen	2	2,50
	Gesamt EURO	9,40
	Betrag, netto	7,90
	MwST 19%	1,50
	Bar	10,00
	Rückgeld	0,60

Artikelnummer

Bruttobetrag (einschließlich Mehrwertsteuer)

Wie wurden die 7,90 errechnet? Wie wurde die Mehrwertsteuer errechnet?

Vielen Dank für Ihr en Besuch!
Umtausch nur mit Kassenbon
Es bediente Sie Frau Hafner
Datum 19.03.20..
Bon Nr.: 00000212304

Hinsichtlich des Zeitpunktes der Erfüllung gilt:
- falls kein Liefertermin vereinbart wurde – sofortige Lieferung
- falls kein Zahlungstermin vereinbart wurde – sofortige Zahlung

Der Zeitpunkt der Erfüllung ist vor allem wichtig beim Zielkauf und beim Ratenkauf, weil sich daraus rechtliche Folgen ergeben können.

Bei den meisten Käufen des täglichen Bedarfs im privaten Bereich fallen Verpflichtung und Erfüllung zeitlich zusammen. Der sofortigen Lieferung (Übergabe der Ware) folgt die sofortige Zahlung (Übergabe des Geldes).

Riesig & Sohn Postfach 3311 80322 München
Staatliche Realschule
-Sekretariat-
Eichenstraße 4
80234 Ottoberg

Vertrieb und Verwaltung
Gabelsbergstraße 23; 80333 München
Tel. (089) 591 260; Fax (089) 591 261
e-Mail: riesig@t-online.de
München, 25.04.20..

Rechnung

Rechnungsnummer 000 789 — Lieferschein-Nr.: 5567
Kundennummer 240 711

Anzahl	Artikelbezeichnung	Einzelpreis	Beträge in EUR
19	Kopierpapier A4 weiß Nr. 3590 13456	4,90	93,10
	Nettobetrag		93,10
	Mehrwertsteuer (19%)		17,69
	Rechnungsbetrag		110,79

Zahlbar bis 24.05.20.. netto Kasse.

Die Ware bleibt bis zur vollständigen Bezahlung unser Eigentum. Gerichtsstand München.
Ust-IdNr.: DE 886 345 233
Münchner Bank, Konto Nr. 122 345 2345, BLZ 701 400 30
Sitz der Gesellschaft: München – HRB-Nr. 34 523 – Geschäftsführer: Hans-Georg Riesig

0977WX

A

1. Erkläre anhand des obigen Kassenzettels:
   a) Wer ist der Verkäufer?
   b) Wer ist der Käufer?
   c) Wie hoch ist der Kaufpreis?

2. Unsere Schule hat bei einem Büroartikelhändler Kopierpapier bestellt. Das Paket wurde geliefert und nebenstehende Rechnung lag dabei.
   a) Überlege: Warum fallen hier Erfüllung und Verpflichtung nicht zusammen?
   b) Bis wann muss die Rechnung spätestens bezahlt sein?
   c) Wann erfolgt die Eigentumsübergabe?

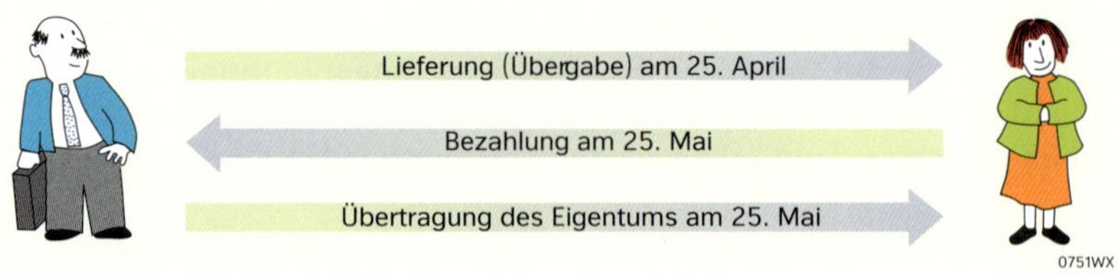

Eigentumsvorbehalt
In den allgemeinen Geschäftsbedingungen (auch auf der Rechnung) steht der Satz:
„Die Ware bleibt bis zur vollständigen Bezahlung unser Eigentum."

Mit anderen Worten nennt man dies den Eigentumsvorbehalt des Verkäufers. Das bedeutet aber auch, dass der Verkäufer die Ware zurückholen kann, wenn der Käufer nicht bezahlt.

Erfüllungs- und Zahlungsort
Neben der Frage „zu welchem Zeitpunkt" (wann?) muss auch geklärt werden „an welchem Ort" (wo?) ein Kaufvertrag erfüllt werden muss. Wir bezeichnen diesen Ort als **Erfüllungsort**.

Der Erfüllungsort legt fest, wo die beiden Schuldner aus einem Kaufvertrag (Warenschuldner, Geldschuldner) ihre Leistung erbringen müssen.

Grundsätzlich können beide Parteien den Erfüllungsort frei vereinbaren. Wurde im Kaufvertrag nichts anderes vereinbart, so gilt die gesetzliche Regelung.
Der Erfüllungsort für Warenlieferungen ist in der Regel der Geschäftssitz des Verkäufers.
Der Erfüllungsort für die Zahlung ist der Geschäftssitz des Verkäufers. Der Käufer hat seine Zahlungspflicht erst dann erfüllt, wenn der Verkäufer das Geld in Gera erhalten hat.

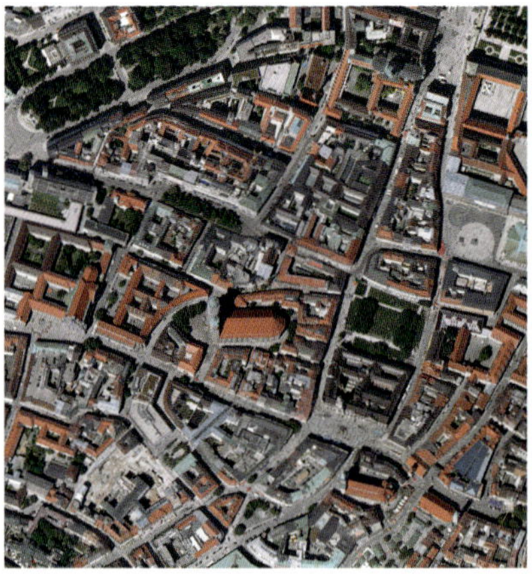
(Warenschuldner)
Verkäufer/Lieferer

(Geldschuldner)
Käufer/Kunde

Der Erfüllungsort ist besonders wichtig beim Versendungskauf, weil hier für Käufer und Verkäufer unterschiedliche Orte vorhanden sind. Deshalb muss vereinbart werden, wer die Kosten für den Versand der Ware übernimmt oder wer das Risiko trägt, wenn die Ware beschädigt ankommt. Kommt es zum Streit, ist der Gerichtsstand der vereinbarte Erfüllungsort.

A

1. Herr Knapp kauft ein Auto und vereinbart mit dem Autohaus eine Ratenzahlung.
   a) Stelle dar, wer Besitzer, wer Eigentümer ist.
   b) Erläutere, wie lange dieser „Zustand" dauert.

2. Lies den § 269 BGB „Leistungsort".

4 Verschiedene Vertragsarten

Du hast gelernt, dass ein Vertrag durch die übereinstimmende Willenserklärung (Angebot – Annahme) geschlossen wird. Das beste Beispiel hierfür ist der Kaufvertrag. Daneben können im Alltag viele weitere Arten von Verträgen vorkommen, die meist schriftlich abgeschlossen werden. Unterscheide folgende Beispiele:

Art	Vertragspartner
Werkvertrag, Werklieferungsvertrag	Besteller – Unternehmer
Arbeitsvertrag	Arbeitgeber – Arbeitnehmer
Darlehensvertrag	Darlehensgeber – Darlehensnehmer
Maklervertrag	Makler – Kunde
Leihvertrag	Entleiher – Verleiher
Mietvertrag	Mieter – Vermieter
Pachtvertrag	Pächter – Verpächter

Werk-, Werklieferungsvertrag

Beispiele:
a) Frau Häusle bringt ihre Kommode zum Schreiner; das Furnier ist beschädigt. Hier handelt es sich um einen **Werkvertrag**.
b) Herr Stümpfle gibt einen Eckschrank in Auftrag. Dies ist ein **Werklieferungsvertrag**.

A

Lies den § 631 BGB „Werkvertrag“ und unterscheide, ob ein Werk- oder Werklieferungsvertrag vorliegt:
- Haare schneiden,
- Kleider reinigen,
- Gartentür herstellen,
- Briefpapier drucken,
- Auto waschen,
- Bad fliesen.

Arbeitsvertrag
Auf der nächsten Seite siehst du ein Beispiel für einen Anstellungsvertrag für kaufmännische Angestellte.

Bearbeite folgende Aufgaben:
1. Wer sind die Vertragspartner?
2. Worüber werden Vereinbarungen getroffen?
3. Lies die letzten beiden Sätze der Ziffer 2 des Vertrages. Sicher kennst du Beispiele für Geschäftsgeheimnisse. Nenne einige (denke an die Tätigkeit z. B. in einer Bank). Warum darf auch nach dem Ausscheiden des Angestellten nichts ausgeplaudert werden?
4. Was bedeutet in der Ziffer 3 bezüglich der Gehaltszahlung die Vereinbarung „nachträglich“?
5. Erkundige dich über die „Gratifikationen“ und nenne zwei Beispiele.
6. Was hat der Angestellte zu tun, wenn er erkrankt?

Ausfertigung für Arbeitnehmer

Anstellungsvertrag für kaufmännische Angestellte

1. Vertragspartner

Arbeitgeber	Arbeitnehmer	
Hotel	Name	Marisa Wieser
„Zur Traube"	Straße, Haus-Nr.	Leopoldstr. 4
Blumenstr. 17	PLZ, Ort	81333 München
81454 München	Geb.-Datum/Ort	30.10.19.. München
	Familienstand	[X] ledig [ ] verh. [ ] gesch. [ ] verw.

Jede Veränderung der Wohnanschrift hat der Arbeitnehmer dem Arbeitgeber sofort mitzuteilen.

2. Art der Tätigkeit

Der Angestellte wird eingestellt als Personalsachbearbeiterin

zum Dienstantritt am 1. September 20.. . Die Probezeit beginnt am 1. Sept. 20..

und endet am 30. November 20.. . Während der Probezeit kann das Anstellungsverhältnis

beiderseits innerhalb der gesetzlichen bzw. tariflichen Mindestkündigungsfrist gekündigt werden.

Sollte der Angestellte bei Dienstantritt nicht alle ordnungsgemäßen Arbeitspapiere übergeben, so kann der Arbeitgeber dem Angestellten unter Bezeichnung der fehlenden Arbeitspapiere eine Frist von mindestens einer Woche setzen. Nach erfolglosem Ablauf der gesetzten Frist kann der Arbeitgeber vom Anstellungsvertrag zurücktreten, sofern seine Interessen in einer Weise verletzt sind, dass bei der gebotenen umfassenden Interessenabwägung dem Arbeitgeber die Einhaltung der Kündigungsfrist nicht zuzumuten ist. Der Arbeitgeber schuldet in diesem Falle dem Angestellten kein Gehalt.

Besondere Aufgaben des Angestellten

Briefverkehr, Betreuung des Personals, Überwachen der Sozialräume, Sekretariatsaufgaben, Einteilung der Auszubildenden, Kontakt zu Behörden

Der Arbeitgeber ist berechtigt, wenn das Geschäftsinteresse es erfordert, dem Angestellten eine andere, angemessene Tätigkeit zuzuweisen; dies gilt auch im Falle von Arbeitsmangel.

Der Angestellte verpflichtet sich, über alle geschäftlichen Angelegenheiten, insbesondere Geschäfts- und Fabrikationsgeheimnisse, Stillschweigen zu bewahren. Dies ist auch ausdrücklich für die Zeit nach Beendigung des Anstellungsverhältnisses vereinbart.

3. Gehalt

Der Angestellte erhält monatlich nachträglich ein Gehalt

von brutto € 2000,– unter Vereinbarung der Tarifgruppe

Der etwa übersteigende Teil des Tarifgehalts ist keine Leistungszulage und wird ohne Rechtspflicht unter dem Vorbehalt des jederzeitigen Widerrufs und der Anrechnung bei Gehaltstariferhöhungen gewährt. Vom Arbeitgeber gewährte Gratifikationen gelten nur als freiwillige Leistungen des Arbeitgebers, und begründen keinen rechtlichen Anspruch für die Zukunft. Im übrigen richtet sich das Anstellungsverhältnis nach den jeweils geltenden Tarifverträgen der in Frage kommenden Sparte.

Gehaltsabtretungen bedürfen zu ihrer Wirksamkeit der ausdrücklichen Zustimmung des Arbeitgebers.

4. Arbeitszeit

Die Arbeitszeit wird durch den jeweils gültigen Tarifvertrag geregelt und beträgt z. Zt. 38 Stunden wöchentlich.

Die (weißen) Leerfelder des Vertrages sind auszufüllen. Nichtzutreffendes ist zu streichen.

BRUNNEN Bestell-Nr. 25 251

Leihvertrag
Das für den Leihvertrag entscheidende Wort im § 598 des BGB ist: **unentgeltlich**. Der Verleiher gestattet dem Entleiher die Nutzung einer Sache kostenlos.
Was meinst du: Für welche Kosten muss der Entleiher aber aufkommen?

Herr Meier schneidet jedes Jahr im Herbst die Hecke an der Grundstücksgrenze zum Nachbarn Hofer. Mitten in seiner Arbeit am Samstagnachmittag setzt der Motor seiner Heckenschere aus. Er bittet Herrn Hofer, ihm zu helfen und ihm sein Gerät zu leihen, damit er die Arbeit beenden kann. Da sie sich gut verstehen, kommt Herr Hofer der Bitte seines Nachbarn nach.

Was darf Herr Meier mit der entliehenen Heckenschere wohl tun, und was darf er nicht? (Schlage dazu im BGB die §§ 598 bis 605 nach!) Wann wird er das Gerät wohl wieder zurückgeben?

Maklervertrag
Meistens werden Immobilien nicht privat angeboten, sondern von Immobilienmaklern. Sie vermitteln den Kauf bzw. Verkauf der Wohnung oder des Hauses. Schließt der Käufer z. B. einen Maklervertrag ab und führt der Kauf zum Erfolg, erhält der Immobilienmakler die vertraglich vereinbarte Provision. Sie liegt zurzeit bei netto 3 % vom Verkaufspreis.

Leasing
Eine besondere Form der Vermietung stellt das Leasing (engl. to lease = mieten, vermieten) dar. Im Jahre 1952 wurde in den Vereinigten Staaten die erste Leasinggesellschaft der Welt gegründet. Seitdem entscheiden sich viele Unternehmen, aber auch immer mehr Privatpersonen, für das Leasing von Wirtschaftsgütern als eine Alternative zum Kauf.
Überlege: Welche Güter – einmal abgesehen vom Auto – kann man leasen?

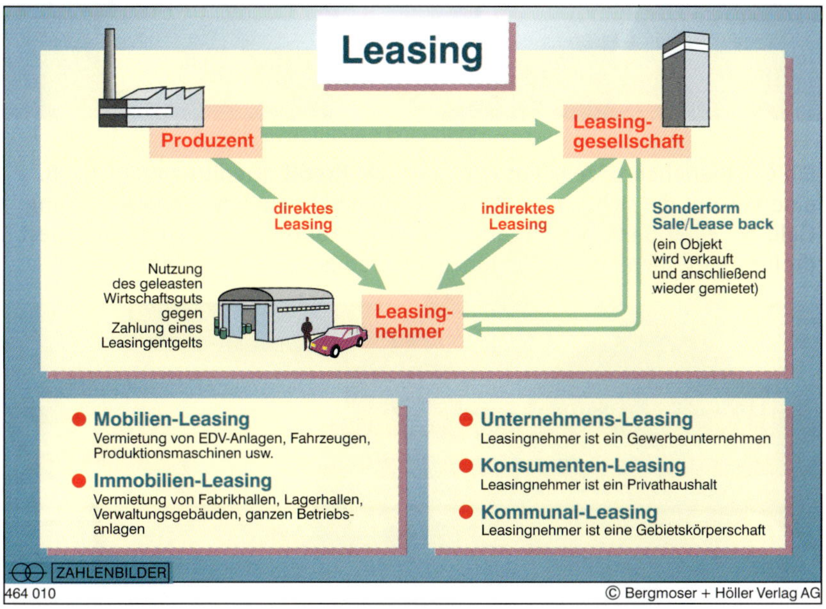

Der Nachteil beim Leasing ist u. a., dass der Leasingnehmer kein Eigentum am Leasinggut erwirbt, außerdem sind die Gesamtkosten des Leasings in der Regel höher als bei einem Kauf des Objektes.

i

§ 598 BGB
Vertragstypische Pflichten bei der Leihe
Durch den Leihvertrag wird der Verleiher einer Sache verpflichtet, dem Entleiher den Gebrauch der Sache unentgeltlich zu gestatten.

A

Stelle dar, welche Vorteile Leasing dem Leasingnehmer gegenüber dem Kauf eines Anlagegegenstandes bietet.

Mietvertrag

Der entscheidende Unterschied zwischen Leihe und Miete steht in § 535 BGB. Unter Miete versteht man den für die vermietete Sache (z. B. Wohnung, Auto) vereinbarten Preis. Der Begriff Miete wird am häufigsten im Zusammenhang mit der Wohnungsmiete verwendet. Vermieter und Mieter gehen beim Mietvertragsabschluss Verpflichtungen ein:

- Pflicht des Vermieters: den Gebrauch der Sache für eine bestimmte Zeit zu gewähren und den Zustand zu erhalten.
- Pflicht des Mieters: die vereinbarte Miete zu zahlen.

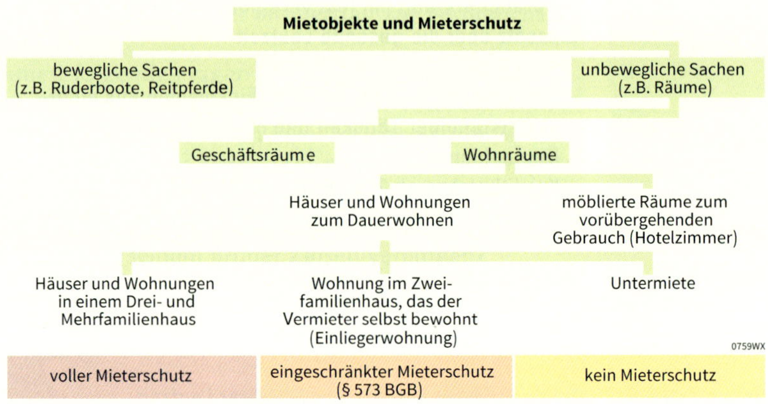

Die Wohnungsmiete

Über 60 Prozent aller Haushalte in Deutschland leben in gemieteten Räumen. Außerdem gibt es immer mehr Einpersonenhaushalte. Die Folgen sind, dass der Bedarf an Wohnungen wächst, preiswerte Angebote – besonders in Großstädten – knapp werden, weshalb auch der Quadratmeterpreis für Mietwohnungen steigt. Die Kosten für Wohnen verschlingen oft mehr als ein Drittel des Einkommens. Mitverantwortlich für die hohen Ausgaben sind die Mietnebenkosten (z. B. Müllabfuhr, Kanalgebühren). Die hohen Gebühren werden u. a. durch die Umweltschutzanforderungen verursacht.

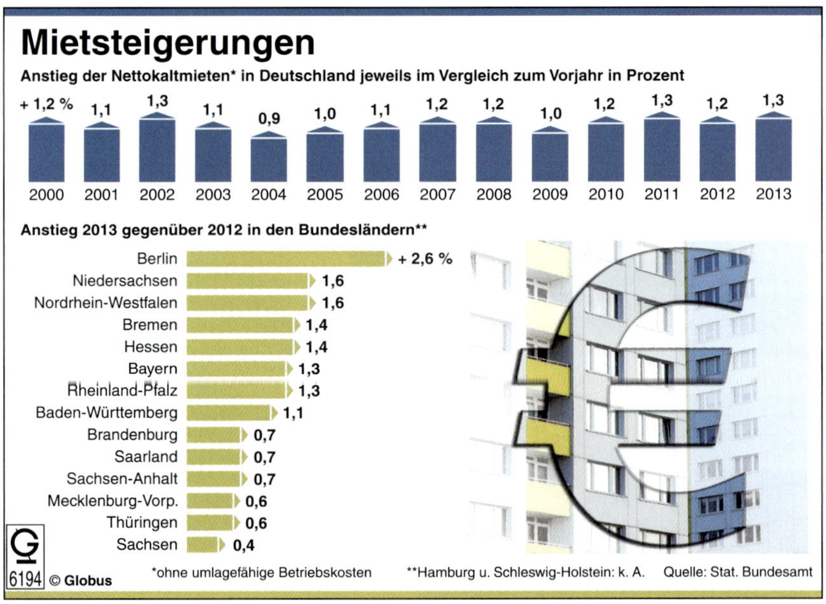

A

1. Lies den § 535 BGB „Mietvertrag“.
2. a) Erkundige dich, wie viel ein Kubikmeter Wasser in eurer Gemeinde kostet.
   b) Wie viel Liter (bestes Trink-) Wasser verbraucht eine Toilettenspülung?
3. Erläutere, was man unter „Nettokaltmiete“ versteht.

Da die Nachfrage nach Wohnraum groß ist, sind die Vermieter häufig gegenüber dem Mieter im Vorteil. Andererseits gehört das Wohnen zu den Grundbedürfnissen des Menschen. In das Bürgerliche Gesetzbuch sind einige Bestimmungen zum **Schutz des vertragstreuen Mieters** aufgenommen worden.

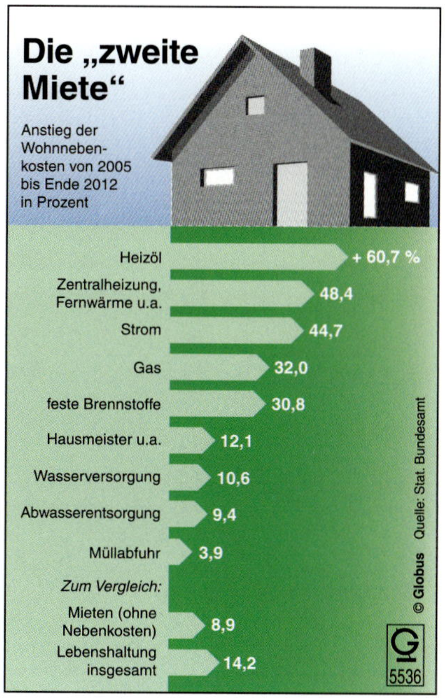

Diese Schutzbestimmungen beziehen sich auf:

– Form des Mietvertrages
  Die Schriftform ist grundsätzlich empfehlenswert.
– Kaution
  Beim Abschluss eines Mietvertrages verlangt der Vermieter meist eine Sicherheit in Form von Geld. Er muss das Geld bei einem Geldinstitut (Bank) anlegen, die Zinsen gehören dem Mieter. Die Kaution bzw. einen Teil davon darf der Vermieter verwenden, wenn der Mieter z. B. Fenster oder Türen beschädigt oder beim Auszug die notwendigen Schönheitsreparaturen (z. B. Streichen der Wände, Reinigen der Teppichböden) unterlässt.
– Kündigung
  Sie beendet das Mietverhältnis. Grundsätzlich kann entweder der Mieter oder der Vermieter kündigen. Meistens trifft sie den Mieter härter, weil angemessener Wohnraum selten zu den alten Bedingungen zu finden ist.

Je nach Zeitdauer unterscheiden wir drei Formen der Kündigung, die immer in schriftlicher Form erfolgen muss.
Es kann keinen absoluten Kündigungsschutz geben, weil die Rechte des Vermieters (Eigentümers) auch respektiert werden müssen. Das Gesetz schützt jedoch den vertragstreuen Mieter (vorausgesetzt es liegt kein Zahlungsverzug vor, keine Ruhestörung, gemieteter Wohnraum wird nicht gewerblich genutzt).

0758WX

Kündigung

fristlos	regulär	besonderer Kündigungsschutz
- bei Zahlungsverzug über zwei Termine - bei vertragswidrigem Gebrauch - bei fortgesetzter Störung des Hausfriedens (Partys, zu laute Musik) - bei Vernachlässigung der Sorgfaltspflicht - bei unbefugter Überlassung an Dritte	Kündigungsfristen - Vermieter bis zu neun Monaten (schriftliche Begründung!) - Mieter drei Monate	- verlängerte Kündigungsfrist bei lang andauernden Mietverhältnissen - länger als 5 Jahre – 6 Monate - länger als 8 Jahre – 9 Monate - Kündigung bei berechtigtem Interesse des Vermieters möglich z. B. Eigenbedarf (die Tochter/der Sohn des Vermieters möchte in die Wohnung einziehen) - keine Kündigung zum Zwecke der Mieterhöhung - keine Kündigung möglich, wenn es für den Mieter persönliche Härte wäre (wie z. B. kein Ersatzwohnraum zu zumutbaren Bedingungen)

Ein Mietvertrag wird in der Regel schriftlich abgeschlossen und von Mieter und Vermieter unterschrieben. Auf der nächsten Seite findest du einen Auszug aus einem Einheitsmietvertrag.

A

1. Stelle dar, warum gerade beim Mietvertrag die Schriftform einer mündlichen Form vorzuziehen ist.
2. Lies den § 573 BGB „Kündigung“.
   a) Beschreibe, welche Folgen es für das Mietverhältnis haben kann, wenn ein Mieter zwei Zimmer ohne die Erlaubnis des Vermieters an zwei Studenten vermietet.
   b) Begründe, warum für Mieter und Vermieter unterschiedliche Kündigungsfristen festgelegt sind.

Wohnungs-Mietvertrag
Der (Die) Vermieter Hans Mustermann
wohnhaft in 81545 München
und der (die Mieter) Anne von Musterfrau
Leopoldstrasse 57, 80802 München
schließen folgenden Mietvertrag:
§ 1 Mieträume
1. Im Hause 81545 München, Forststrasse 14, 1.OG rechts
(Ort, Straße, Haus-Nr., Etage)
werden folgende Räume vermietet:
4 Zimmer, 1 Küche/Kochnische, 1 Bad/Dusche/WC, 1 Bodenräume / Speicher Nr. , 2 Kellerräume Nr. 1+2
1 Garage / Stellplatz, Garten, / gewerblich genutzte Räume
2. Der Mieter ist berechtigt, Waschküche, Trockenboden / Trockenplatz, gemäß der Hausordnung mitzubenutzen.
3. Dem Mieter werden vom Vermieter für die Mietzeit ausgehändigt:
2 Haus-, 2 Wohnungs-, / Zimmer-, / Boden-/Speicher-, 2 Garagen-Schlüssel.
4. Die Wohnfläche beträgt 120 qm.
5. Die Wohnung ist eine Eigentumswohnung. [x] ja [ ] nein
§ 2 Mietzeit
Das Mietverhältnis beginnt am: 01/09/2008, es läuft auf unbestimmte Zeit.
Die Vertragspartner streben ein längerfristiges Mietverhältnis an, deshalb sind Eigenbedarfs- und Verwertungskündigungen des Vermieters für 3 Jahr(e) ausgeschlossen.
Die Kündigungsvoraussetzungen richten sich nach den gesetzlichen Vorschriften und den vertraglichen Absprachen (siehe §§ 8, 17 bis 22 dieses Mietvertrages.)
§ 3 Miete
1. Die Miete beträgt monatlich: 1500.- Euro.
in Worten: Eintausendfünfhundert Euro.
Die Vertragsparteien vereinbaren, dass die Miete für den Zeitraum von 2 Jahren nicht erhöht wird.

Pachtvertrag
Überlässt ein Eigentümer einem anderen sein Grundstück (z. B. landwirtschaftliche Nutzfläche), so spricht das Gesetz nicht von Vermieten, sondern von Verpachten. Anstelle des Mietzinses ist dementsprechend ein vereinbarter Pachtzins zu entrichten. Wem gehören die auf dem Grundstück geernteten Erträge (z. B. Getreide, Obst oder dergleichen)?

Zusammenfassung: Leihe – Miete – Pacht

Leihe – ohne Entgelt, z. B. Buch, CD, Haushaltsgeräte

Miete – gegen Entgelt, z. B. Wohnung, Auto

Pacht – gegen Entgelt und Überlassung von Früchten, z. B. landwirtschaftliche Nutzfläche, Hotel, Tankstelle

§ 581 BGB
Vertragstypische Pflichten beim Pachtvertrag
(1) Durch den Pachtvertrag wird der Verpächter verpflichtet, dem Pächter den Gebrauch des verpachteten Gegenstands und den Genuss der Früchte, soweit sie nach den Regeln einer ordnungsmäßigen Wirtschaft als Ertrag anzusehen sind, während der Pachtzeit zu gewähren. Der Pächter ist verpflichtet, dem Verpächter die vereinbarte Pacht zu entrichten.
(2) Auf den Pachtvertrag mit Ausnahme des Landpachtvertrags sind, soweit sich nicht aus den §§ 582 bis 584b etwas anderes ergibt, die Vorschriften über den Mietvertrag entsprechend anzuwenden.

A

1. Lies § 581 BGB „Pachtvertrag" und benenne die Pflichten sowohl des Verpächters als auch des Pächters.

2. Stelle die Gemeinsamkeiten und die Unterschiede zusammen: Leih-, Miet- und Pachtvertrag sind Verträge der Überlassung einer Sache zum Gebrauch auf Zeit.

1. Stelle dar, was unter
   a) Vertragsfreiheit
   b) Formfreiheit
   zu verstehen ist.

2. Beschreibe den Weg, der zum Abschluss eines Kaufvertrags führt.

3. Benenne, wozu sich
   a) der Verkäufer,
   b) der Käufer,
   im Kaufvertrag verpflichten.

4. Nenne Beispiele für Verträge, bei denen die Schriftform
   a) unterbleibt,
   b) zweckmäßig oder
   c) zwingend vorgeschrieben ist.

5. Stelle dar, was man unter einem Verfügungsgeschäft versteht.

6. Entscheide, welche Vertragsart vorliegt:
   a) Claudio überlässt Tobias sein Fahrrad für einen Ausflug.
   b) Das Unternehmen Bergmann stellt einen Pförtner ein.
   c) Antonia lässt sich beim Friseur die Haare schneiden.
   d) Sabrina holt sich aus dem Automaten eine Fahrkarte.
   e) Der junge aufstrebende Komponist Ferdi Genialus komponiert die Filmmusik zu „Ein Schuss ging daneben".
   f) Herr Krüger leiht sich beim „Autoverleih Bruchberger" ein Auto, weil sein Wagen gerade repariert wird.
   g) Herr Leutner beauftragt einen Makler, seine Wohnung zu verkaufen.
   h) Susanne gibt einen alten Schreibtisch zur Reparatur.
   i) Dein Vater leiht sich für den Urlaub eine Videokamera aus
      – von seinem Bruder, dem er dafür eine Flasche Sekt schenkt,
      – vom Fotogeschäft, das pro Tag 20 Euro verlangt.
   j) Du möchtest einen neuen Film auf Video anschauen.
      – Dein Freund leiht ihn dir.
      – Du gehst in die Videothek und leihst ihn dir aus. Pro Kalendertag kostet das 3 Euro.
   k) Euer Nachbar hat sich für seinen Umzug einen Kleintransporter beim Autoverleih Car-Rent ausgeliehen.

7. Beschreibe die Unterschiede zwischen Leihe, Miete und Pacht.

8. Schreibe nachfolgenden Text ab und ergänze die Lücken:
   Käufer und Verkäufer schließen einen … . Der Verkäufer … die Ware an den Ort des Käufers. Er benutzt eigene Lkws oder beauftragt eine … .
   Angenommen, der Käufer hat seinen Unternehmenssitz in Hof, und der Verkäufer produziert in München. Den Ort, an dem die Leistung erbracht werden muss, nennt man … . Wenn nichts anderes vereinbart wurde, ist für die Zahlung dieser Ort die Stadt … , für die Warenlieferung die Stadt … . Während der Verkäufer als Warenschuldner bezeichnet wird, nennt man den Käufer entsprechend den … . Er muss fristgerecht … , der Verkäufer hat die Ware … zu liefern.

9. Herr Beck kauft im Fachgeschäft „Vision" einen Farbfernseher zum Preis von 879 Euro. Der Verkäufer ist mit einer Anzahlung von 400 Euro einverstanden, der Rest soll nach vier Wochen gezahlt werden. Herr Beck nimmt den Fernseher mit nach Hause.
   a) Was wurde bezüglich des Eigentumsvorbehaltes zwischen Verkäufer und Käufer vereinbart?
   b) Welche Pflichten haben Verkäufer und Käufer bisher erfüllt?
   c) Wodurch wird der Kaufvertrag erst vollständig erfüllt?

IX Entwicklung und Herstellung von mehrteiligen Produkten

In diesem Kapitel sollt ihr Kompetenzen erlangen, die es euch ermöglichen, Erscheinungen und Entwicklungstendenzen im Bereich Technik zu erkennen. Ihr erfahrt, wie durch die zielgerichtete Nutzung der Methode des technischen Problemlösungsprozesses die Weiter- und Neuentwicklung von Produkten auch im Technikraum eurer Schule möglich sind. Dabei könnt ihr bereits vorhandene Fähigkeiten und Fertigkeiten mit den neu erlernten systematisch einsetzen, um mehrteilige Produkte zu entwickeln und herzustellen. Durch den gezielten Einsatz der Fertigungsverfahren verändert und gestaltet ihr bewusst nach euren Bedürfnissen technische Gegenstände. Ihr erkennt, dass eure Lebensbedingungen durch die technischen Entwicklungen verbessert werden.

1 Vom Bedürfnis zum Produkt

1.1 Wie ein Produkt entwickelt wird

Aus dem Teilbereich Wirtschaftslehre des Faches Wirtschaft/Recht/Technik ist uns bereits bekannt, dass der Ausgangspunkt für die Produktion von Gütern immer das Bedürfnis von Menschen ist, bestimmte Güter zum Leben (für Grundbedürfnisse) oder zur Bereicherung des Lebens (für Wahlbedürfnisse) zu erwerben.

Blu-ray-Player

Will ein Unternehmen ein neues Produkt auf den Markt bringen, muss es zunächst analysieren, für welche Bedürfnisse noch keine geeigneten Produkte vorhanden sind, oder ob es möglich ist, ein Produkt zu entwickeln, das bestimmte Bedürfnisse besser befriedigt als vorhandene Produkte.

DVD-Rekorder

So wurden vor einiger Zeit DVD-Rekorder auf den Markt gebracht, die den Videorekorder weitgehend ablösten, weil mit ihnen eine wesentlich bessere Bild- und Tonqualität erreicht wird. Eine weitere Erhöhung der Bildqualität (-auflösung) in HD (High-Definition) erfolgt mittlerweile durch den Einsatz von Blu-ray-Technik. Blu-ray-Discs, abgespielt in einem Blu-ray-Player, besitzen eine noch höhere Speicherkapazität als DVDs und sind kleiner.

Videorekorder

Obwohl es bereits eine Vielzahl von Fahrradvarianten gibt, versuchen die Fahrradhersteller ständig durch veränderte Formgestaltung und Zusatzfunktionen den Bedürfnissen verschiedener Altersgruppen gerecht zu werden und damit den Absatz ihrer Produkte zu sichern.

E-Bike mit tiefem Einstieg

Modernes Mountainbike

Wir wollen nun die prinzipielle Vorgehensweise kennenlernen, wie ein neues Produkt entsteht, bzw. ein vorhandenes weiterentwickelt wird. Dabei ist es ganz gleich, ob das Produkt im Technikunterricht oder für ein Unternehmen entwickelt werden soll. Es gibt dabei immer wiederkehrende Abläufe, die zu einem positiven Ergebnis führen.

Anhand des folgenden Beispiels soll die prinzipielle Vorgehensweise deutlich gemacht werden:

Kinder in der dritten Welt

Nach einer Fernsehsendung über die Lage der Kinder in der Dritten Welt und der Diskussion in der Schule möchten die Klassen das Kinderhilfswerk der UN, die UNICEF, mit einer Geldspende unterstützen.

Deshalb soll im Rahmen des Technikunterrichts ein Erzeugnis gefertigt werden, das sich gut verkaufen lässt, aber günstig in den Herstellungskosten ist. Der Verkauf soll im Dezember erfolgen.

Die technisch-konstruktive Entwicklung eines Produktes wird allgemein durch fünf Schritte gekennzeichnet:

1. Problemfindung und Ableitung der technischen Aufgabe
Erkennen des vorhandenen Bedürfnisses für eine Produkt:
- Verkauf eines Produktes zur Unterstützung von UNICEF

Erkennen der Notwendigkeit der Schaffung neuer bzw. der Verbesserung vorhandener technischer Mittel, um den **Zweck** zu erfüllen:
- kostengünstige Fertigung des Gegenstandes, durch dessen Verkauf Spendengelder erwirtschaftet werden können

Analysieren der Aufgabenstellung nach bestimmten Kriterien z. B. den geforderten **Gebrauchseigenschaften** des zu entwickelnden Produktes:
- Der Gegenstand soll einen Gebrauchswert haben und zum Kauf anregen.

Formulieren einer konkreten technischen Aufgabenstellung einschließlich des zu erreichenden Ergebnisses:
- Es ist ein Produkt zu entwickeln, das möglichst viele Käufer findet, aber mit geringem Materialeinsatz herstellbar ist. Die Fertigung soll im Technikraum der Schule mit den vorhandenen Werkzeugen und Maschinen sowie den Fähigkeiten und Fertigkeiten der Schüler möglich sein.

2. Erarbeiten von Lösungsideen
Genaue Beschreibung der geforderten **Funktion**:
- Das Produkt sollte durch seine **Form** einen dekorativen **Zweck** erfüllen und gleichzeitig für den Käufer aufgrund seiner spezifischen Funktion interessant sein. Es darf nicht zu spezielle Wünsche ansprechen und sollte für alle Altersklassen nützlich sein. Da der Verkauf im Dezember erfolgen soll, wäre eine Orientierung auf die Bedürfnisse dieser Jahreszeit günstig.

Analysieren von **Lösungsvarianten**:
- Herstellung eines Weihnachtssterns, Gestaltung eines Schwibbogens, Bau eines Räucherhäuschens, Bau eines Kerzenständers.
- Welches **Material** soll verwendet werden: Holz, Metall, Kunststoff, Pappe oder Papier?

3. Ermitteln der optimalen Variante
Vergleich der Lösungsvarianten mit den Anforderungen der Aufgabenstellung:
- Die Fertigung von Kerzenständern wäre möglich. Vielfältige Formen sind denkbar. Eine ästhetische Gestaltung ist Voraussetzung für einen Verkaufserfolg. Sie erfordert aber großes handwerkliches Geschick und Erfahrung im Umgang mit Metallen. Als Material sollte Kupfer, Aluminium oder Messing eingesetzt werden. Eine Kombination dieser Materialien wäre möglich. Diese würden aber hohe Kosten verursachen.
- Weihnachtssterne könnten aus Sperrholz oder Pappe hergestellt werden. Der Materialaufwand und die -kosten wären gering. Die Voraussetzungen für eine Fertigung im Technikraum sind gegeben. Problem: Mit dem Weihnachtsstern könnten nur geringe Erlöse erzielt werden.
- Ein Schwibbogen wäre für diese Jahreszeit ein gutes Verkaufsprodukt. Der Materialaufwand wäre nicht hoch, eine Fertigung im Technikraum möglich. Problem: Die Gestaltung eines dekorativen Schwibbogens erfordert ein großes handwerkliches Geschick beim Umgang mit der Laubsäge. Diese Fertigkeit ist wahrscheinlich nicht bei allen Schülern entsprechend ausgeprägt.

Kerzenständer

Weihnachtsstern

Schwibbogen

Räucherhäuschen

- Ein Räucherhäuschen kann im Technikraum gefertigt werden. Der Materialaufwand wäre gering, wenn Reste von Brettern genutzt werden könnten. Die Anwendung der notwendigen Fertigungsverfahren sind allen Schülern bekannten. Der Einzelteile sind unkompliziert herzustellen. Es könnte eine arbeitsteilige Fertigung organisiert werden. Um die Weihnachtszeit gäbe es ein großes Kaufinteresse und einen guten Verkaufserlös.

Ermittlung des für die Fertigung im Technikraum am besten geeigneten Produktes (optimale Variante)

Erzeugnis / Anforderungen	Kerzenständer	Weihnachtsstern	Schwibbogen	Räucherhäuschen
Arbeitsaufwand	+	–	++	+
Verkaufschancen	+	–	++	++
Verkaufspreis	+	–	++	++
Gebrauchswert	+	–	+	++
Materialbedarf	+	–	+	+
Eignung für Fertigung in der Schulwerkstatt	+	+	–	++

++ sehr gut, sehr hoch
+ gut, hoch
– ausreichend, gering
–– ungenügend, sehr gering

4. Gestaltung und technische Realisierung der Lösung
Bewerten der Varianten hinsichtlich der Erfüllung der Aufgabenstellung und Entscheidung für eine Variante:
- Von den möglichen Varianten erscheint das Räucherhäuschen als die günstigste Variante. Es sichert bei geringem Materialaufwand die besten Verkaufserlöse. Seine Fertigung ist im Technikraum problemlos möglich. Die auszuführenden Arbeitstechniken sowie der sachgerechte Umgang mit Werkzeugen und Maschinen sind den Schülern bekannt. Durch die Anwendung einer arbeitsteiligen Fertigung kann es rationell hergestellt werden.

Erstellen der **Planungsunterlagen** und Beschaffung des erforderlichen Materials:
- Anfertigung von **Skizzen** zur grundlegenden Form des Räucherhäuschens, Vergleich mit industriell gefertigten Beispielen (Analogiemethode), Festlegen der Grundmaße (Breite, Höhe, Tiefe), Erstellen von Skizzen für die Einzelteile einschließlich Bemaßung und Übertragung in eine **technische Zeichnung** (Einzelteilzeichnung).
- Erarbeitung einer **Stückliste** zur Erfassung der Einzelteile mit Positionsnummer, deren Material und Maße sowie der Anzahl der jeweiligen Einzelteile.
- Erarbeitung des **Arbeitsablaufplanes** mit Angabe der Reihenfolge der Arbeitsgänge (Fertigungsverfahren) und der zugehörigen Arbeitsmittel (erforderliche Werkzeuge).
- Beschaffung der Holzplatten und des Rundmaterials für das Räucherhäuschen sowie einer feuerfesten Unterlage für die Räucherkerze, Holzleim, Auswahl der Lasur.

A

1. Wenn ihr die Zeichnung am Computer anfertigt, beschreibt welche Vorteile die Konstruktion von Erzeugnissen mithilfe von CAD bietet.
2. Stellt dar, wie sich die Anforderungen an den Beruf des/der Technischen Zeichners/in mit der Einführung von CAD verändern.

Fertigung eines Prototyps/Musters:
- Fertigung der Einzelteile eines Räucherhäuschens, Zusammenleimen der Einzelteile.

5. Erprobung, Bewertung und Optimierung des Produktes

Erprobung des Produktes (Prototyp):
- Überprüfung der Passfähigkeit der Teile und Stabilität sowie Standfestigkeit des Häuschens, Erprobung mit verschiedenen Räucherkerzen. (Ist eine feuerfeste Unterlage nötig?)

Festlegen von Bewertungskriterien/ Eigen- und Fremdbewertung:
- Mögliche Kriterien: Aussehen, Maßhaltigkeit der Einzelteile, Handhabbarkeit, Funktionstüchtigkeit beim Abbrennen der Räucherkerzen, Farbgestaltung, Haltbarkeit bei Dauernutzung.
- Eigenbewertung durch die Produzenten, Fremdbewertung durch Lehrer, Eltern, Mitschüler.

Optimierung:
- Auswertung der Bewertungsergebnisse (Selbst- und Fremdeinschätzung) und Ableitung von Schlussfolgerungen für eine weitere Verbesserung oder Weiterentwicklung (Optimierung) des Produktes hinsichtlich der Qualität und des Fertigungsablaufes.

Analogiemethode (AM) (Ähnlichkeitsmethode)
Die AM ist eine Methode zur Problemaufbereitung bzw., um gefundene Lösungen zu bewerten. Dabei werden ähnliche oder bereits hergestellte Produkte zum Vergleich herangezogen. Es können Gemeinsamkeiten und Unterschiede festgestellt oder berücksichtigt werden.

Eignung / Eigenschaft	Aussehen	Maß-haftigkeit	Farbe	Hand-habung	Funktions-sicherheit	Fertigungs-qualität
sehr gut						
gut						
ausreichend						
ungenügend						

Bewertungstabelle für das Räucherhäuschen

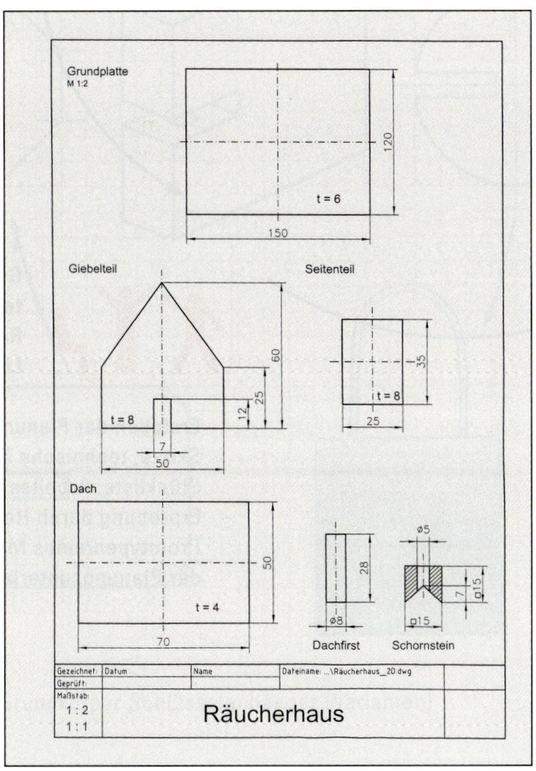

1. Bewertet das Räucherhaus entsprechend der in der Tabelle vorgegebenen Kriterien.
2. Entwerft eigene Bewertungstabellen für Produkte, die im Technikraum gefertigt werden und für industriell gefertigte Produkte.
3. Entwickelt selbstständig die Vorgehensweise bei der konstruktiven Entwicklung eines im Technikraum zu fertigenden Produktes auf der Grundlage der Schrittfolge für den technischen Problemlösungsprozess.

2.2 Die Schrittfolge beim Skizzieren und Zeichnen

Um eine technische Skizze oder Zeichnung systematisch anfertigen zu können, sollten einige Hinweise beachtet werden.

Nachdem der Platzbedarf für das darzustellende Werkstück ermittelt und die Hauptansicht (notwendige Ansichten) festgelegt wurde, erfolgt das **Vorzeichnen** mit einem harten Bleistift (schmale Volllinien). Bei symmetrischen Werkstücken wird mit der Mittellinie begonnen.

Die Grundform des Werkstückes wird so gezeichnet, dass die Körperkanten für die spätere Maßeintragung über ihr Rohmaß hinausgehen. Die Darstellung der Teilformen erfolgt wie die der Grundform. Ist eine **Korrektur** notwendig, wird ein entsprechender Radiergummi verwendet.

Das **Nachziehen** der Körperkanten erfolgt mit einem weichen Bleistift (breite Volllinien). Nachdem Krümmungen, wie Radien und Bohrungen, nachgezogen wurden, zeichnet man die waagerechten Linien von links nach rechts und die senkrechten Linien von oben nach unten nach. Erst dann folgt die **Bemaßung**. Das **Schriftfeld** wird unter Beachtung der Normschrift (siehe S. 132 f.) ausgefüllt.

Schrittfolge:
1. Vorzeichnen der Mittellinien
2. Vorzeichnen der Grundform
3. Vorzeichnen der Teilformen (Radien, Bohrungen, Fasen usw.) und evtl. Korrektur mit dem Radiergummi
4. Nachziehen der Körperkanten (Radien, Durchmesser, waagerechte und senkrechte Linien)
5. Bemaßung (Linienarten und Bemaßungsregeln beachten)

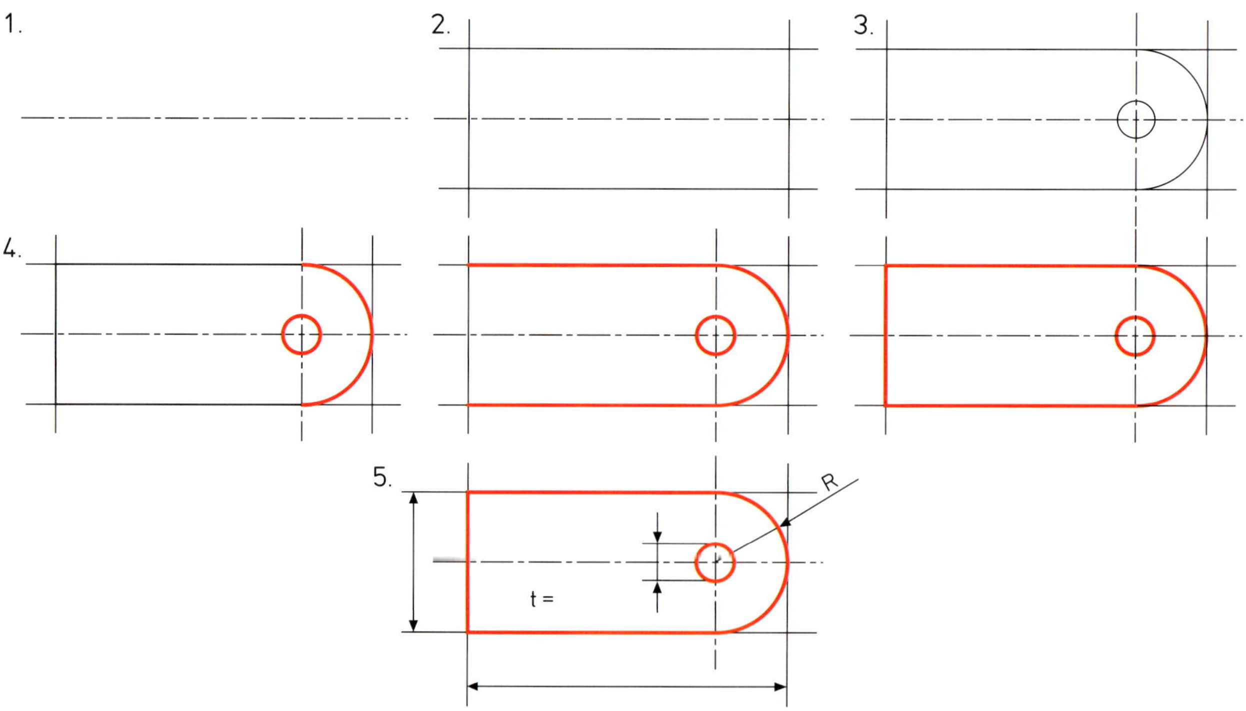

2.3 Die technische Zeichnung

Die technische Zeichnung wird angefertigt, wenn die technische Skizze fertiggestellt ist. Im Unterschied zur Skizze ist der Aufwand zur Anfertigung von technischen Zeichnungen größer. Sie werden mit Zeichengeräten und -programmen (CAD) und im entsprechenden Maßstab gezeichnet. Durch die Einhaltung der Normen ist die technische Zeichnung international verständlich. Die darin enthaltenen Informationen sind unbegrenzt anwendbar.

In Deutschland trifft das Deutsche Institut für Normung e.V. (DIN) die Entscheidung über die Einführung und Neufassung von Normen. Auf internationaler Ebene ist die ISO (Abk. für engl. International Organization for Standardization; Internationaler Normenausschuss) zuständig. Sie bemüht sich um die Angleichung der Normen in den verschiedenen Staaten.

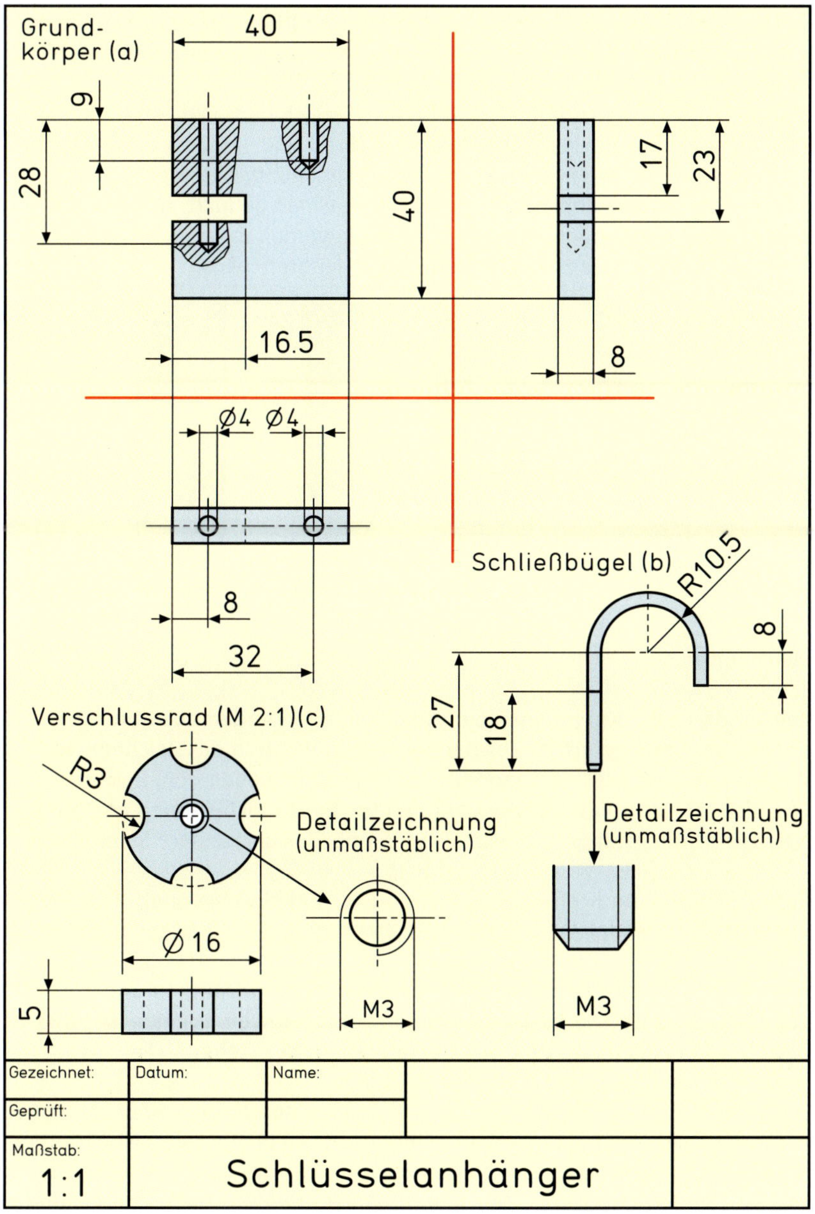

Technische Zeichnung, stark vereinfacht und ohne Fertigungstoleranzen

i

Die Normung ist die Vereinheitlichung, also die verbindliche Festlegung, von Regeln für eine sich wiederholende Aufgabe. Ziel ist eine rationale Fertigung und auch die Vermeidung von Fehlern durch einheitliche Angaben.

A

Nenne die Merkmale einer technischen Zeichnung.

i

CAD
engl.: computer-aided design;
zu deutsch: rechnerunterstütztes Konstruieren

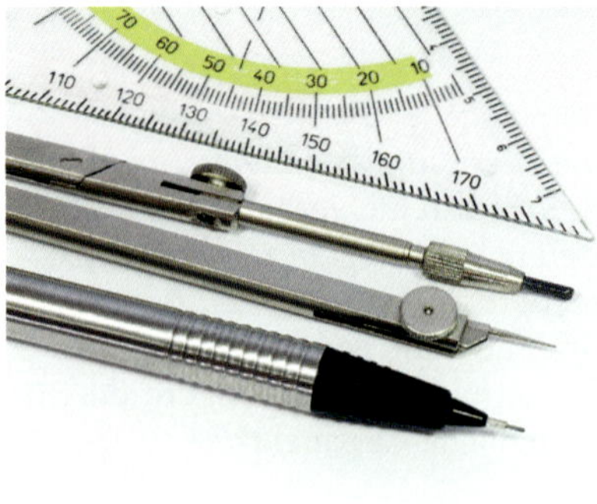

Zeichenwerkzeuge

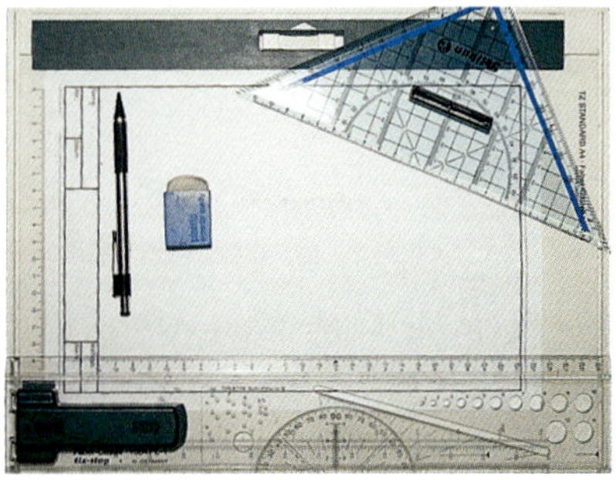

Zeichenplatte

2.4 Zeichengeräte

Zur Anfertigung von präzisen technischen Zeichnungen werden geeignete Zeichengeräte benötigt:

- Zeichenplatte mit Schiene und Winkel,
- sauberer Radiergummi, der nicht schmiert,
- Bleistifte verschiedener Härte (Feinminenstifte erleichtern das Zeichnen unterschiedlicher Linienbreiten),
- Zeichendreiecke und Winkelmesser für verschiedene Winkel,
- Zirkel mit Einstellschraube für größere Kreise,
- Radienschablonen für kleine Kreise und Rundungen,
- stabiles Lineal (30 cm).

Im Gegensatz zum früher verwendeten Reißbrett benutzt man heute Zeichenplatten aus Kunststoff, auf denen das Zeichenblatt mit Hilfe einer Klemmvorrichtung festgehalten wird. Jede Zeichenplatte ist mit einer Zeichenschiene ausgerüstet. Bei Gebrauch und Pflege der Zeichenplatte müssen ebenso wie bei allen anderen Geräten die Hinweise des Herstellers beachtet werden.
Bleistifte und Klemmstiftminen sind unterschiedlich hart. Der Härtegrad der Stifte ist durch die Buchstaben B (black), F (firm) und H (hard) gekennzeichnet. Die Härten B und H sind durch davorgesetzte Ziffern feingestuft. Für Skizzen werden gewöhnlich 3B-, B- oder HB-Minen benutzt, für Entwurfszeichnungen F-, H- oder 2H-Minen. Gespitzt werden die Minen – in Keil-, Normal- und Spatenform – mithilfe eines Schleifbrettchens.

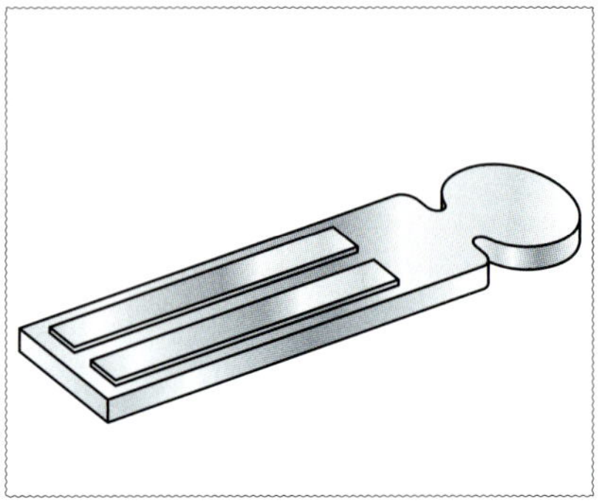

Schleifbrettchen

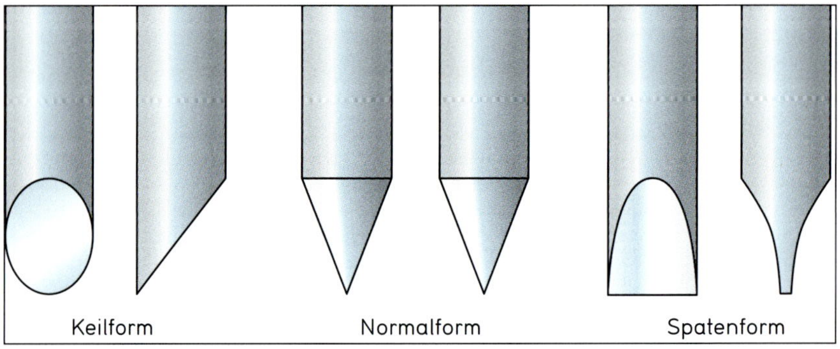

Minenformen

Bleistifte

Zeichendreiecke, Kurvenlineale und Schablonen werden aus durchsichtigem Kunststoff gefertigt. Zeichendreiecke erleichtern das Zeichnen von Winkeln mit 30°, 45°, 60° und 90°. Kurvenlineale dienen dem Zeichnen von nicht kreisförmigen, stetig gekrümmten Linien. Schablonen enthalten Normschriftbuchstaben, Schaltzeichen, Sinnbilder und andere Symbole.

Zum Zeichnen von Kreisen wird ein robuster Zirkel verwendet. Zirkelminenspitze und Nadelspitze sollten sich bei senkrecht gehaltenem Zirkel in gleicher Höhe befinden. Der Zirkel wird leicht mit der Nadel im Kreismittelpunkt angesetzt, das Drehen erfolgt zwischen Daumen und Zeigefinger am Griff. Die beiden Schenkel werden soweit abgeknickt, dass sowohl Nadel als auch Mine senkrecht zum Papier stehen.

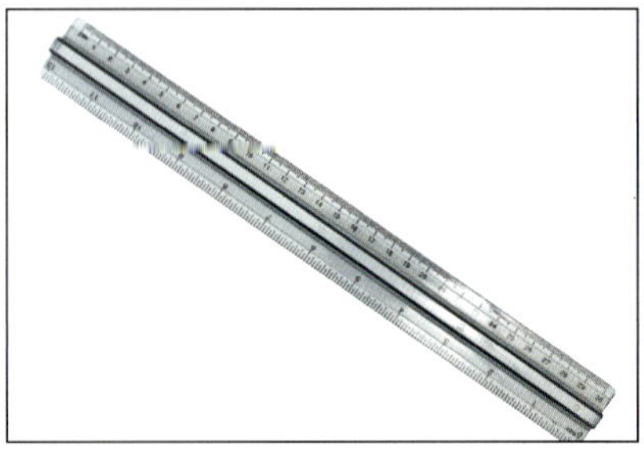

Lineal 30 cm

Gezeichnet wird auf Zeichenkarton und auf Transparentpapier, beide gibt es in unterschiedlichen Qualitäten. Einer der Qualitätsfaktoren ist die Angabe, wie viel Gramm ein Quadratmeter wiegt (für Tuschearbeit: Zeichenkarton etwa 100g/m², Transparentpapier etwa 80g/m²). Vorder- und Rückseite der Papiere können unterschiedliche Qualitäten aufweisen.

2.5 Linienarten

In einer technischen Zeichnung sind verschiedene Linienarten zu finden. Die zugehörigen Linienbreiten beziehen sich auf genormte Tuschfüller; bei Bleistiftzeichnungen sollte man nur dicke und dünne Linien unterscheiden. Hier verwendet man Druckbleistifte in den Stärken 0,3 mm, 0,5 mm und 0,7 mm. Die Linienbreiten werden zu Liniengruppen zusammengefasst.

Für großformatige Zeichnungen wird eine große Liniengruppe, für kleinformatige eine kleine Liniengruppe benutzt.

Die zeichnerische Darstellung von Werkstücken erfolgt nach DIN ISO 128 in unterschiedlichen Linienarten und -breiten. Dadurch wird gewährleistet, dass Darstellungen einheitlich und eindeutig sind, Lese- und Interpretationsfehler werden vermieden.

A

1. Führe die Darstellung der Linienarten auf einem weißen Blatt Papier durch. Verwende dazu die nötigen Zeichengeräte.
2. Stelle dar, für welchen Bereich die unterschiedlichen Stärken der Minenbleistifte verwendet werden.

Bezeichnung der Linienarten		**Anwendung und Form der Linienarten**	**Liniengruppen (in mm)**		
			0,35	**0,5**	**0,7**
Volllinie	dick (breit)	für sichtbare (unverdeckte) Körperkanten und Umrisse	0,35	0,5	0,7
	dünn (schmal)	für Maß- und Maßhilfslinien, Schraffuren, Gewindebegrenzungen, Bezugslinien und Querschnitte senkrecht zur Zeichenebene	0,18	0,25	0,35
Strichlinie		für verdeckte (nicht sichtbare) Körperkanten und verdeckte Umrisse, Gewindelinien, Fußkreise bei Zahnrädern und Schnecken	0,25	0,35	0,5
Strich-Punkt-Linie dick (breit)		zur Angabe von Schnittebenen	0,35	0,5	0,7
Strich-Punkt-Linie dünn (schmal)		für Mittellinien, zur Begrenzung unterbrochener Darstellungen, zur Umgrenzung herausgezeichneter Einzelheiten, Teilkreise bei Zahnrädern, Grenzstellungen bei Hebeln, Kolben usw.	0,18	0,25	0,35
Strich-Punkt-Punkt-Linie		Biegelinien	0,18	0,25	0,35
Freihandlinie		für Bruchlinien bei Metallen, Kunststoffen, Steinen, Holz usw. und zur Kennzeichnung von Holzquerschnitten	0,18	0,25	0,35

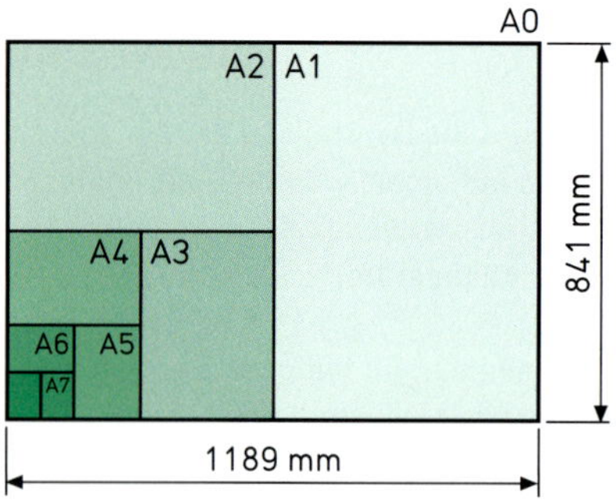

Blattgrößen nach DIN EN ISO 216

Maße in mm

Format	kurze Seite x lange Seite
DIN A0	841 x 1189
DIN A1	594 x 841
DIN A2	420 x 594
DIN A3	297 x 420
DIN A4	210 x 297
DIN A5	148 x 210
DIN A6	105 x 148

2.6 Skizzen- und Zeichenblätter

Skizzenblätter

Skizzen lassen sich schnell und problemlos auf kleinkariertem Papier anfertigen. Alle Ränder sind als breite Volllinie zu ziehen. Der Heftrand ist bei Blättern mit Rand (ca. 20 mm) vorgegeben und oft auch gelocht. Die Linien für die Schutzränder oben, rechts und unten sollten nach einem ganzen Kästchen (5 mm) gezogen werden.
Das Schriftfeld wird in Normschrift ausgefüllt. Dazu können Hilfslinien verwendet werden. Nur der eigene Name wird handschriftlich eingfügt. Ist dieser zu lang, wird der Vorname mit dem Anfangsbuchstaben abgekürzt und der Nachname ausgeschrieben.

Die Blattgröße für Papier ist in Formatreihen mit den Buchstaben DIN A, B, C usw. festgelegt. Am häufigsten wird die DIN-A-Reihe verwendet. Die Grundlage dieser Reihe bildet ein 1 m² großer Bogen mit den Maßen 841 x 1189 mm (DIN A 0), wobei die Seitenlängen im Verhältnis von 1 : $\sqrt{2}$ stehen. Durch fortgesetztes Querteilen entstehen die weiteren DIN-A-Formate.
Die Zusatzreihen DIN B usw. gelten für abhängige Papiergrößen wie z. B. Mappen, Ordner und Briefhüllen. Das Gewicht des Papiers ist ein Maß für die Papierdicke und wird in g/m² angegeben. Schreibpapiere haben etwa 70 g/m², dünne Zeichenpapiere etwa 100 g/m² und dicke Zeichenkartons 150 g/m².

Aufbau von Skizzen- und Zeichenblättern

Skizzen- und Zeichenblätter bestehen aus einem Heftrand, Schutzrändern, der Zeichenfläche und dem Schriftfeld.

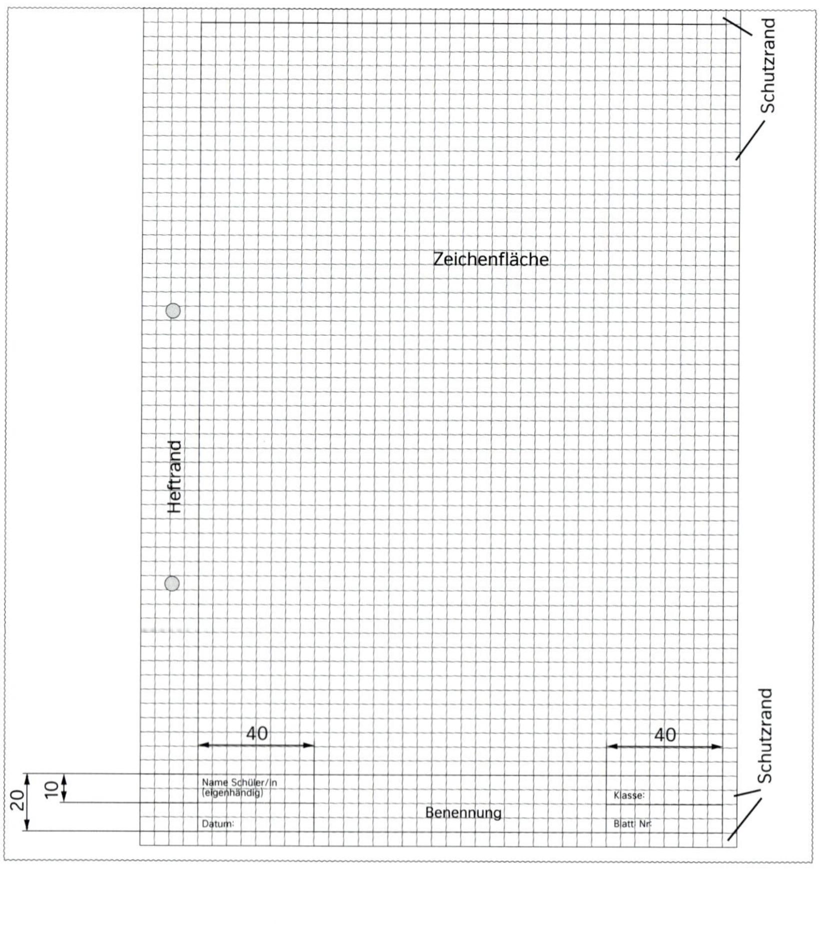

Zeichenblätter
Der Aufbau eines Zeichenblattes entspricht im Wesentlichen dem eines Skizzenblattes. Jedoch ist beim Zeichenblatt das Schriftfeld nach DIN EN ISO 7200 genormt. Es wurde nach einem Rastersystem aufgebaut, damit es maschinell beschriftet werden kann.

Ergänzt wird das Schriftfeld durch eine darüber angehängte Stückliste (bei mehrteiligen Werkstücken).

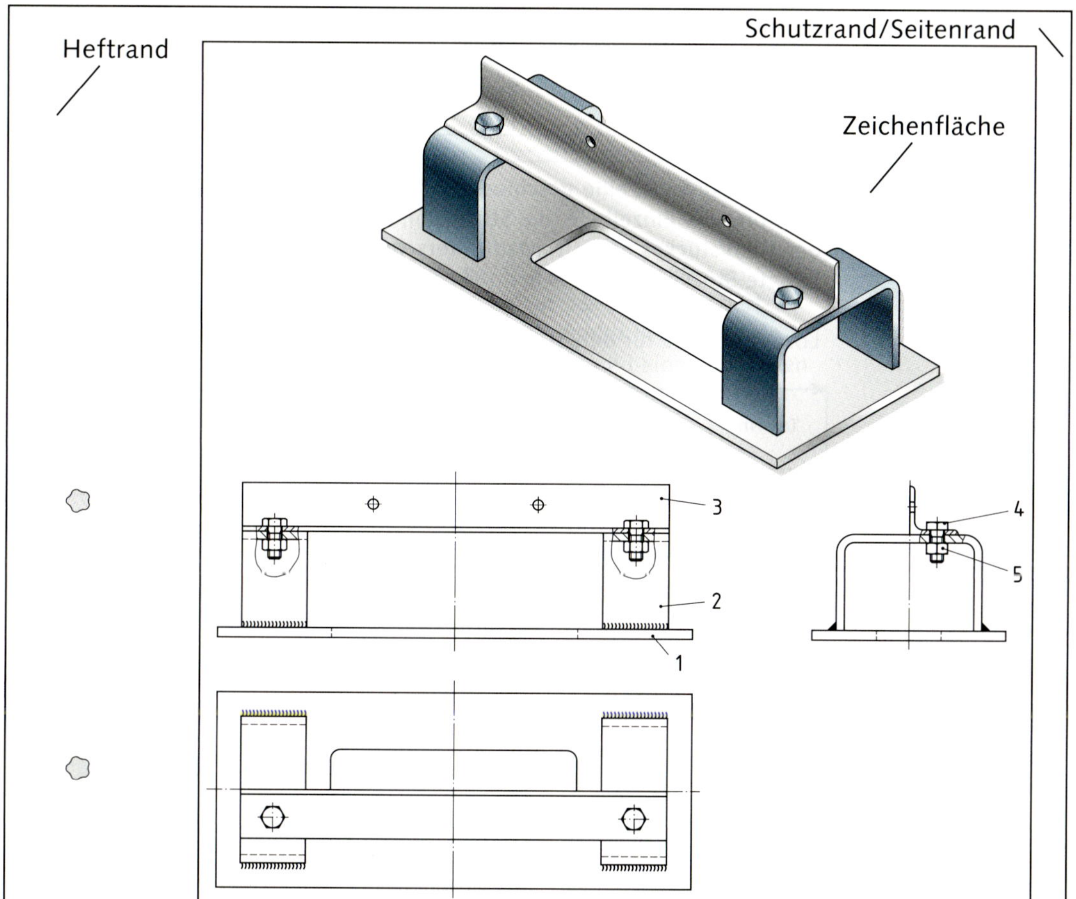

Stückliste

1 Pos.	2 Menge	3 Einheit	4 Benennung	5 Sachnummer / Norm-Kurzbezeichnung	6 Bemerkung
5	2	Stck.	Sechskantmutter	ISO 4032-M8	8
4	2	Stck.	Sechskantschraube	ISO 4017-M8x20	8.8
3	1	Stck.	Winkel	L EN 10056-1-30x30x3	Stahl EN 10025-S 235 JR
2	2	Stck.	Bügel	Fl DIN 1017 - 40x5	Stahl EN 10025-S 235 JR
1	1	Stck.	Grundplatte	Band EN 10051 - 6x125x302	Stahl EN 10025-S 235 JR

Schriftfeld

	Datum	Name	
Bearb.		G. Tiedt	Konsole
Gepr.			
Norm			
Abt.			

Zust. | Änderung | Datum | Name | Ursprung: westermann | Ersatz für: | Ersetzt durch: | Blatt | Bl.

Die Konsole ist als Ständer für ein Funktionsmodell vorgesehen.
Das Modell wird an einem Winkel mit Sechskantschrauben befestigt.

i

Die Normschrift wurde entwickelt, um die eindeutige Lesbarkeit, Einheitlichkeit, Eignung für Mikroverfilmung und sonstige Reproduktionsverfahren in einer technischen Zeichnung zu gewährleisten.

2.9 Schreiben in Normschrift

Technische Zeichnungen sind in der Regel so aussagekräftig, dass eine Beschreibung der dargestellten Gegenstände nicht erforderlich ist. Dennoch müssen zur Verdeutlichung schriftliche Hinweise in der Zeichnung erscheinen. Es ist außerdem notwendig, die Bemaßung bereits in der Zeichnung schriftlich anzugeben.

Damit die Klarheit des Schriftbildes und die Lesbarkeit – auch beim Austausch der Zeichnungen zwischen einzelnen Firmen, möglicherweise weltweit – nicht beeinträchtigt werden, hat man sich international auf die Verwendung einer bestimmten Schrift geeinigt. Einzelheiten dieser Schrift sind in den sogenannten Normblättern des Deutschen Normen-Ausschusses (DNA) festgelegt.

Sollen Zeichnungen mikroverfilmt und rückvergrößert werden, so ist die Verwendung der Schrift nach DIN 6776 (national) – gleichbedeutend mit ISO 3098 (International Organisation for Standardization) – angebracht.

A B C D E F G H I J K L M N O P Q R S T U V W X Y Z
a b c d e f g h i j k l m n o p q r s t u v w x y z
0 1 2 3 4 5 6 7 8 9 [( )] ! ? ; : = + - $ Ø ± & ,

1331WX

Vertikale Schriftform nach DIN EN ISO 3098

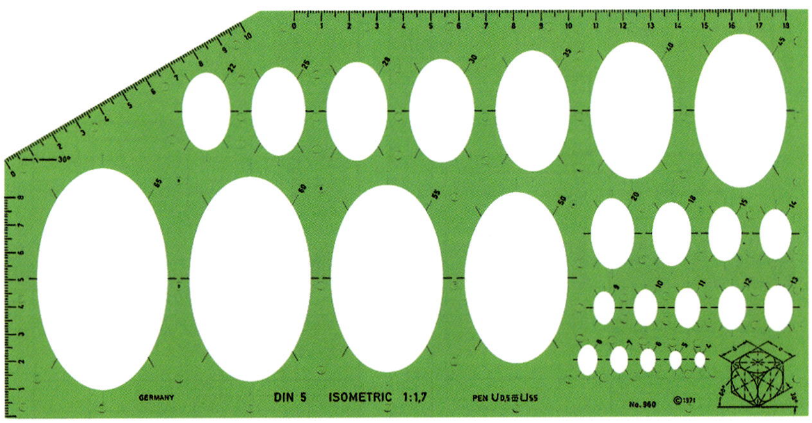

Zeichenschablone

Für die Beschriftung technischer Zeichnungen werden genormte Schablonen verwendet. Die Schriftschablonen enthalten die Größen der Schriftzeichen. Größe und Abstand der Buchstaben sowie der Abstand zwischen den einzelnen Wörtern und andere Vorgaben sind ebenfalls festgelegt.

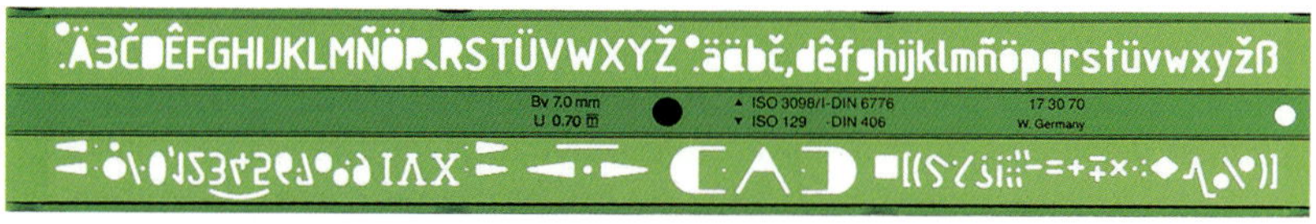

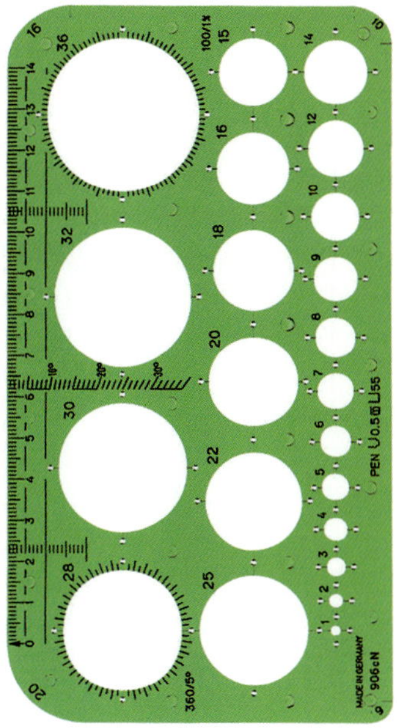

Mithilfe eines Faktors können z. B. Schriftgröße, Abstand zwischen den Schriftzeichen und der Abstand zwischen den Wörtern berechnet werden.

		Verhältnis	Maße in mm				
Höhe der Großbuchstaben	h	1 x h	2,5	3,5	5,0	7,0	10
Höhe der Kleinbuchstaben	c	0,7 x h	—	2,5	3,5	5,0	7
Abstand zwischen den Schriftzeichen	a	0,2 x h	0,5	0,7	1,0	1,4	2
Abstand zwischen den Wörtern	e	0,6 x h	1,5	2,1	3,0	4,2	6
Abstand zwischen den Grundlinien	b	1,6 x h	4,0	5,6	8,0	11,2	16
		1,4 x h	3,5	5,0	7,0	10,0	14

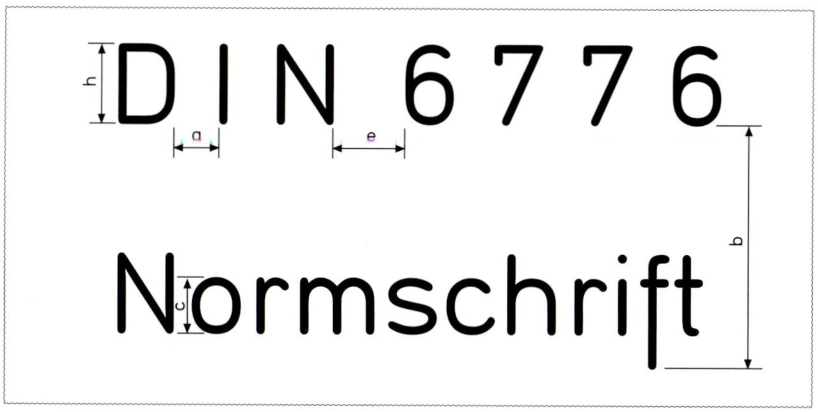

Die Schriftform DIN 6776 wurde im Jahr 2000 in die Normbezeichnung DIN EN ISO 3098 überführt

Der Einsatz von Schriftschablonen garantiert bei sachgemäßer Anwendung ein normgerechtes Schriftbild.

Durch die Verwendung von Hilfslinien und entsprechender Schriftübungen kann auch ohne Schablonen ein ansprechendes Schriftbild erreicht werden. Dabei muss aber die Reihenfolge der Linien zum Schreiben der Buchstaben beachtet werden.

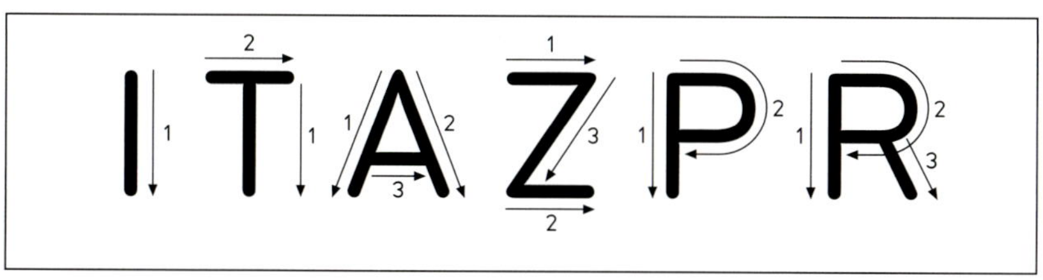

Schreibe einen kurzen Text in Normschrift. Verwende dazu Hilfslinien.

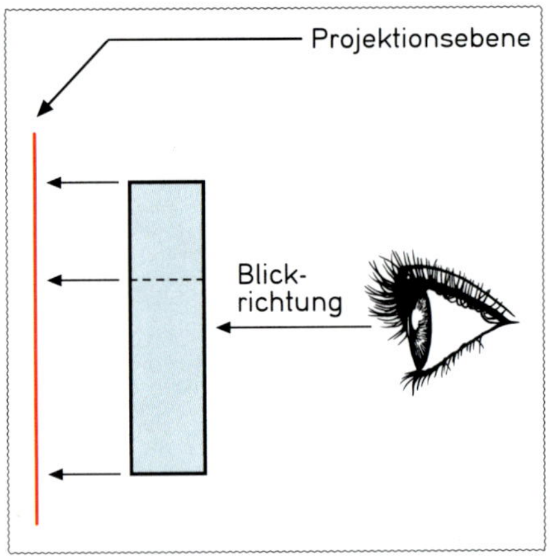

2.10 Projektionen

Für die Darstellung wesentlicher Bestandteile komplexer Werkstücke können verschiedene Projektionsmethoden angewendet werden. Beim Projizieren werden Punkte, Linien und Flächen eines Gegenstandes nach geometrischen Regeln auf verschiedene Ebenen (Projektionsebenen) übertragen. Ziel ist es, alle Formen und Größenverhältnisse eines Körpers mit wenig Aufwand sichtbar zu machen.

Da keine Methode diese Anforderungen gleichzeitig erfüllt, werden verschiedene Projektionsmethoden angewendet. Für das technische Zeichnen in der Schule werden die Projektionen nach DIN 5 (Axonometrische Projektionen) und DIN 6 (Rechtwinklige Parallelprojektion, Projektionsmethode 1) angewendet.

Projektionsmethode 1 nach DIN 6

Eine Zeichnung, nach der ein Gegenstand hergestellt werden soll, muss alle Informationen über Form und Maße enthalten. Darum werden komplizierte Werkstücke in mehreren Ansichten dargestellt.
Die unterschiedlichen Ansichten entstehen, indem man aus unterschiedlichen Richtungen jeweils rechtwinklig auf die Fläche eines Werkstückes blickt und die Projektionsebenen umklappt. Jede Ansicht zeigt dabei einen anderen Umriss (Abb. unten). Es sind maximal sechs Ansichten möglich. Grundsätzlich werden nur so viele Ansichten eines Werkstückes gezeichnet, wie für eine eindeutige Darstellung und Bemaßung erforderlich sind. In der Regel genügen bei den meisten Werkstücken zwei oder drei Ansichten.

i

Symbol der Projektionsmethode 1

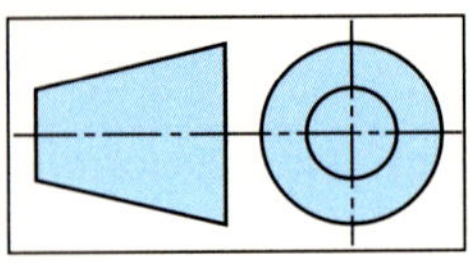

Wichtig ist das Festlegen der Hauptansicht (Vorderansicht). Sie sollte wesentliche Bestandteile des darzustellenden Werkstückes zeigen.
Diese Anordnung der Ansichten wird auch als die Projektionsmethode 1 bezeichnet. Die Projektionsmethode wird durch das Symbol eines Kegelstumpfes gekennzeichnet. Es steht entweder im Schriftfeld oder in dessen Nähe.

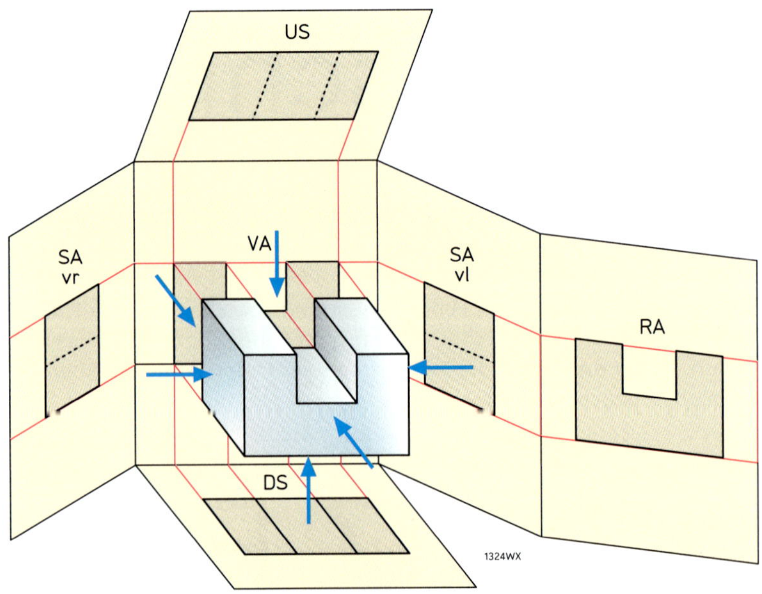

Entstehung der Ansichten

Auf einer Zeichnung sind die Ansichten eines Werkstückes nach einer bestimmten Systematik zueinander angeordnet.

- Von der **Vorderansicht (VA)** werden alle anderen Ansichten abgeleitet (Hauptansicht)
- Die **Seitenansicht von links (SA vl)** liegt rechts neben der Vorderansicht. Die Ansichten liegen auf gleicher Höhe.
- Die **Seitenansicht von rechts (SA vr)** liegt links neben der Vorderansicht.
- Die **Draufsicht (DS)** liegt senkrecht unter der Vorderansicht.
- Die **Unteransicht (US)** liegt oberhalb der Vorderansicht.
- Die **Rückansicht (RA)** liegt links oder rechts neben der Seitenansicht.

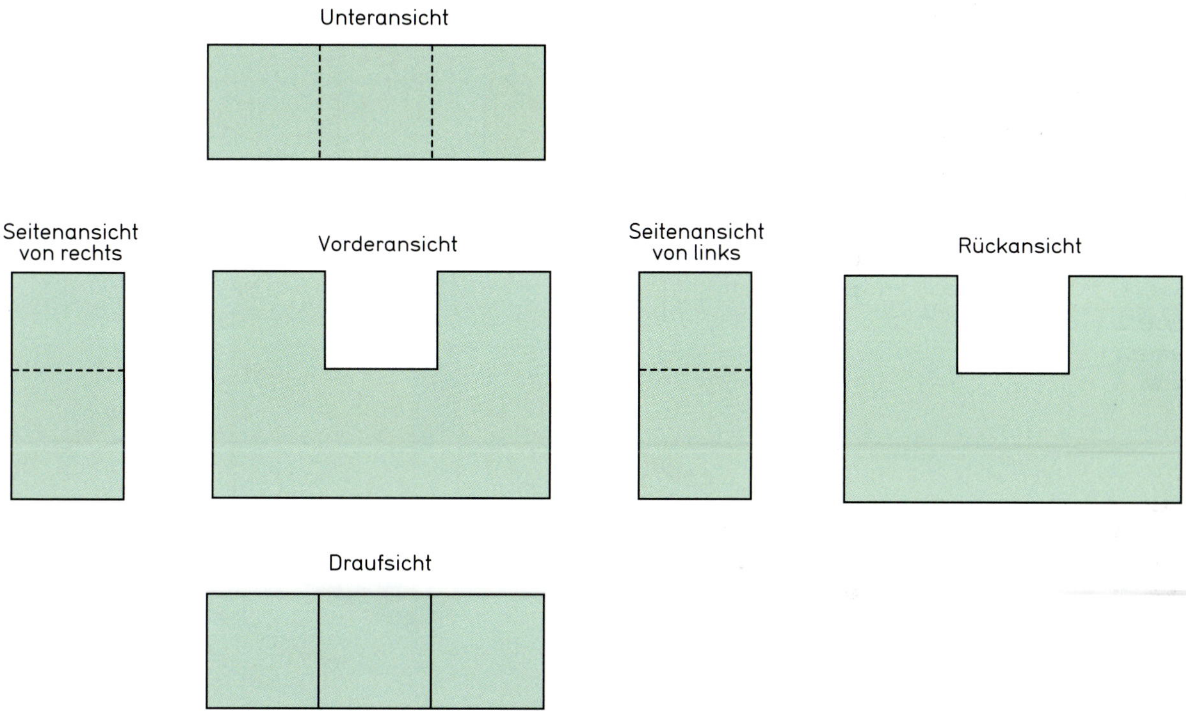

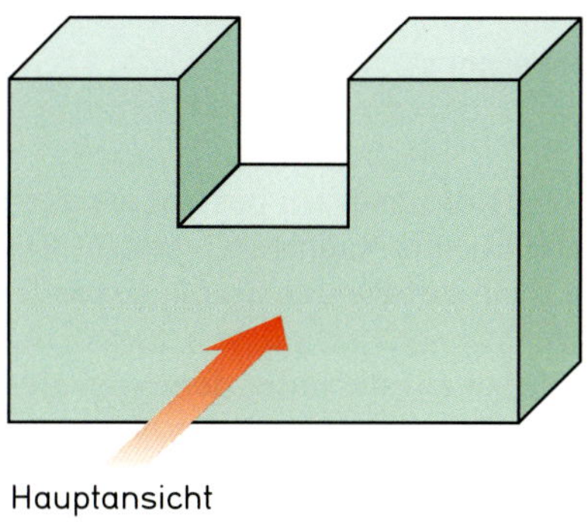

Schlüsselanhänger

Dreitafelprojektion

Die bei der Anfertigung von Zeichnungen am häufigsten verwendeten Ansichten sind die Vorderansicht, die Seitenansicht von links und die Draufsicht. Als Vorderansicht wird dabei die Ansicht gewählt, die wesentliche Formen des Werkstückes zeigt. Diese Darstellung nennt man Dreitafelprojektion. Damit lassen sich Werkstücke eindeutig darstellen.

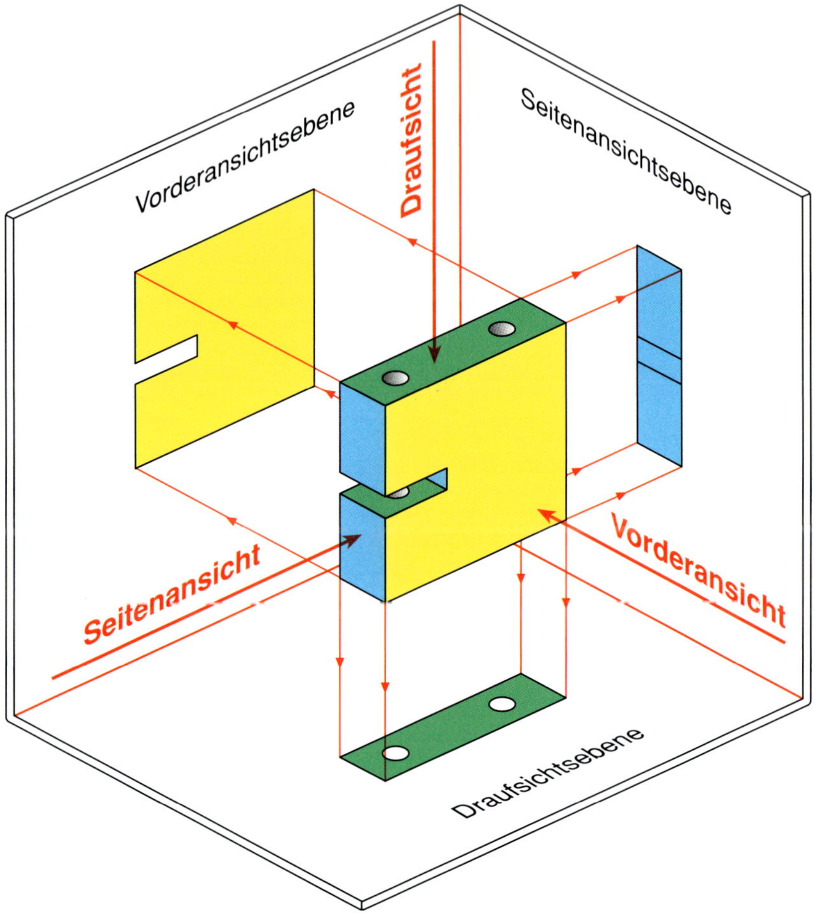

Grundkörper Schlüsselanhänger

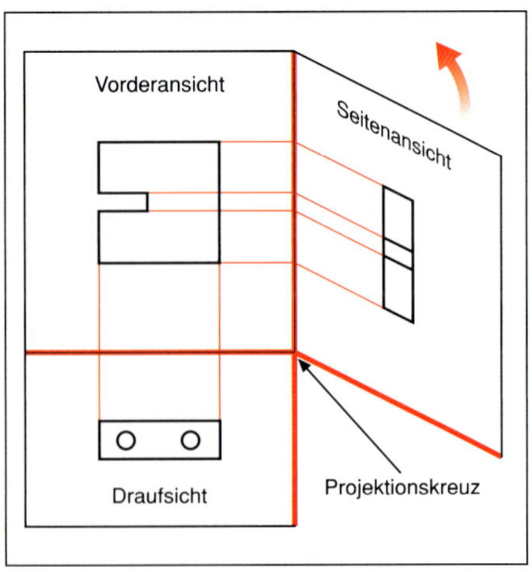

Dreitafelprojektion „Klappkanten"

Die Dreitafelprojektion versteht man am besten, wenn man sich den zu zeichnenden Gegenstand in einer Raumecke vorstellt (siehe Abb. oben). Die Vorderansicht wird dann auf die dahinter liegende Fläche projiziert.

Die Draufsicht projiziert man auf die unter dem Werkstück liegende Fläche, die Seitenansicht auf die rechte Fläche.

Wenn das Werkstück aus der Raumecke herausgenommen wird und wenn dann die Flächen auseinandergeklappt werden, entsteht eine Anordnung der drei Ansichten, wie sie auf einer technischen Zeichnung aussehen soll (siehe Abb. links).

Die Klappkanten bilden das Projektionskreuz, das die Verteilung der Ansichten auf der Zeichnung bestimmt.

Schrittfolge für das Zeichnen in der Dreitafelprojektion
Wurde die Vorderansicht (Hauptansicht) des zu zeichnenden Werkstückes bestimmt, kann man in wenigen Schritten die Ansicht von links und die Draufsicht konstruieren. Dazu gibt es mehrere Möglichkeiten.

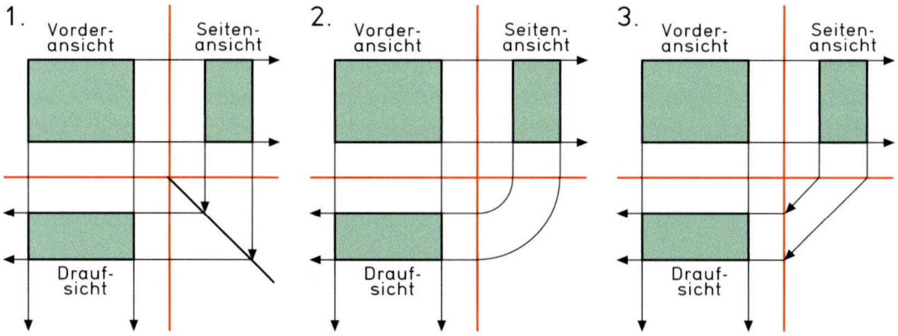

Für den Schulgebrauch hat sich folgende Schrittfolge bewährt:
Das Projektionskreuz und die Projektionsachse (Winkel von 45°) werden so eingezeichnet, dass die Zeichnung ungefähr in der Blattmitte entsteht (Vorzeichnen mit hartem Bleistift). Die Grundform der Vorderansicht wird maßstabsgerecht übertragen. Anschließend wird die Grundform der beiden anderen Ansichten konstruiert, indem die Körperkanten der Grundform der Vorderansicht bis in die Projektionsebenen der Seitenansicht und der Draufsicht verlängert werden.
Es muss beachtet werden, dass der Abstand der Körperkanten zum Projektionskreuz in jeder Ansicht gleich groß ist. Ist die Tiefe in der Seitenansicht eingezeichnet, kann die Grundform der Draufsicht konstruiert werden. Erst, wenn alle Teilformen in die Ansichten gezeichnet wurden, können die sichtbaren Körperkanten mit einem weichen Bleistift nachgezogen werden.

A

Zeichne den Grundkörper des Schlüsselanhängers maßstabsgerecht in der Dreitafelprojektion. Verwende die Abbildung auf S. 125.
Hinweis: Die Bohrungen werden als nicht sichtbare Körperkanten dargestellt.

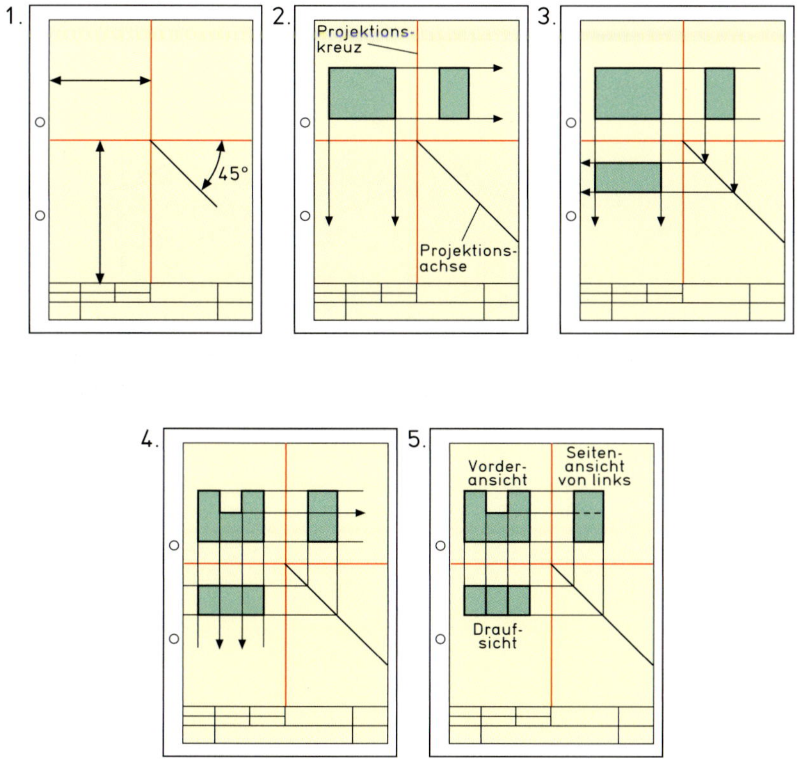

Perspektive ist abgeleitet vom lateinischen perspicere = erkennen, wahrnehmen, durchschauen

Axonometrische Projektionen werden auch Parallelprojektionen genannt, weil die Kanten, die in der Wirklichkeit parallel verlaufen, auch in dieser Darstellung parallel bleiben. Es werden so die Funktion und die Form eines Werkstückes besser verdeutlicht.

Axonometrische Projektionen

Bei axonometrischen Projektionen werden Körper aus verschiedenen Perspektiven betrachtet.

Da nur die Vorderansicht die Gestalt eines Körpers oft nicht eindeutig erkennen lässt, ist eine perspektivische Darstellung notwendig. Die Perspektive vermittelt eine klare Vorstellung vom abgebildeten Gegenstand, indem sie uns mehrere Seiten eines Körpers in einem Bild zeigt. Der Betrachter blickt dabei aus unterschiedlichen Winkeln auf den Gegenstand.

Nach DIN werden folgende axonometrische Projektionen unterschieden:

Axonometrische Projektionen

rechtwinklige
- Isometrische Projektion
- Dimetrische Projektion

schiefwinklige
- Planometrische Projektion
- Kabinett-Projektion
- Kavalier-Projektion

Bei der rechtwinkligen axonometrischen Projektion blickt der Betrachter senkrecht auf die Bildebene (Projektionsebene), während keine Körperkante des Gegenstandes parallel zu dieser Ebene verläuft.

Bei der schiefwinkligen axonometrischen Projektion blickt der Betrachter schräg auf den Körper und die Bildebene (Projektionsebene), während der Gegenstand mit xz- oder der yz-Ebene parallel zu dieser Ebene liegt.

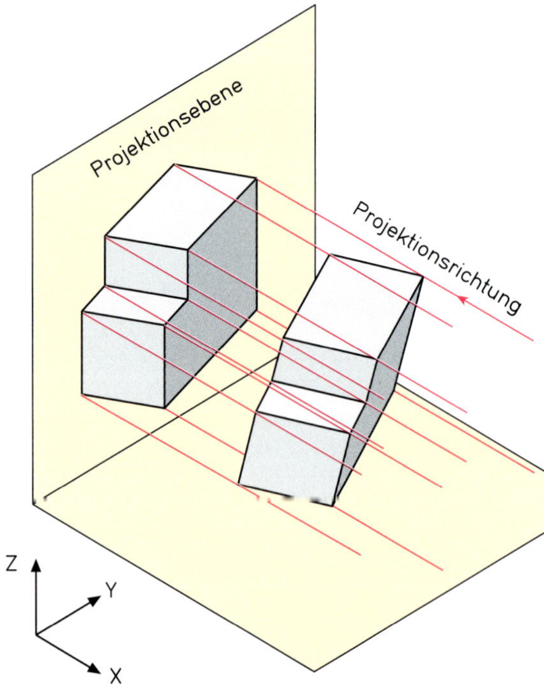

Rechtwinklige axonometrische Projektion

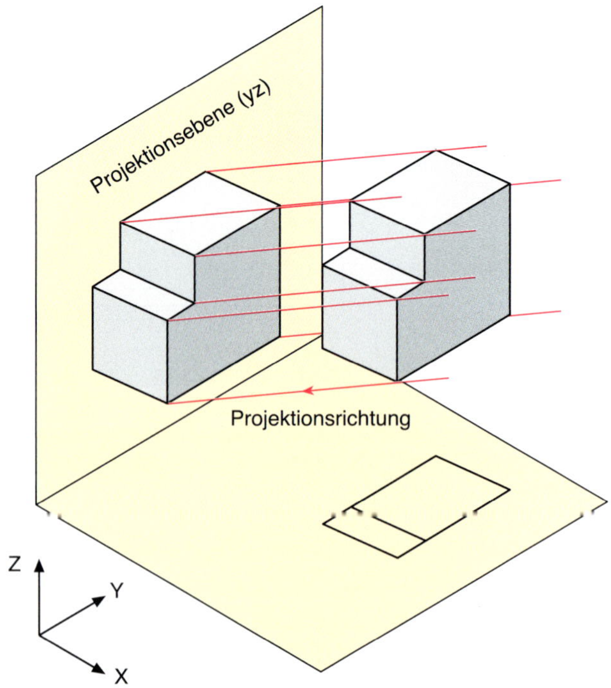

Schiefwinklige axonometrische Projektion

Kabinett-Projektion

Die Kabinett-Projektion ist eine schiefwinklige axonometrische Projektion. Dabei blickt der Betrachter schräg auf die Projektionsebene, wobei der Körper mit der Hauptansicht parallel zu dieser Ebene liegt. Vorder- und Rückflächen bleiben unverzerrt und werden maßstäblich gezeichnet. Seiten-, Deck- und Bodenflächen erscheinen verzerrt und werden um die Hälfte verkürzt in einem Winkel von 45° dargestellt.

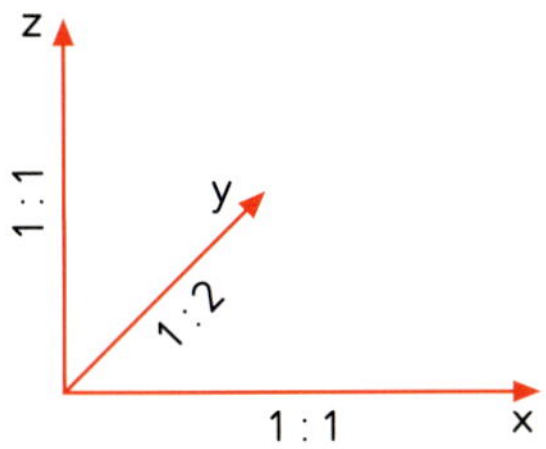

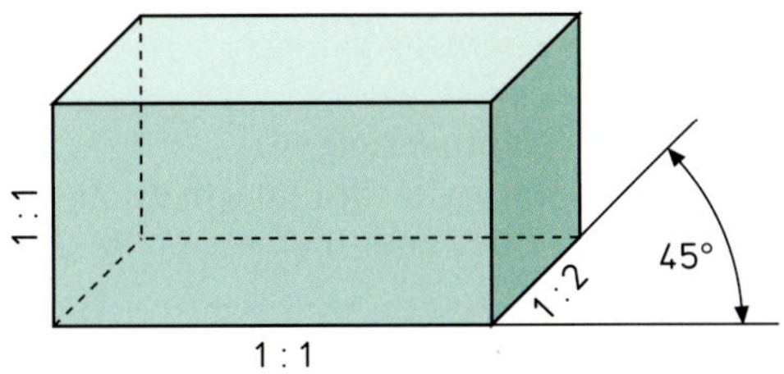

Bei der Konstruktion der Kabinett-Projektion sollte systematisch vorgegangen werden.

Die Vorderfläche wird gezeichnet.

Die Tiefenlinien werden in einem Winkel von 45° angetragen.

Die Grundform wird vervollständigt (Seiten-, Deck- und Bodenfläche).

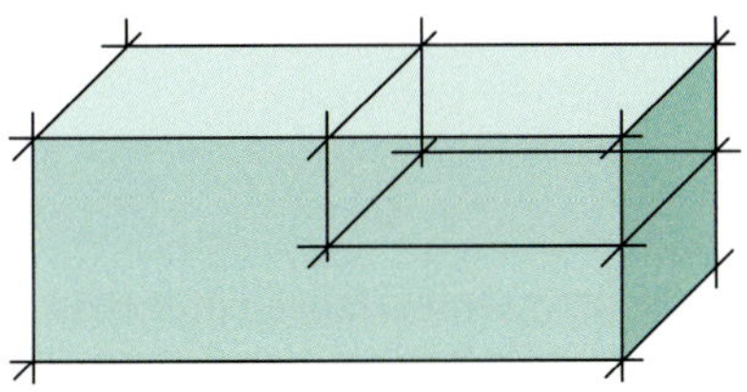

Die Teilform wird „abgetragen".

Sichtbare Körperkanten werden „nachgezogen".

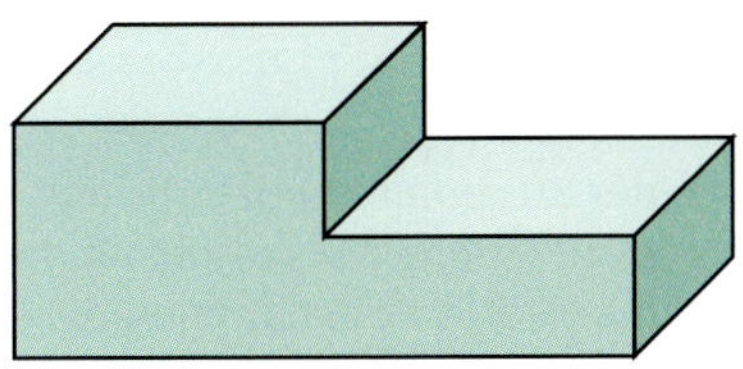

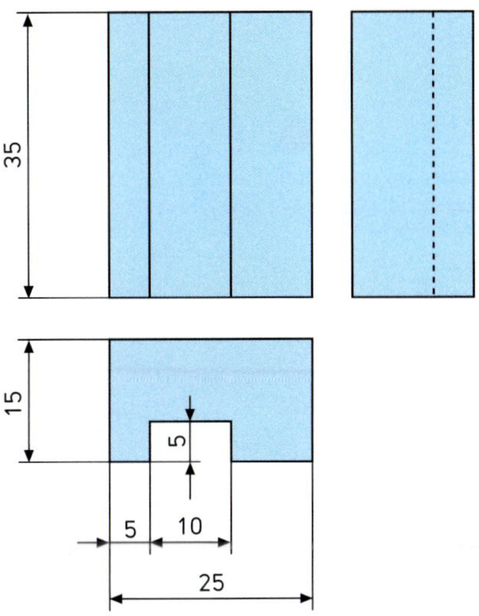

Werkstück mit ausmittiger Nut

A

1. Nenne die Merkmale der Kabinettprojektion.

2. Zeichne das Werkstück mit ausmittiger Nut in der Kabinett-Projektion. Wähle einen geeigneten Maßstab.

2.11 Lesen technischer Zeichnungen

Grund- und Teilformen

Beim Lesen technischer Zeichnungen ist es wichtig, die Formen zu erkennen und mit Fachausdrücken zu benennen. Die meisten Formen lassen sich mit Begriffen aus der Geometrie, z.B. Rechteck, Quadrat, Zylinder, beschreiben. Es werden Grund- und Teilformen unterschieden. Die Grundform beschreibt die Ausgangsform (Umrisse), die Teilform einen genau zu bezeichnenden Teil (Veränderung) des Werkstückes. Die Angabe der Lage der Teilform beim Zeichnungslesen ist zum besseren Verständnis ebenfalls hilfreich.

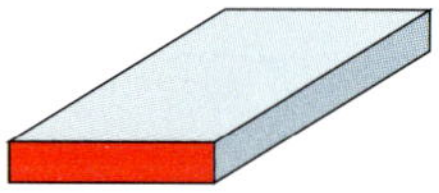
rechteckige Grundfläche, z. B. Brett

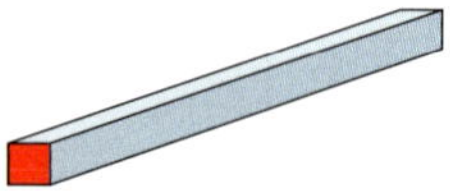
quadratische Grundfläche, z. B. Leiste

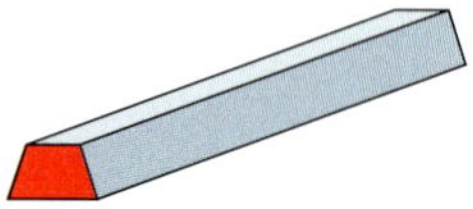
trapezförmige Grundfläche, z. B. Schiene

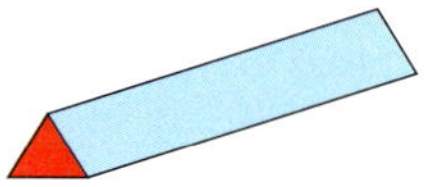
dreieckige Grundfläche, z. B. Keil

Andere Formen:

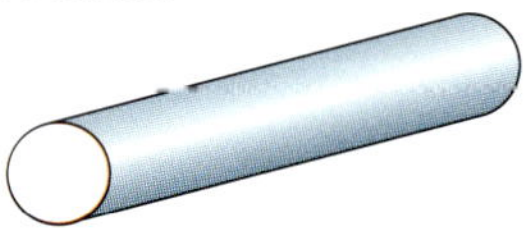
Zylinder, z. B. Achse, Welle

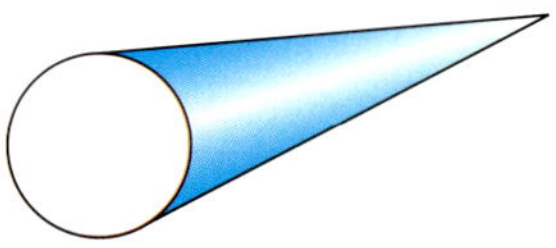
Kegel, z. B. Dorn

Teilformen (Veränderungen)

Die Veränderung der Grundform erfolgt durch das „Abtragen" oder „Ansetzen" eines oder mehrerer Teile (Teilform).

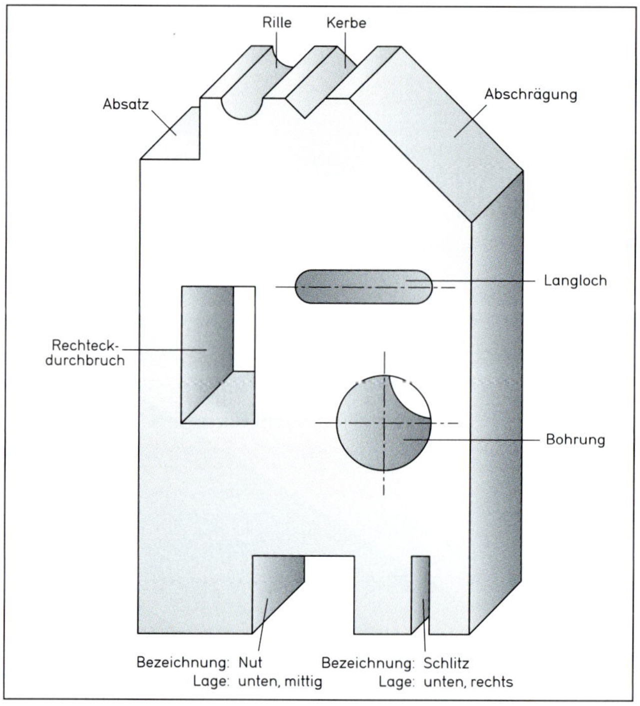

Abtragen von Teilen

A

Skizziere in eine rechteckige Grundform die Teilformen: Absatz, Rechteckdurchbruch und Nut. Lege selbst fest, wo die Teilformen liegen. Beschreibe deren Lage.

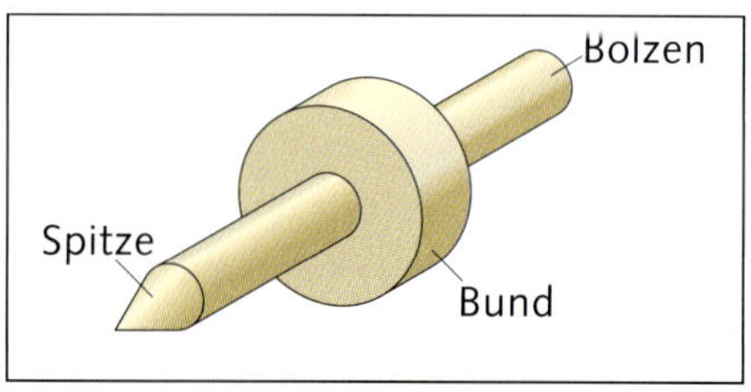

Ansetzen mehrerer Teile

Zeichnungsarten

Im technischen Zeichnen häufig verwendete Zeichnungsarten sind:
- Einzelteilzeichnungen,
- Zusammenbauzeichnungen,
- Explosionszeichnungen.

Einzelteilzeichnung

Die Darstellung der Form des Gegenstandes bzw. eines Teiles einer Baugruppe erfolgt in einer Einzelteilzeichnung. Kann die Form des Gegenstandes nicht eindeutig bestimmt werden, sind mehrere Ansichten nötig. Das Einzelteil muss vollständig bemaßt sein.

Zusammenbauzeichnung

In einer Zusammenbauzeichnung wird ein mehrteiliger Gegenstand mit seinen funktionell zusammenwirkenden Einzelteilen dargestellt. Jedes Teil erhält eine Positionsnummer, die sich in einer an das Schriftfeld angehängten Stückliste wiederfindet.

Explosionszeichnung
Für Wartungsarbeiten und Reparaturen, bei Montage- oder Bastelanleitungen bzw. Aufbauanleitungen für Möbel werden oft Explosionszeichnungen verwendet. Die dargestellten komplexen, mehrteiligen Gegenstände „fliegen" wie bei einer Explosion auseinander. Man kann alle Einzelteile und die Funktionsweise des Gegenstandes erkennen. Die Teile werden häufig perspektivisch dargestellt.

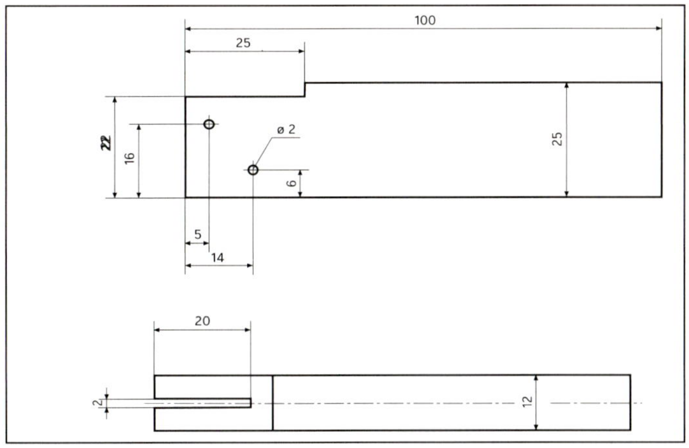

Einzelteilzeichnung (Ausschnitt)

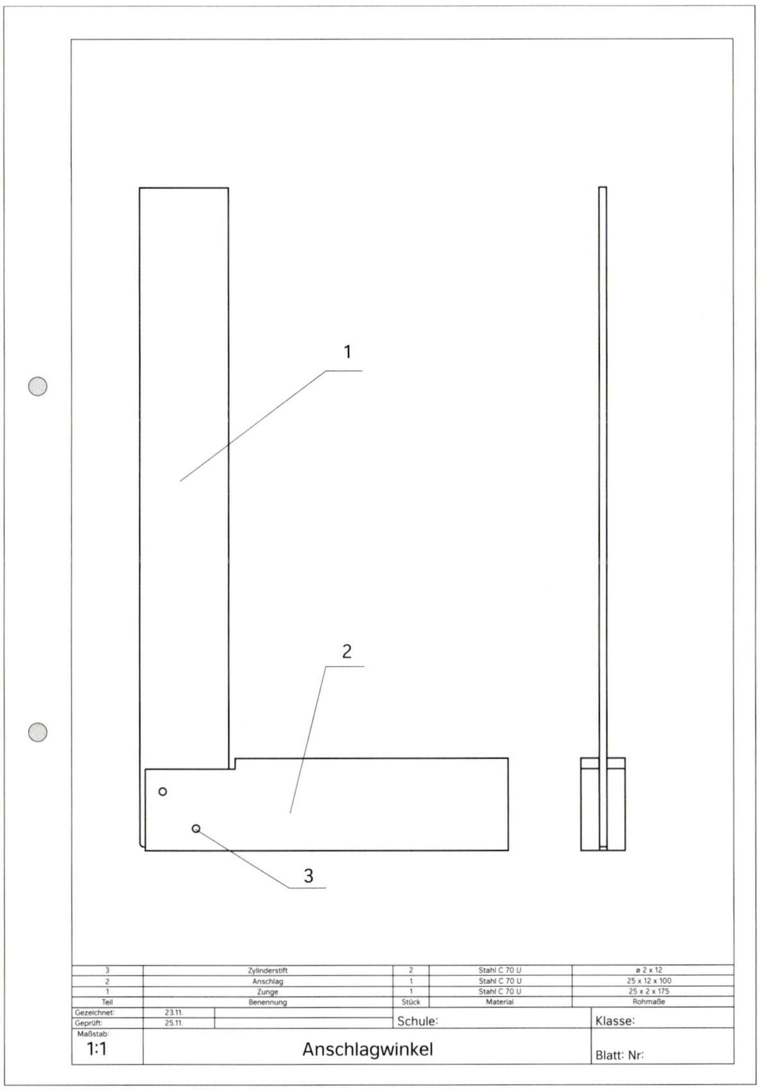

Zusammenbauzeichnung

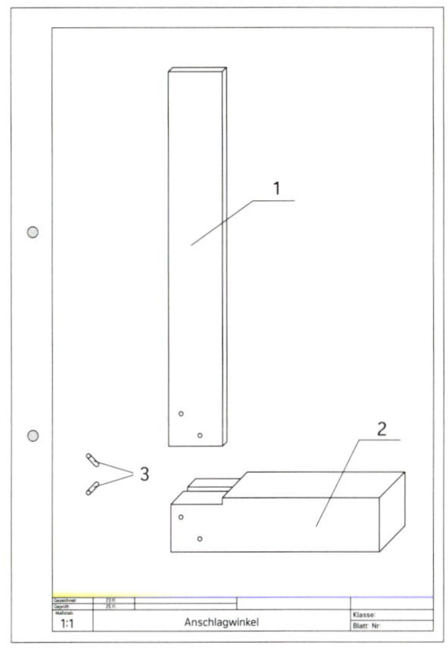

Explosionszeichnung

C = Stahl mit besonderer Kaltumformbarkeit
70 = Stahl enthält 0,70 % Kohlenstoff
U = Stahl für Werkzeuge

Schriftfeld und Stückliste für Zusammenbau- und Explosionszeichnung

3	Zylinderstift	2	Stahl C 70 U	ø 2 x 12
2	Anschlag	1	Stahl C 70 U	25 x 12 x 100
1	Zunge	1	Stahl C 70 U	25 x 2 x 175
Teil	Benennung	Stück	Material	Rohmaße
Gezeichnet:	23.11.	Schule:		Klasse:
Geprüft:	25.11.			
Maßstab: 1:1	Anschlagwinkel			Blatt: Nr:

2.13 Maßstabgerechtes Zeichnen

Viele Werkstücke sind so klein, dass eine Zeichnung in Originalgröße nur schwer zu zeichnen und zu lesen wäre. Darum werden kleine Werkstücke vergrößert dargestellt. Wird ein Werkstück in Originalgröße abgebildet, so hat die Zeichnung den Maßstab 1 : 1 (M 1 : 1).

Vergrößerungsmaßstäbe, die im Unterricht angewendet werden:

M 2 : 1: Die Zeichnung stellt die Abmessungen des Werkstücks in doppelter Größe dar.

M 5 : 1: Die Zeichnung stellt die Abmessungen des Werkstücks in fünffacher Größe dar.

M 10 : 1: Die Zeichnung stellt die Abmessungen des Werkstücks in zehnfacher Größe dar.

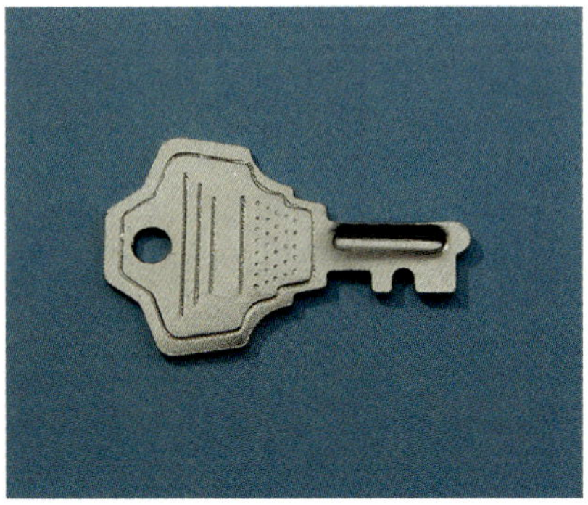

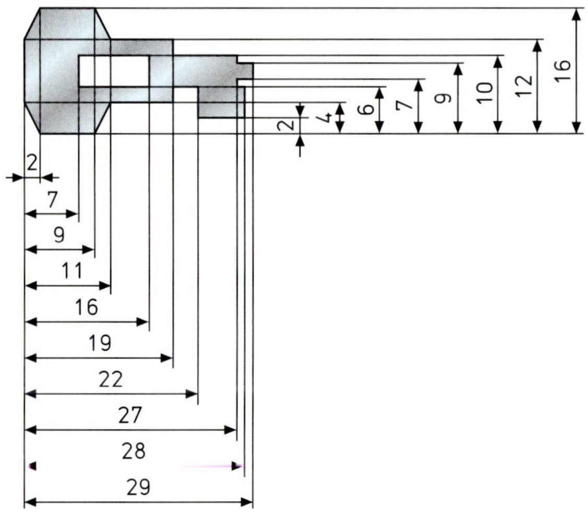

Schlüssel M 1 : 1

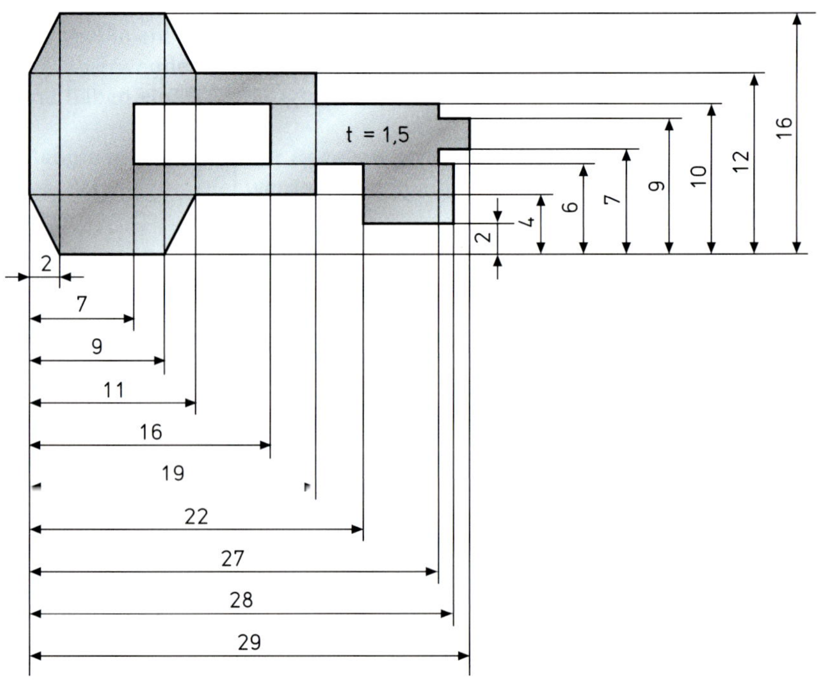

Schlüssel M 2 : 1

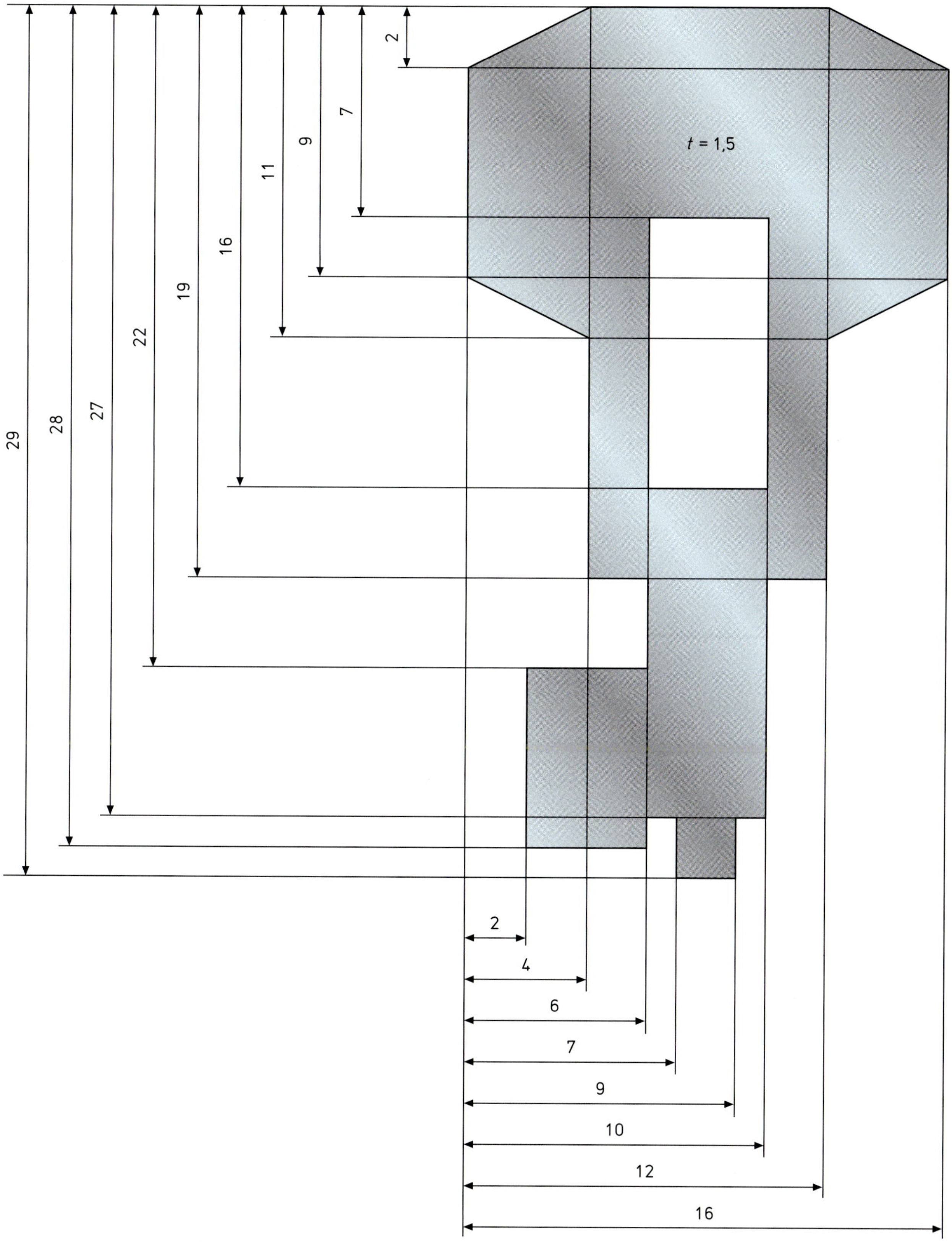

Der Schlüssel im Maßstab 5 : 1

Große Werkstücke müssen verkleinert dargestellt werden. Dies ermöglicht eine übersichtliche Darstellung sehr großer Teile. Angewendet wird die Verkleinerung vor allem in der Möbelindustrie, im Maschinenbau, bei Landkarten und Bauplänen.

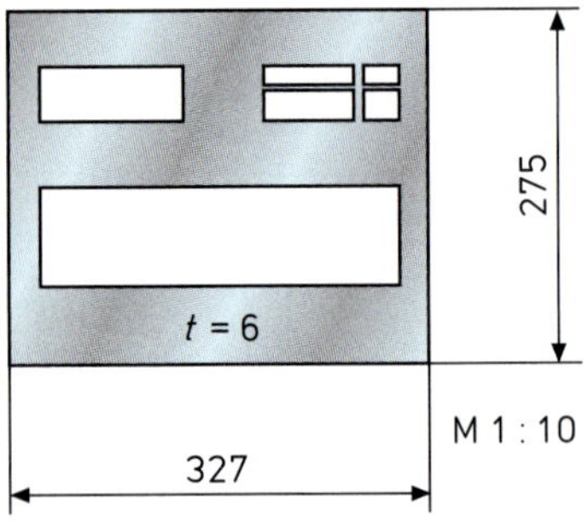

Die Verkleidung von oben im Maßstab 1 : 10. Hier sind nur die Grundmaße angegeben.

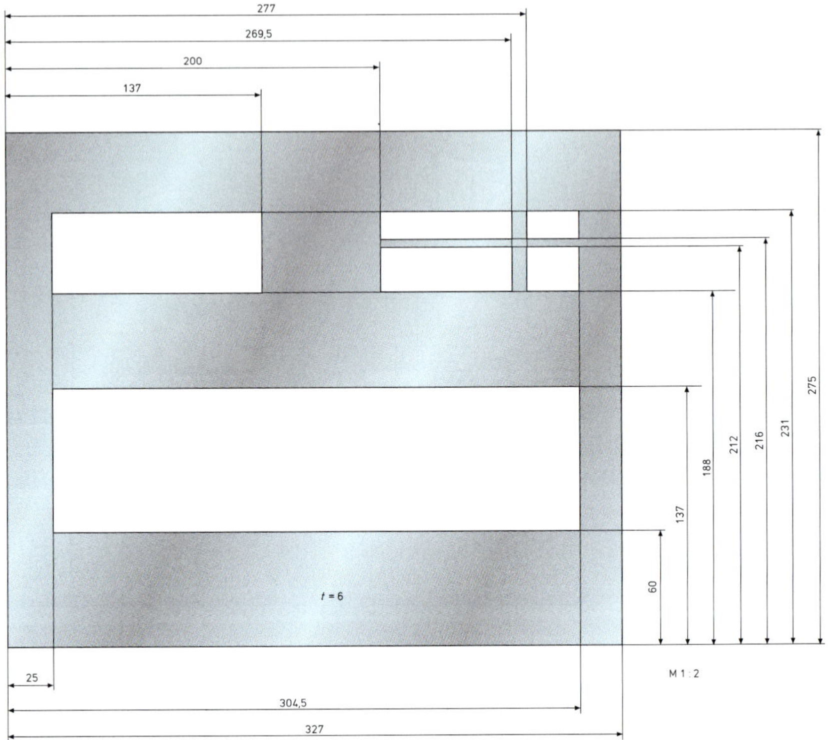

Verkleidung aus Aluminium, eloxiert

Zusammenfassung:

- Manche Gegenstände müssen kleiner oder größer dargestellt werden, da dies in ihrer natürlichen Größe nicht möglich ist.
- Kleinere Werkstücke werden vergrößert dargestellt. Wir verwenden die Maßstäbe M 2 : 1, M 5 : 1, M 10 : 1.
- Große Werkstücke werden verkleinert dargestellt. Wir verwenden die Maßstäbe M 1 : 2, M 1 : 5, M 1 : 10.
  - In der Zeichnung werden die wirklichen Abmessungen eingetragen.
  - Die Maßzahl gibt die Abmessung in Millimetern an, die Benennung entfällt.
  - Der Maßstab muss auf jeder Werkzeichnung vermerkt sein.

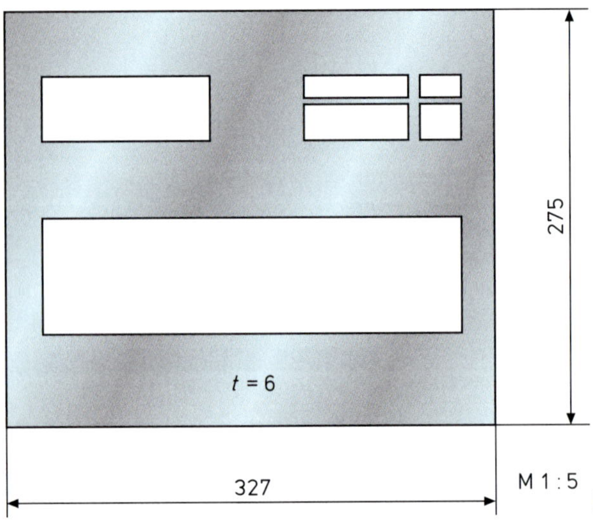

Die Verkleidung im Maßstab 1:5

1. Zeichne das Werkstück im M 2 : 1. Das Führungsblech soll aus 2 mm dickem Stahlblech gestanzt werden.

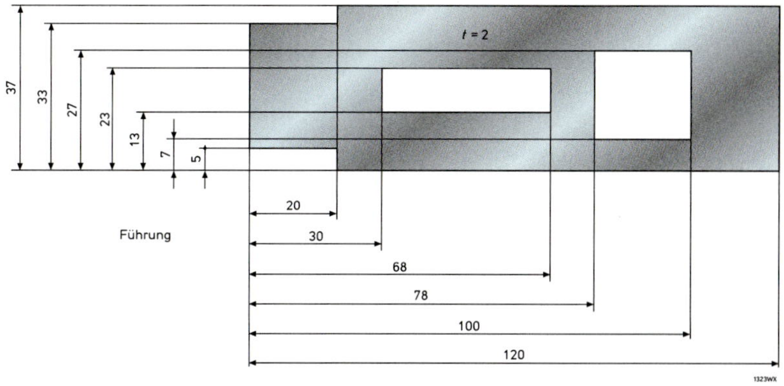

2. Zeichne die Schiene im Maßstab 1 : 1 in der Kabinettprojektion.

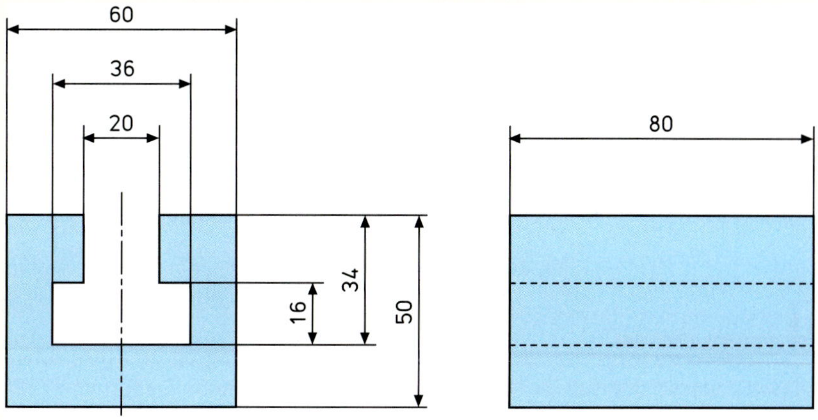

3. Zeichne das Werkstück im Maßstab 1 : 2 in der Dreitafelprojektion.

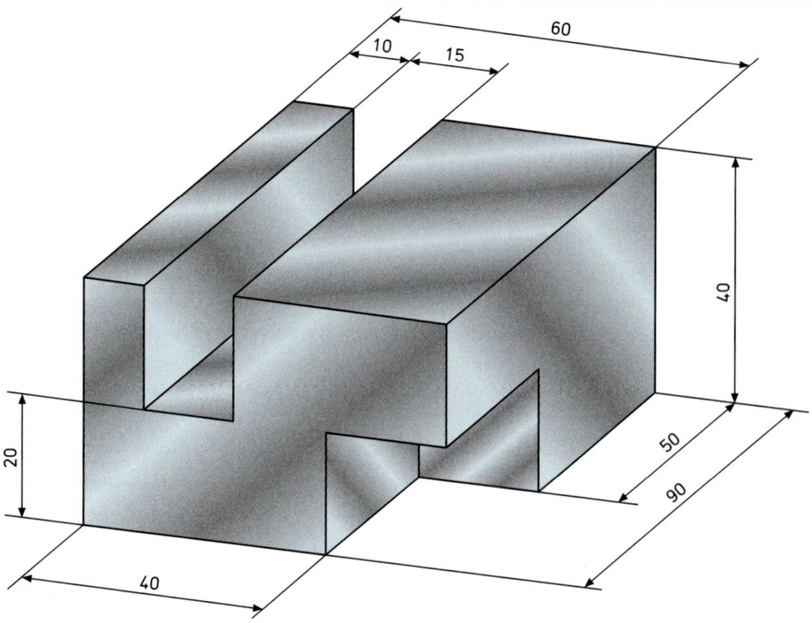

3 Praktische Herstellung eines Produktes – Fertigungsverfahren

Die Methode der Bearbeitung von Material mithilfe von Werkzeugen und Maschinen nennt man Fertigungsverfahren. Dabei wird die Form, Größe oder Eigenschaft des Ausgangsmaterials so verändert, dass ein Werkstück mit veränderter Form und bestimmten Stoffeigenschaften entsteht.

Fertigungsverfahren nach DIN 8580 sollen für einen bestimmten Stoff Zusammenhalt ...				
... schaffen	... beibehalten	... vermindern	... vermehren	
Form ändern				
1. Hauptgruppe Urformen	**2. Hauptgruppe Umformen**	**3. Hauptgruppe Trennen**	**4. Hauptgruppe Fügen**	**5. Hauptgruppe Beschichten**
Fertigen eines festen Körpers aus formlosem Stoff.	Fertigen durch bildsames (plastisches) Ändern der Form eines festen Körpers.	Fertigen durch Formändern eines festen Körpers, wobei der Werkstoffzusammenhalt aufgehoben wird.	Zusammenbringen von zwei oder mehreren Werkstücken zu einer Form.	Aufbringen fest haftender Schichten aus formlosem Stoff auf ein Werkstück.
	6. Hauptgruppe Stoffeigenschaft ändern			
	Umlagern von Stoffteilchen	Aussondern von Stoffteilchen	Einbringen von Stoffteilchen	

i

Das Deutsche Institut für Normung (DIN) hat zur Vereinheitlichung der Begriffe im Bereich der Technik in der DIN 8580 festgelegt, wie die verschiedenen Fertigungsverfahren bezeichnet werden: Urformen, Umformen, Trennen, Fügen, Beschichten und Stoffeigenschaften ändern.

A

Aus der DIN 8580 ist die unten stehende Übersicht ein Auszug. Lest sie und ordnet den sechs Hauptgruppen handwerkliche Verfahren zu. Tragt diese Verfahren auf einem Arbeitsbogen ein.

Fertigungsverfahren und ihre Anwendung

1. *Urformen:* Beim Gießen von Gießharzen entstehen Vollkörper. Empfindliche Gegenstände z. B. in der Elektrotechnik können in Gießharzblöcken eingeschlossen werden.
2. *Umformen:* Werkstoffe, die sich durch Biegen gut verformen lassen, sind Metalle und Kunststoffe. Die gebogenen Kufen eines Holzschlittens erfordern dagegen einen größeren Aufwand.
3. *Trennen:* Aus dem Werkunterricht sind die handwerklichen Verfahren Scheren, Sägen und Bohren bekannt. Sie können z. B. in der Holz-, Metall-, Papier- und Kunststoffbearbeitung eingesetzt werden.
4. *Fügen:* Durch Schrauben, Nageln und bestimmte Klebarten lassen sich vor allem Holz und Kunststoffe fügen. Viele Thermoplaste sind schweißbar mit Warmgas oder Heizelementen.
5. *Beschichten:* Nicht resistente, d. h. nicht widerstandsfähige Materialien wie z. B. Eisen können mit Kunststoffen überzogen beschichtet werden. Holz und Kunststoffe werden durch Lackieren oder Bedrucken vor Umwelteinflüssen geschützt bzw. veredelt.
6. *Stoffeigenschaften ändern:* Besonders in der Metallbearbeitung hat dieses Fertigungsverfahren eine große Bedeutung. So kann z. B. Eisen zu Stahl gehärtet werden oder Metallschrott in einem Recyclingprozess eingeschmolzen und so wiederverwendet werden.

Arbeitsbogen: Sammlung von handwerklichen Fertigungsverfahren					
1. Hauptgruppe	**2. Hauptgruppe**	**3. Hauptgruppe**	**4. Hauptgruppe**	**5. Hauptgruppe**	**6. Hauptgruppe**
Urformen	**Umformen**	**Trennen**	**Fügen**	**Beschichten**	**Stoffeigenschaft ändern**
...	...	...	...	...	...

Der Arbeitsablaufplan

Je nachdem, was für ein Produkt hergestellt werden soll, kann man den sechs Hauptgruppen entsprechende handwerkliche Fertigungsverfahren zuordnen. Diese handwerklichen Verfahren (Arbeitsgänge) müssen in einer bestimmten Reihenfolge angewendet werden.

Die Reihenfolge der Arbeitsgänge wird in einem Plan, dem **Arbeitsablaufplan**, festgehalten. Dieser Arbeitsablaufplan ist Teil der Planung zur Herstellung von Produkten. Er enthält außerdem wichtige Informationen über die bei den notwendigen Arbeitsgängen einzusetzenden Maschinen und Werkzeuge (Arbeitsmittel).

i

Ein Arbeitsablaufplan ist eine geschlossene Tabelle, die die Reihenfolge der notwendigen Arbeitsgänge und der dazugehörigen Arbeitsmittel enthält. Er ist die Grundlage für die Herstellung von Produkten.

Nr.	Arbeitsgänge	Arbeitsmittel
1	Anreißen	Stahlmaßstab, Anschlagwinkel, Bleistift
2	Sägen	Feinsäge, Sägelade
3	Verschleifen	Schleifkork, Schleifpapier
⋮		

Man erhält so einen guten Überblick über den technologischen Prozess und kann das Produkt leichter herstellen.

Manche Arbeitsgänge müssen in einer ganz bestimmten Reihenfolge durchgeführt werden. Andere können hingegen in beliebiger Reihenfolge erfolgen. Wenn man dies erkannt hat, kann man zum Beispiel die Arbeit an elektrischen Ständerbohrmaschinen dann ausführen, wenn niemand anderes gerade die Maschine benötigt – so vermeidet man lange Wartezeiten. Man führt stattdessen andere Tätigkeiten aus, die nicht an eine bestimmte Reihenfolge gebunden sind.

Wenn man ein Produkt selbst entwirft, dann hilft der Arbeitsablaufplan in der richtigen Reihenfolge vorzugehen. Der Arbeitsablaufplan erleichtert die Herstellung und hilft Fehler zu vermeiden.

A

1. Erstellt einen Arbeitsablaufplan für die Herstellung eures Produktes. Notiert auch die dazu notwendigen Werkzeuge und Maschinen.
2. Entscheidet, in welcher Reihenfolge die Arbeitsgänge durchgeführt werden.
3. Sucht nach Möglichkeiten, wie ihr die Reihenfolge bei Engpässen an bestimmten Maschinen verändern könnt.

3.1 Urformen

Die Herstellung von Produkten beginnt in der Regel mit dem Urformen. Deshalb steht es bei der Einteilung der Fertigungsverfahren an erster Stelle.
Beim Urformen wird aus formlosem Stoff ein fester Körper gefertigt. Formlose Stoffe, die auch gießbar sein müssen, sind beispielsweise Flüssigkeiten aus geschmolzenem Metall, Kunststoff oder Ton. Man unterscheidet bei den gießbaren Werkstoffen Metalle, z. B. Stahl, Aluminium, Bronze, Kupfer, Zink, Zinn, und Nichtmetalle, z. B. Thermo- und Duroplaste, Beton, Gipsbrei, Keramikmasse, Schokolade. Durch die Urformverfahren Pressen und Sintern können pulverförmige Stoffe wie z. B. Metallpulver zu festen Körpern verarbeitet werden.

Beim Gießen werden die zu verarbeitenden Stoffe in eine Form gegossen und bis zum Erstarren darin belassen. Nach der Art der Formfüllung unterscheidet man das

- Schwerkraftgießen, z. B. Sandformgießen, Kokillengießen, Stranggießen, Blockgießen,
- Druckkraftgießen, z. B. Spritzgießen,
- Fliehkraftgießen, z. B. horizontales und vertikales Schleudergießen.

Schwerkraftgießen

Beim Schwerkraftgießen wird der flüssige Stoff durch Ausnutzung der Schwerkraft in die Form gegossen. Kommt das Sandformgießen zur Anwendung, so besteht die Form aus Sand. Diese wird beim Entnehmen des Gussstückes zerstört, d.h. sie geht verloren. Man nennt diese Art der Form auch **„verlorene" Form**, sie ist nur einmal verwendbar. Angewendet wird das Sandformgießen bei der Herstellung von Modellen oder Schablonen oder bei Fertigteilen (z. B. Saugrohren).

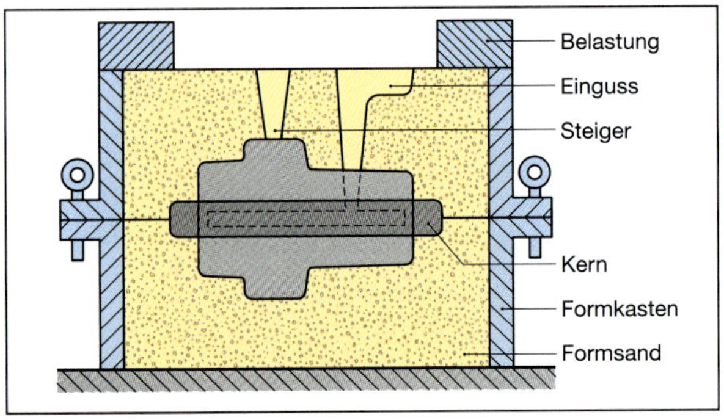

Sandformgießen

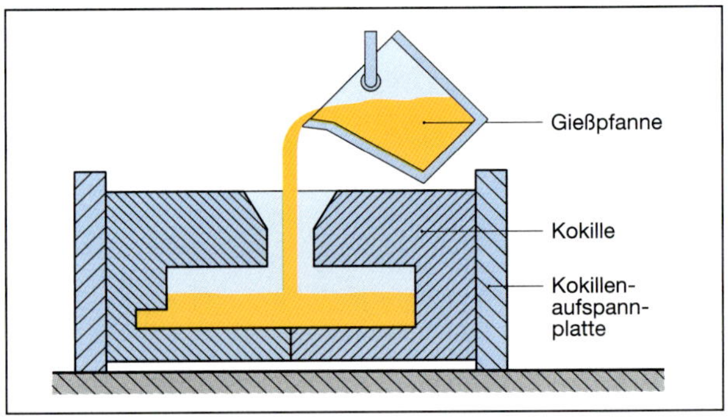

Kokillengießen

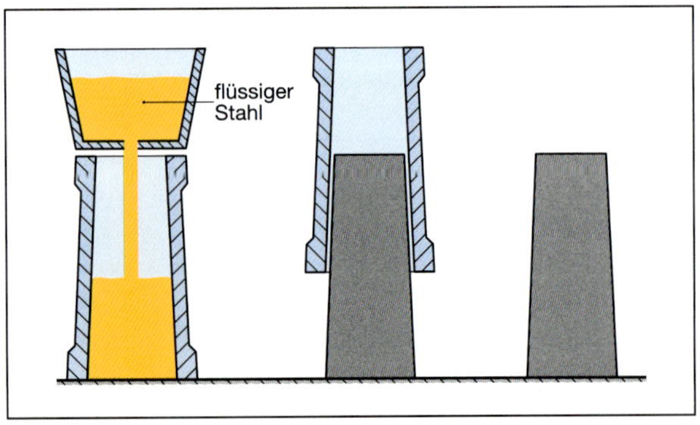

Blockgießen

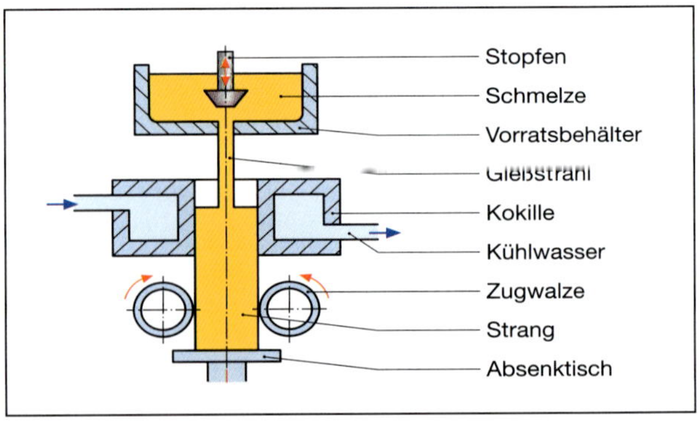

Stranggießen

Druckkraftgießen

Beim Druckkraftgießen wird der zu vergießende Werkstoff (flüssiger, teigiger oder plastizierter Stoff) mit hohem Druck in eine Kokille (Dauerform) gegossen, wobei das Erstarren der Masse ebenfalls unter Druck erfolgt. Eine Kokille ist eine Form aus Metall, die mehrmals (auf Dauer) verwendet werden kann. Mit dieser Form sind eine große Anzahl von Abgüssen möglich. Metalle werden mit hoher Druckkraft gegossen. Es werden sowohl Metalle mit höheren Schmelztemperaturen, z. B. Kupfer und Aluminium, aber auch mit niedrigeren Schmelztemperaturen, z. B. Zink, Zinn und Blei, vergossen.
Das Spritzgießen wird hauptsächlich bei Thermo- und Duroplasten angewendet.

Plastizieren
Beim Plastizieren wird das Plast durch z. B. Erwärmen und Verdichten in einen gießbaren Zustand gebracht.

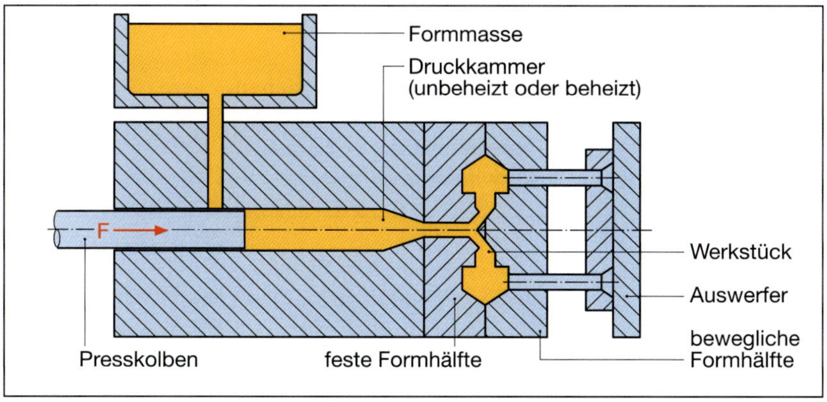

Druckgießen von Metallen

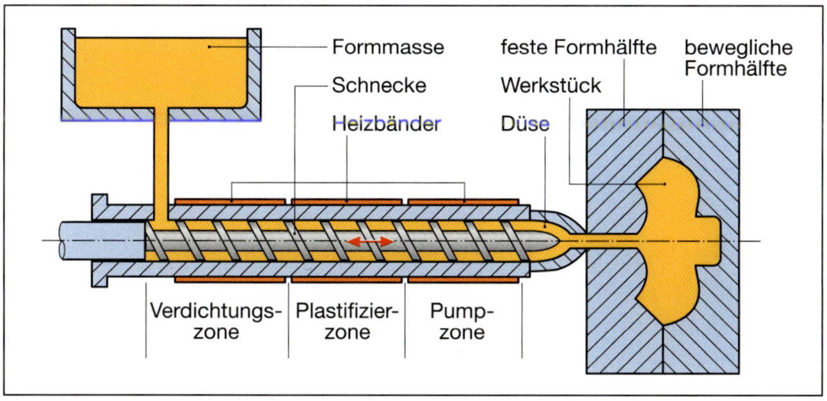

Spritzgießen von Plasten

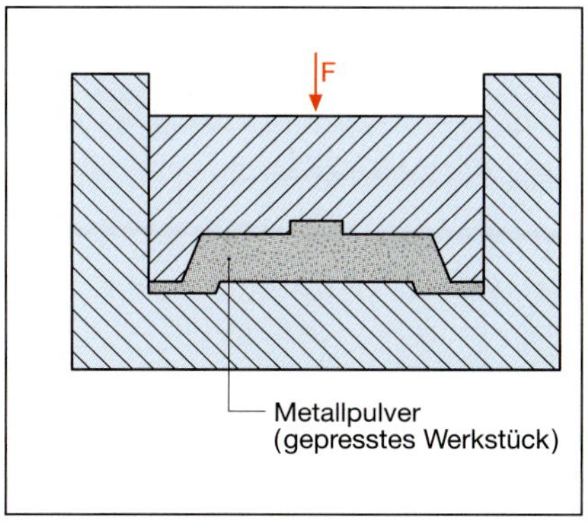

Pressen/Sinten

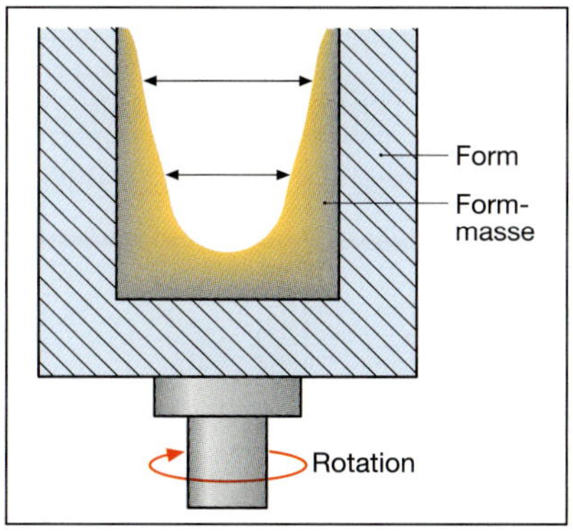

Fliehkraftgießen

3.2 Umformen

Beim Umformen wird die Form eines festen Körpers bildsam (plastisch) verändert, wobei der Zusammenhalt der Stoffteilchen und die Masse des Körpers beibehalten wird. Die Formänderung erfolgt unter Krafteinwirkung von außen. Der umzuformende Stoff muss eine dauerhafte Formänderung ertragen, ohne dass dabei der Stoffzusammenhalt verloren geht, d. h. der Körper zerstört wird.

Umformbare Metalle sind z. B. Stahl, Aluminium, Kupfer, Gold und Silber. Umformbare Nichtmetalle sind z. B. Thermoplaste und Holz, aber auch Pappe und Papier.

Nach der Art der Hauptbeanspruchung in der Umformzone unterscheidet man das
- Druckumformen, z. B. Walzen, Schmieden,
- Zugdruckumformen, z. B. Tiefziehen, Strangziehen,
- Zugumformen, z. B. Streckziehen,
- Biegeumformen, z. B. Gesenkbiegen,
- Schubumformen, z. B. Verwinden.

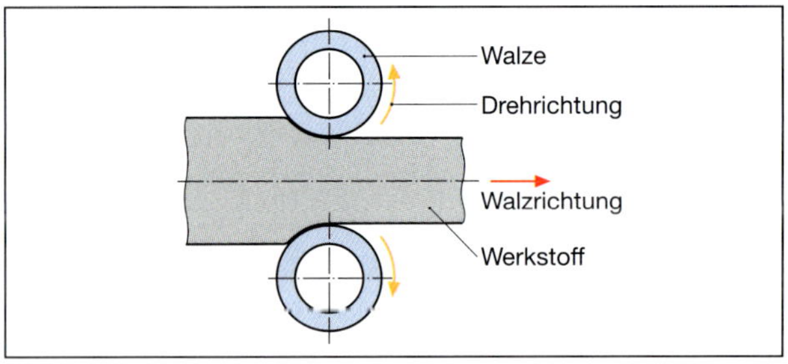

Walzen

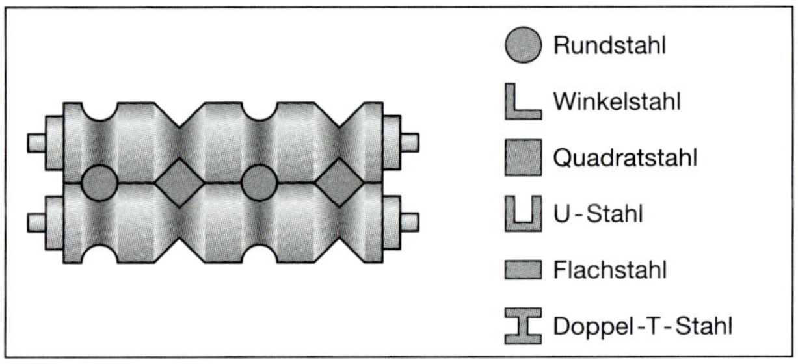

Walzen von Stahlprofilen

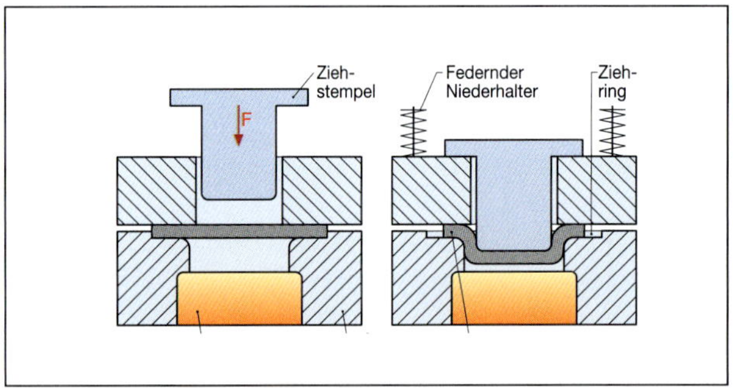

Tiefziehen (nicht immer unter Wärmeeinwirkung)

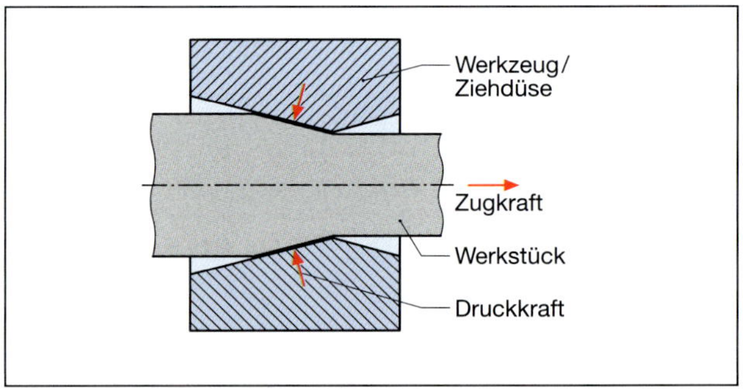

Strangziehen

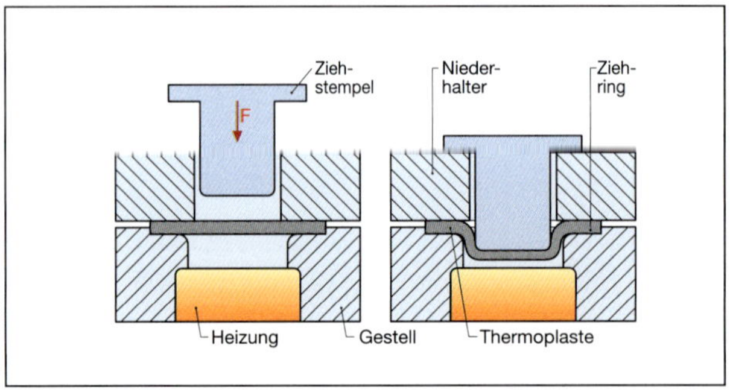

Streckziehen

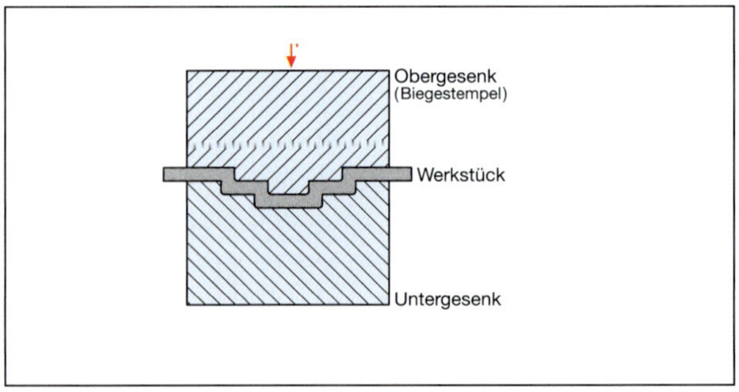

Gesenkbiegen

3.3 Trennen

Beim Trennen wird die Form eines festen Körpers verändert, wobei der Werkstoffzusammenhalt an einer oder mehreren Stellen aufgehoben wird.

Sägen ist ein Spanen mit einem vielzahnigen Werkzeug von geringer Schnittbreite.

Man kann die Trennverfahren unterscheiden in
- Spanen, z. B. Sägen, Feilen, Schleifen, Bohren, Senken,
- Zerteilen, z. B. Schneiden,
- Abtragen, z. B. Brennschneiden.

Sägen

Sägen ist ein spanendes Trennverfahren zum Ablängen von Halbzeugen (Abtrennen), Ausarbeiten von unterschiedlichen Formen (Formsägen) und zum Einarbeiten von schmalen Nuten in Werkstücke (Schlitzen).

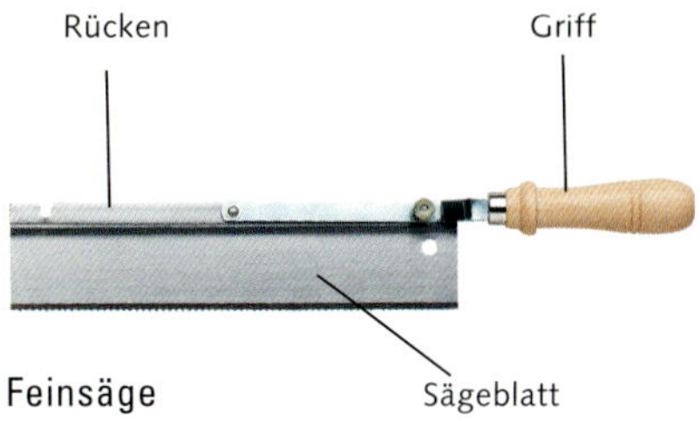

Feinsäge

Sägeblätter schneiden nur in einer Richtung. Beim Sägen wechseln ein Arbeitshub mit Druck und ein Rückhub ohne Druck miteinander ab. Sägeblätter haben viele kleine hintereinander angeordnete keilförmige Schneiden. Die keilförmigen Schneiden der Säge nennt man Zähne. Beim Sägen wird der Werkstoff in der Schnittfuge durch die Zähne in mehreren Schichten zerspant. Dabei nehmen die Zahnzwischenräume (Zahnlücken) die Späne auf und führen sie aus der Schnittfuge heraus.

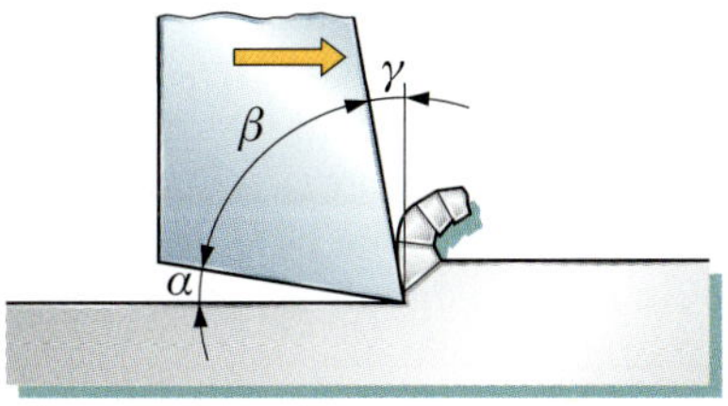

α = Freiwinkel
β = Keilwinkel
γ = Spanwinkel
Es gilt:
$\alpha + \beta + \gamma = 90°$

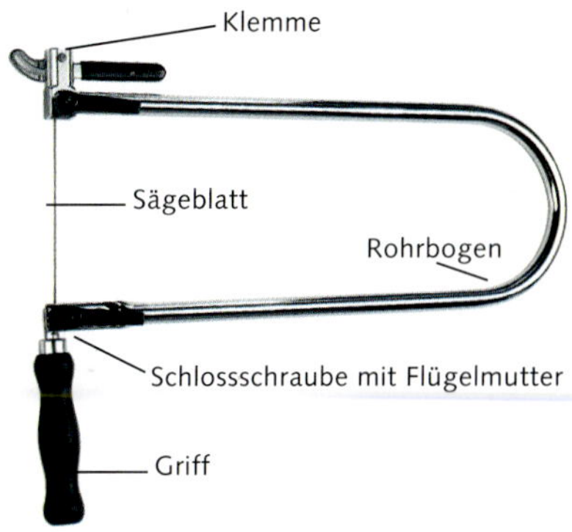

Laubsäge

Merkmale des Sägeblattes:
- viele hintereinander liegende schmale Schneidkeile,
- für alle Werkstoffe gleiche Winkel,
- unterschiedliche Zahnteilung *t* für unterschiedliche Werkstoffe und Werkstückdicken:
  - grobe Zahnteilung für weiche Werkstoffe,
  - feine Zahlteilung für harte Werkstoffe, für dünne Werkstücke.

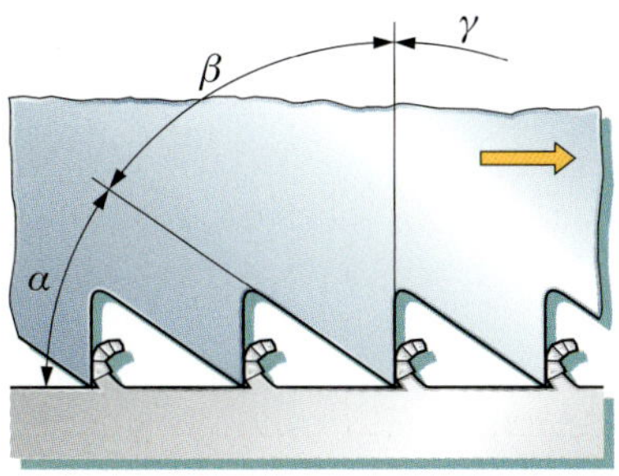

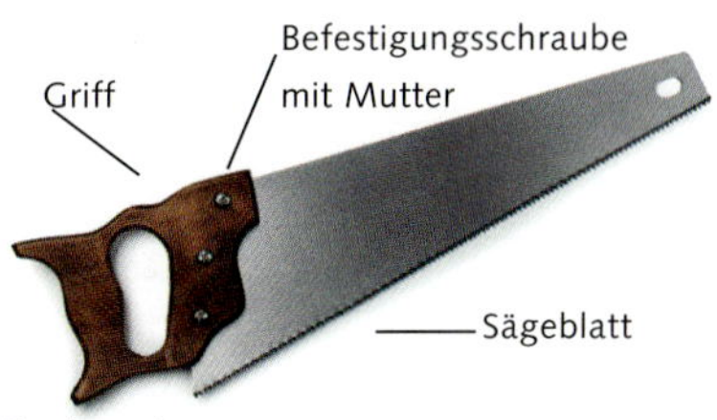

Fuchsschwanz

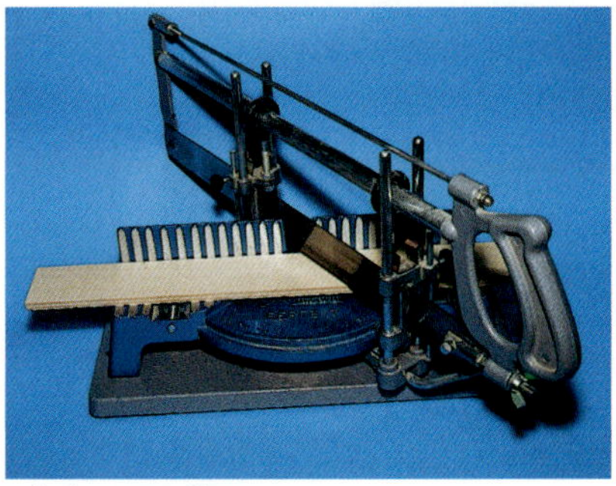
Gehrungssäge

Feinsäge mit Sägelade

Maschinensäge

Sägen mit einer Handbügelsäge

Schülerin am Laubsägetisch

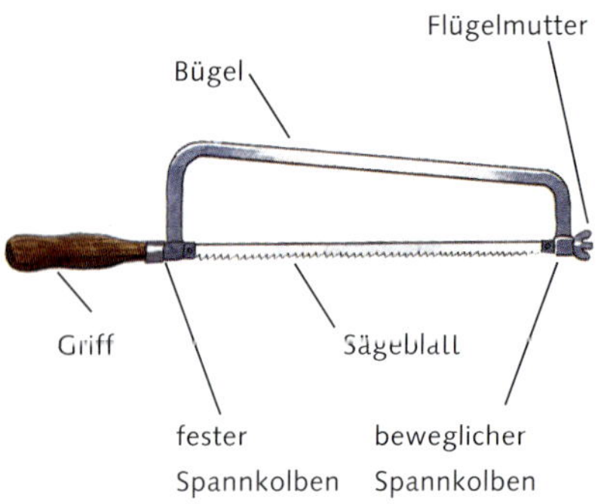

Metallbügelsäge

Schwere, immer wiederkehrende und monotone Sägearbeiten übernehmen heute Maschinen. So werden längere Profile, z. B. Flachstahl oder Rohre, auf der Maschinensäge auf Länge geschnitten. Die notwendige Hubkraft wird durch einen Elektromotor erzeugt. Damit das Werkstück beim Sägen nicht verrutschen kann, wird es in eine Spannvorrichtung eingespannt. Für besonders lange Werkstücke befindet sich an der Säge eine Auflage. Sie verhindert ein Durchbiegen des Materials.

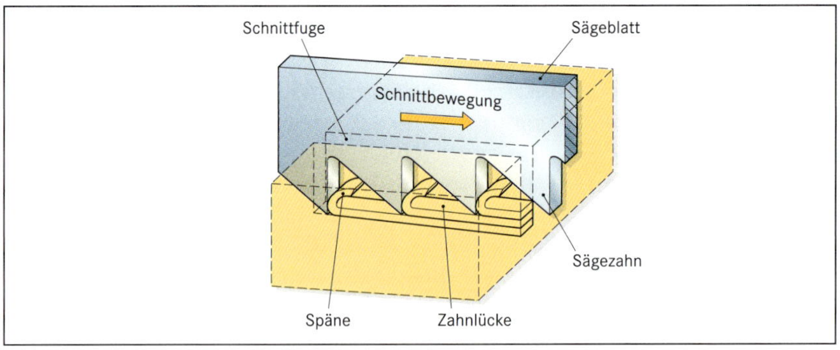

Sägevorgang

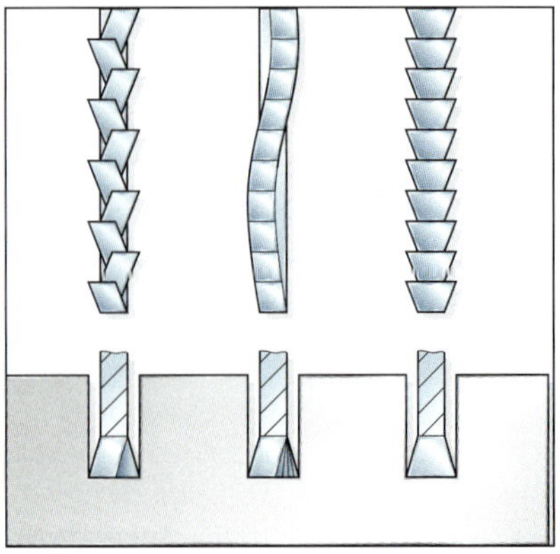

Freischneiden

Freischneiden

Beim Sägen muss die Schnittfuge breiter sein als der Sägeblattkörper. Das Sägeblatt würde sonst in der Schnittfuge reiben und sich stark erwärmen. Es könnte in der Schnittfuge verklemmen.

Um die unerwünschte Reibung zu verringern, müssen die Sägeblätter eine breitere Schnittfuge schneiden als die Blätter selbst breit sind.

Das Freischneiden eines Sägeblattes erreicht man z. B. durch Schränken, Wellen oder Stauchen der Sägezähne.

Das Freischneiden des Sägeblattes vermindert die Reibung in der Schnittfuge.

Feilen

Feilen ist ein spanendes Trennverfahren zum Bearbeiten ebener Flächen und unterschiedlicher Werkstückformen (Rundungen, Nuten). Feilen wird vornehmlich bei handwerklicher Fertigung, bei Reparaturarbeiten und zum Entgraten von Werkstücken angewandt.

Die Spanabnahme erfolgt bei der Vorwärtsbewegung in Schnittrichtung unter Druck der Feile gegen das Werkstück. Die Schneidenzähne der Feile dringen in das Werkstück ein und heben kleine Späne ab. Die Späne sammeln sich in den Zahnlücken und werden über die Werkstückkanten abgeführt. Die Rückbewegung erfolgt ohne Druck, um ein vorzeitiges Stumpfwerden der Feilenzähne zu vermeiden.

Feilen sind vielschneidige Werkzeuge zum Abtragen geringer Werkstoffmengen. Im Vergleich zur Säge sind die Schneidenzähne bei der Feile nicht nur hintereinander, sondern auch nebeneinander angeordnet.

Zahnformen

Man unterscheidet gehauene und gefräste Feilen. **Gehauene Feilenzähne** haben einen großen Keilwinkel β, von fast 70°. Der Schneidkeil ist sehr stabil. Gehauene Feilen werden daher zum Bearbeiten von Werkstoffen höherer Festigkeit eingesetzt (Stahl, Gusseisen). Freiwinkel α und Keilwinkel β betragen zusammen über 90°. Der Spanwinkel γ ist negativ. Er kann bis zu –15° betragen. Die Spanfläche ist in Schnittrichtung geneigt. Gehauene Feilenzähne haben dadurch eine schabende Wirkung.

Gefräste Feilenzähne haben einen positiven Spanwinkel γ bis 5°. Der Keilwinkel β ist kleiner und beträgt etwa 50°. Der Schneidkeil ist dadurch weniger stabil. Gefräste Feilen werden zur Grobbearbeitung weicher Werkstoffe verwendet (Aluminium, Kupfer).
Gefräste Feilenzähne dringen leichter in den Werkstoff ein. Es können so größere Spanmengen abgenommen werden.

a) gehauene Feilenzähne

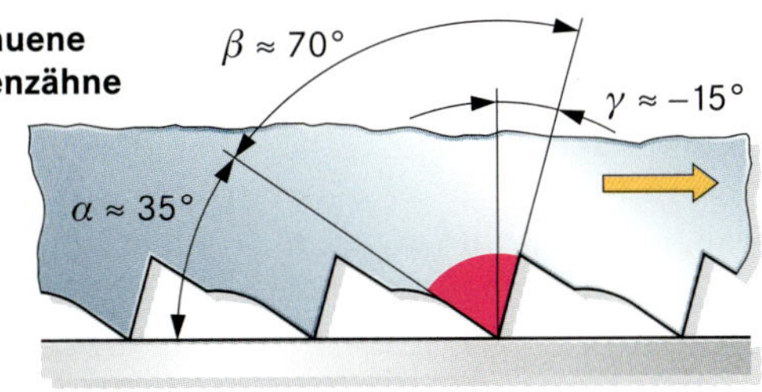

b) gefräste Feilenzähne

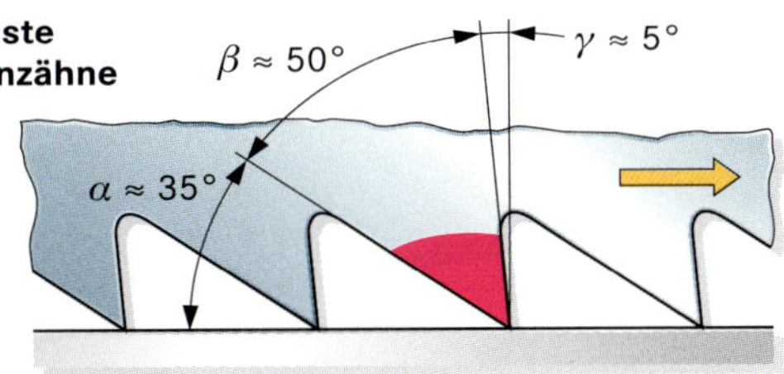

Feilen ist ein Spanen mit vielen hinter- und nebeneinander liegenden Schneidenzähnen von geringer Höhe.

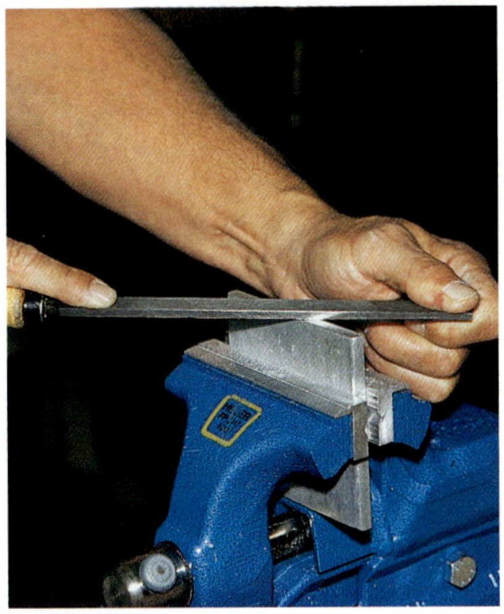

Feilen einer Fläche

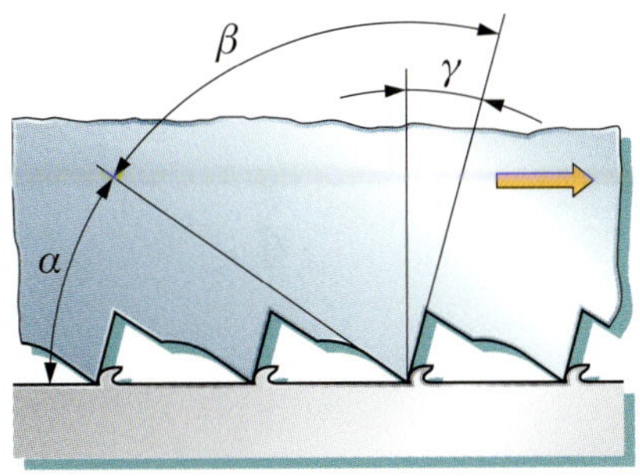

Gehauene Feile

Merkmale des Feilenblattes:
- viele kleine hinter- und nebeneinander liegende Schneidkeile,
- stabiler Keil für harte Werkstoffe,
- negativer Spanwinkel γ ergibt schabende Wirkung,
- Hiebzahl beeinflusst die zerspante Werkstoffmenge und erreichbare Oberflächengüte:
  - kleine Hiebzahl für Schruppen,
  - große Hiebzahl für Schlichten.

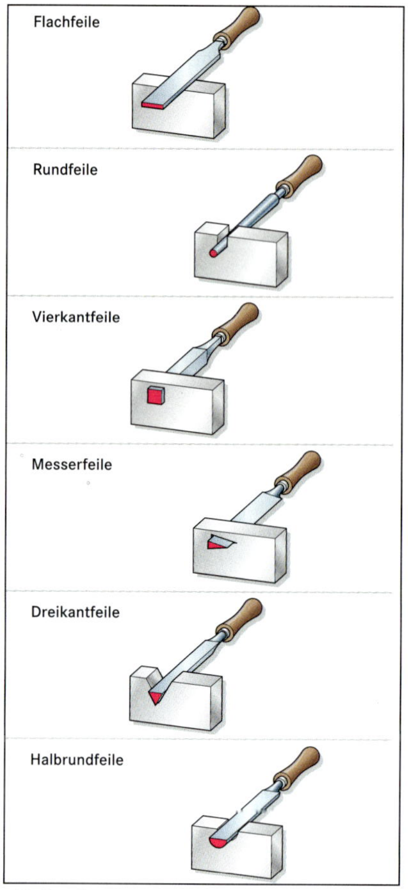

Feilenformen

Hiebarten
Die einzelnen Schneidenzähne einer Feile liegen in Reihen hintereinander. Sie werden als Hieb bezeichnet.

Gefräste Feilen haben meist **Einhieb**. Die Hiebe sind dabei zur besseren Spanabfuhr schräg zum Feilenblatt oder bogenförmig angeordnet. Bei einhiebigen Feilen sieht man zur besseren Spanabnahme sogenannte **Spanbrechernuten** vor.

Gehauene Feilen haben **Kreuzhieb**. Bei kreuzhiebigen Feilen wird ein zweiter Hieb schräg zum ersten eingeschlagen. Sie werden als Unterhieb und Oberhieb bezeichnet. Unterhieb und Oberhieb sind in unterschiedlichen Winkeln zueinander angeordnet. Dadurch entstehen einzelne rautenförmige Zähne, die seitlich versetzt hintereinander liegen. Die Riefenbildung wird dadurch vermindert.

Beim **Raspelhieb** sind die einzeln gehauenen Zähne verhältnismäßig weit auseinander auf dem Feilenblatt angeordnet. Man verwendet sie zum Bearbeiten von Kunststoff oder Holz.

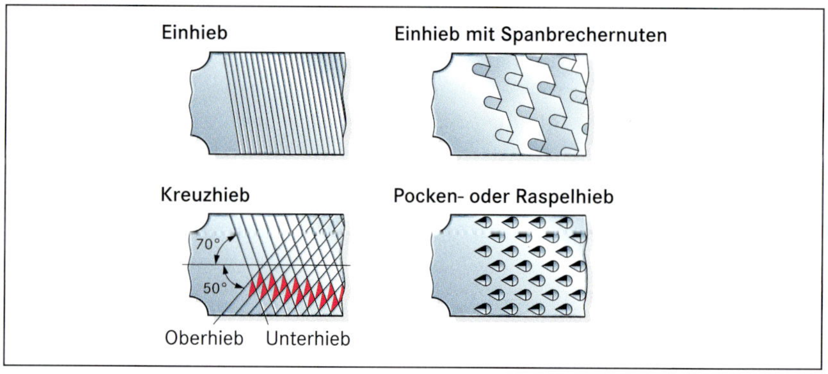

Hiebarten

Auswahl von Feilen
Feilen unterscheiden sich neben dem Hieb vor allem in der Form und Größe. Die Auswahl einer Feile richtet sich nach der
- Größe und Form der Bearbeitungsfläche am Werkstück,
- Art des Werkstoffes,
- abzutragenden Werkstoffmenge und
- geforderten Oberflächengüte.

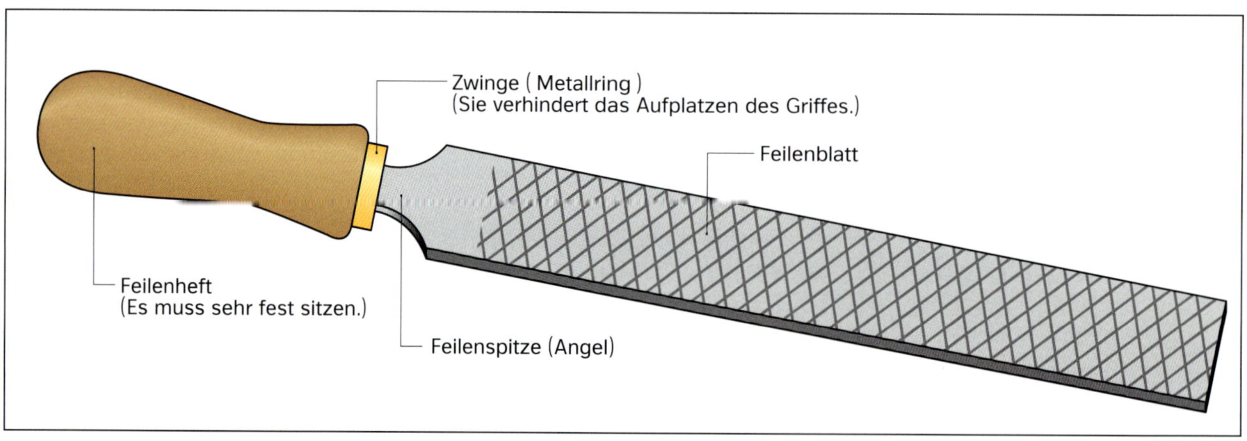

Bohren

Der Bohrvorgang

Fast jeder Bohrer besteht aus zwei Schneiden und einer sogenannten Schnecke. Die Schneiden dringen in das Material ein (siehe rechte Abbildung) und schälen Stück für Stück etwas vom Werkstoff ab. Die Schnecke fördert die Späne aus dem Werkstoff heraus und verhindert so, dass das Bohrloch verstopft wird und sich der Bohrer darin verklemmt. Die Auswahl des richtigen Bohrers ist für das Gelingen des Bohrvorgangs entscheidend. Für jeden Werkstoff gibt es spezielle Bohrer. Die am häufigsten verwendeten Bohrer sind:

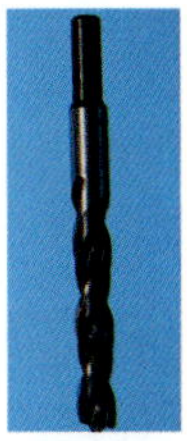

Der Holzspiralbohrer

Wie der Name schon sagt, ist dieser Bohrer zum Bohren in Holz gedacht. Er hat eine Zentrierspitze. Sie erleichtert das Ausrichten des Bohrers über der Bohrmarkierung.

Der Universalbohrer

Mit dem Universalbohrer kann man verschiedene Werkstoffe bohren. Für Metalle und Kunststoffe werden Universalbohrer verwendet. In einer Bohrerkassette sind meist Größen von 1 bis 10 mm untergebracht.

Der Forstnerbohrer

Der Forstnerbohrer ist für große Bohrungen in Holz vorgesehen und auch er verfügt über eine Zentrierspitze. Er wird mit niedriger Drehzahl betrieben und vorsichtig in das Holz eingeführt. Mit ihm erhält man saubere Bohrungen.

Der Senker

Beim Säubern oder Entgraten von Bohrungen und zum Versenken von Schrauben wird der Senker eingesetzt. Er wird langsam und vorsichtig in den Werkstoff eingeführt. Mit einem korrekt eingestellten Tiefenanschlag können Bohrungen gleichmäßig gesenkt werden.

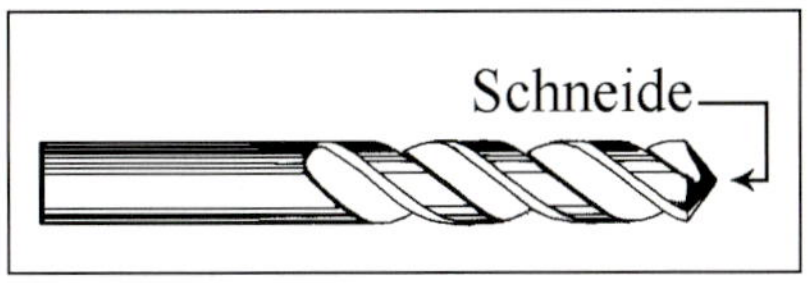

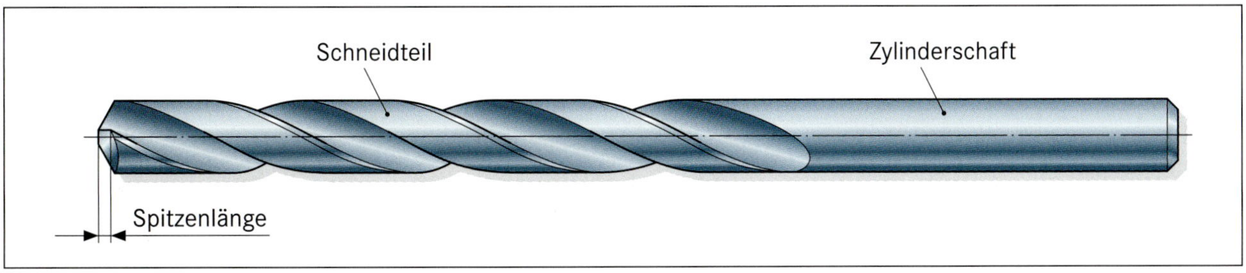

Aufbau des Spiralbohrers

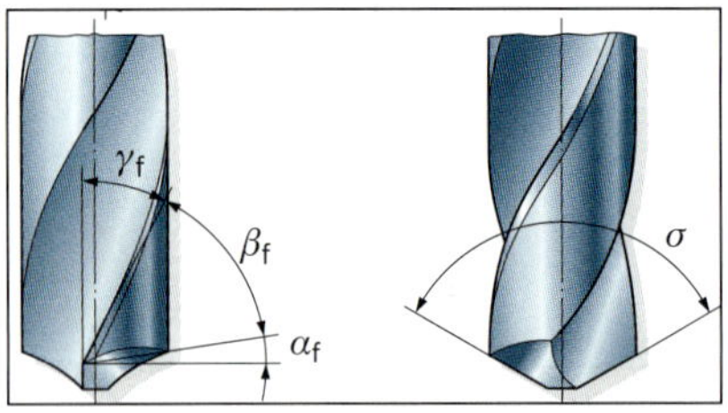

Bohrer

Die Drehzahltabelle

Eine richtig eingestellte Drehzahl ist für einen sauberen Bohrvorgang entscheidend. Mithilfe der abgebildeten Tabelle kann man die jeweils richtige Drehzahl bestimmen. Die Drehzahl hängt vom Bohrdurchmesser und vom Material ab. Je größer der Bohrdurchmesser ist, desto langsamer muss sich der Bohrer drehen. Die Angaben gelten bei Stahl und Kunststoff für Universalbohrer, bei Holz für Holzspiralbohrer und Universalbohrer.

Bohrerdurchmesser in mm	Drehzahl U/min		
	Holz	Stahl	Kunststoff
2–4	3000	2200	1900
5–6	2000	1350	1100
7–8	1500	1000	850
9–10	1000	700	650
11–12	700	550	500
13–14	480	400	380
15–16	340	310	300

i

Aufbau der Ständerbohrmaschine

1. Elektrische Einrichtung: besteht aus Zuleitung, Ein- und Ausschalter, evtl. ein Not-Ausschalter.
2. Ständer, Fuß: dienen zur Aufnahme der einzelnen Baugruppen.
3. Bohrtisch: dient der Werkstückaufnahme.
4. Motor: dient als Antrieb.
5. Stufen- und Riemenscheibengetriebe: überträgt die Kraft des Motors auf die ...
6. Bohrspindel: sie nimmt das ...
7. Bohrfutter auf. Dieses nimmt das eigentliche Arbeitsteil auf, den ...
8. Bohrer.
9. Vorschubeinrichtung: Mit ihr werden Bohrspindel, Futter und Bohrer gegen das Werkstück gedrückt.
10. Tiefenanschlag: erleichtert das Bohren von Löchern mit gleicher Tiefe.

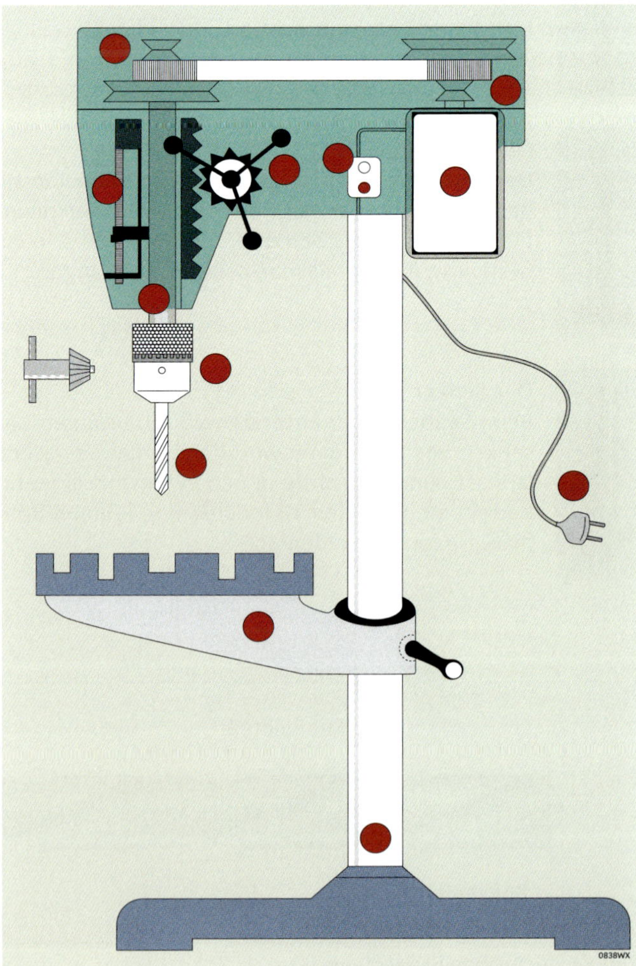

Aufbau der Ständerbohrmaschine

Schleifen

Auch das Schleifen ist ein Trennverfahren. Beim Schleifen werden durch eine Vielzahl kleiner Schleifkörner Späne vom Material getrennt. Ein Bindemittel hält die Schleifkörner zusammen. Sie werden zu Schleifscheiben geformt oder auf Papier, Leinen oder andere Materialien geklebt. Meistens werden die Schleifmittel zur Verfeinerung der Oberfläche angewandt. Man kann aber auch die Form eines Gegenstandes durch Schleifen verändern.

Schleifkork und Schleifpapier

Im Technikunterricht wird unter anderem mit Schleifpapier oder Schleifleinen gearbeitet. Entsprechend der Körnung unterscheidet man zwischen groben, mittleren und feinen Schleifmitteln. Je kleiner die auf die Flächen geklebten Körner sind, desto höher ist die aufgedruckte Zahl auf der Rückseite des Schleifmittels. Eine hohe Zahl bedeutet eine feine Körnung, eine niedrige Zahl eine grobe Körnung. Beim Schleifen wird mit einer groben Körnung begonnen und die Arbeit mit einer feinen Körnung beendet.

i

Nach DIN 8580 ist Schleifen als Spanen mit geometrisch unbestimmter Schneide definiert.

Schneiden

Scherschneiden

Für das Zerteilen von Blechen werden vorteilhaft Scheren eingesetzt. Scheren haben zwei Schneidkeile. Die Schneiden der Schneidkeile bewegen sich während des Schneidvorganges aneinander vorbei.

Scherschneiden ist das Zerteilen von Werkstücken zwischen zwei Schneiden, die sich aneinander vorbeibewegen.

Scherschneidvorgang

Beim Scherschneiden drückt eine Fläche der Schneidkeile auf das Werkstück. Sie wird Druckfläche genannt. Über die Druckfläche wird die Scherkraft zum Zerteilen auf das Werkstück aufgebracht.

Die zweite Fläche der Schneidkeile gleitet beim Scherschneiden an der Schnittfläche vorbei. Sie wird Freifläche genannt. Die Freifläche soll die Schnittfläche möglichst nicht berühren.

Dazu ist die Freifläche hinterschliffen. Durch den Hinterschliff weist die Freifläche eine Neigung zur Senkrechten auf die Werkstückoberfläche auf. Es entsteht der Freiwinkel α. Der Freiwinkel beträgt $\alpha = 2 \dots 3°$. Durch den Freiwinkel wird die Reibung zwischen Freifläche und Schnittfläche verringert und damit der Werkzeugverschleiß.

Der Keilwinkel beträgt $\beta = 75 \dots 85°$. Dadurch ist der Schneidkeil ausreichend stabil.

Scherschneiden mit einer Handhebelschere

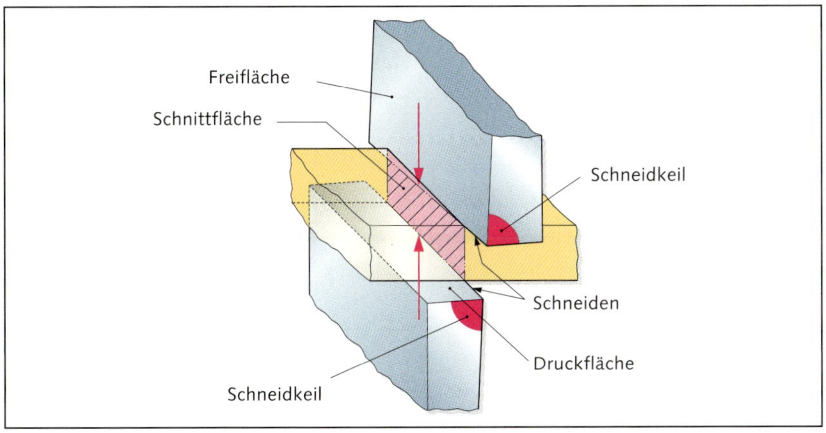

Flächen am Scherschneidwerkzeug

Scherschneiden mit einer Blechschere per Hand

3.4 Fügen

Beim Fügen werden zwei oder mehr Werkstücke zu einer Form zusammengebracht. Im Technikunterricht werden häufig das Nageln, Kleben, Schrauben, Klemmen, Dübeln, Nieten, Löten oder Nähen angewendet.

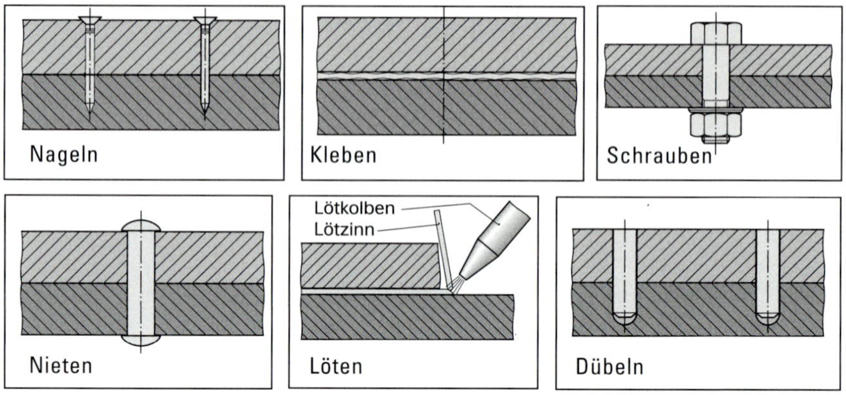

Durch diese Fügtechniken werden sowohl lösbare als auch nichtlösbare Verbindungen hergestellt.

3.5 Beschichten

Beim Beschichten werden fest haftende Schichten aus formlosem Stoff auf die Werkstückoberfläche aufgebracht. Dadurch wird z.B. ein Korrosionsschutz erreicht oder die behandelte Oberfläche erhält ein dekoratives Aussehen.

Wesentliche Möglichkeiten des Beschichtens sind das Streichen, Spritzen, Tauchen oder Galvanisieren.

Streichen

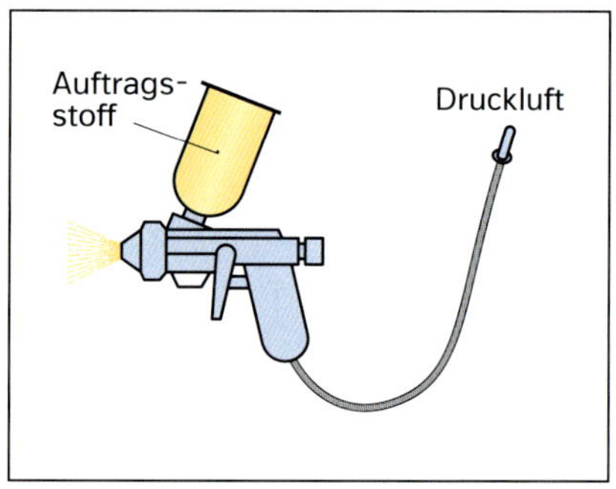

Spritzen

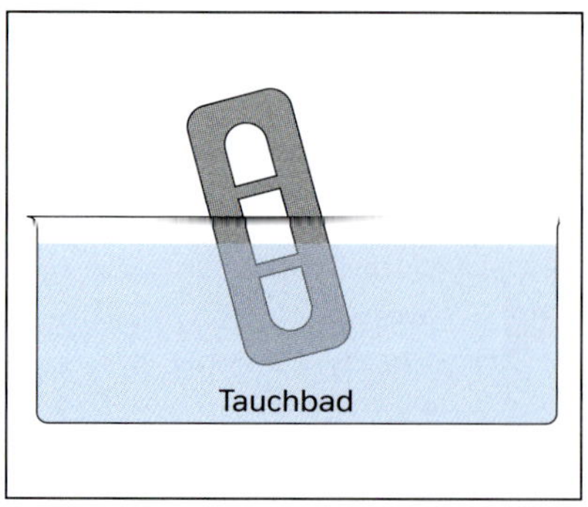

Tauchen

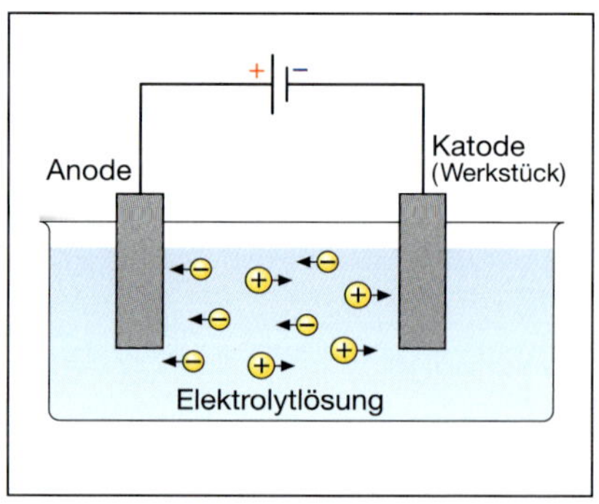

Galvanisieren

4 Arbeitssicherheit und Arbeitsschutz

Blick in den Werk-/Technikraum

Eine ganz „normale" Technikstunde
Nachdem die Fachlehrerin den Technikraum aufgeschlossen hatte, warfen die Schüler ihre Jacken und Taschen schnell an ihre Plätze. Jeder wollte zuerst an Material und Werkzeug heran. Einige liefen schon eilig mit ihrem Werkzeug zu den Tischen. Ein Schüler, der sich mit Werkzeug beladen rückwärts aus dem Gedrängel vor den Werkzeugschränken befreite, stolperte über eine hinter ihm liegende Schultasche. Dabei bohrte er einem Mitschüler einen Vorstecher ins Bein. Dieser wich vor Schmerz zurück, stieß dabei einen weiteren Mitschüler von hinten an, der in einem Stapel Holzabfällen auf seinem Arbeitstisch nach einem passenden Stück Holz suchte und durch den Anstoß seinen Daumen in die Klinge eines darunter verborgenen Stechbeitels rammte. Beide Schüler mussten im Krankenhaus behandelt werden.

Sicherheit im Technikraum
Im Technikraum deiner Schule können sich, wie die kleine Geschichte zeigt, Unfälle ereignen. Häufigste Gründe für Unfälle sind Unordnung, Hektik und immer wieder leichtfertiger und unsachgemäßer Umgang mit scharfen Werkzeugen und elektrischen Maschinen. Aber auf Letztere können wir bei der Arbeit nicht verzichten. Deshalb müssen im Technikraum bestimmte Regeln eingehalten werden, die DEINE Gesundheit schützen helfen.
Regel Nummer 1: Den Weisungen der Fachlehrerin/des Fachlehrers ist unbedingt Folge zu leisten!

Beim Aufenthalt und der Arbeit im Technikraum gelten folgende Grundregeln:
- Angemessenes Verhalten: Herumtoben, Schubsen, Drängeln und Stoßen von Mitschülern im Technikraum und besonders im Bereich von Maschinen ist strengstens verboten! Essen und Trinken sind ebenfalls verboten. Dies gilt besonders bei Lötarbeiten. Hier können giftige Schwermetalle in den Körper gelangen.
- Ordnung und Sauberkeit verhüten Unfälle: Werkzeuge, Material oder Unterlagen, die nicht unmittelbar gebraucht werden, bleiben in Schränken und Taschen. Herumliegende Materialreste und Staub auf Fußboden und Arbeitstischen sorgen für Unübersichtlichkeit. Deswegen: rechtzeitig beseitigen.

- Werkzeuge nur bestimmungsgemäß einsetzen
- Sicherheitsbewusst arbeiten
- Gefährdungen erkennen

A

Informiere dich über den Fluchtweg aus dem Technikraum/Werkraum.

- Feuerlöscheinrichtungen: Feuerlöscher und Löschdecken sind nicht zum Spielen! Wenn sie im Notfall nicht einsatzbereit sind, kann dies tödliche Folgen haben!
- Fluchtwege kennen und freihalten!

4.1 Regeln für den Umgang mit Werkzeugen

Der Bohrfutterschlüssel sollte nie stecken gelassen werden.

Lange Haare sollten zurückgebunden werden.

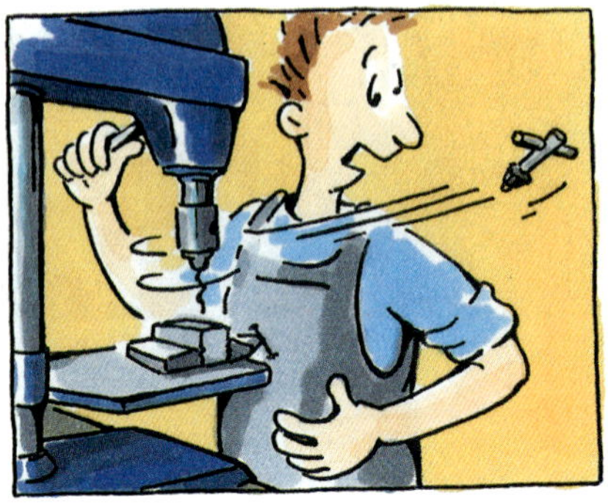

Das Werkstück sollte vor Herumschlagen gesichert werden.

Entnahme:
- Achtet auf Spitzen und Schneiden. Von ihnen droht Verletzungsgefahr. Werkzeuge deshalb nur an den Griffen anfassen und vor allem nicht vor den Werkzeugschränken herumdrängeln!
- Vor Beginn der Arbeit werden Werkzeuge auf festen Sitz, Beschädigungen und Funktionsfähigkeit geprüft. Besonders elektrische Geräte, wie z. B. Lötkolben, müssen vor jedem Einsatz auf Beschädigungen der Netzkabel überprüft werden.

Ein Beitel mit Scharten ist reif für die Mülltonne. Auch Bohrer, deren Schneiden blau angelaufen oder verformt sind, werden entsorgt.

Transport:
- Spitzen und Schneiden der Werkzeuge werden nach unten und niemals in Richtung Körper oder gar auf Mitschüler gerichtet.
- Werkzeuge zum Transport nie in Hosen- oder Jackentaschen stecken.
- Bei der Übergabe von Werkzeugen an Mitschüler werden diesen immer die Griffteile zugereicht. Und sie werden schon gar nicht geworfen!
- Maschinen, z. B. Handbohrmaschinen, werden nur abgeschaltet weitergereicht.

Verwendung:
- Werkzeuge werden nur bestimmungsgemäß verwendet, z. B. mit dem Beitel keine Schrauben ein- oder herausdrehen und gehärtete Metallflächen niemals gegeneinander schlagen (Hammer gegen Hammer). Es könnten leicht Metallsplitter abfliegen und dein Augenlicht zerstören. Weitere Informationen zum Umgang mit Werkzeugen bekommst du von deinem Techniklehrer bzw. deiner Techniklehrerin.

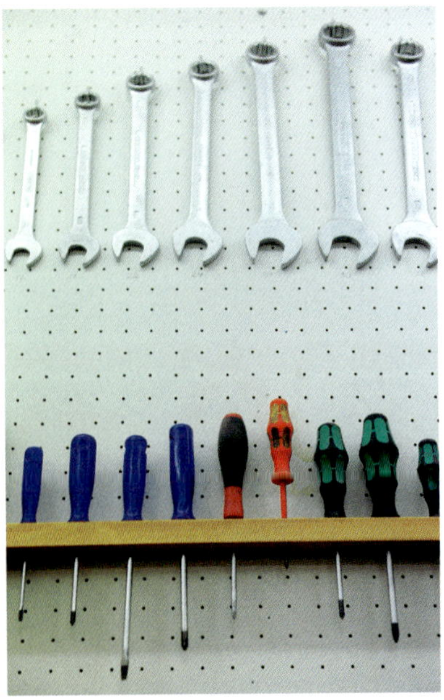

Holzschrank mit Werkzeug

Rückgabe:
- Werkzeuge und Maschinen werden nur gereinigt in den Werkzeugschrank einsortiert.
- Maschinen müssen vor der Reinigung abgeschaltet werden.
- Beschädigte oder zerstörte Werkzeuge werden zur Begutachtung von einem Fachmann aussortiert.

4.2 Gefahren- und Sicherheitshinweise

Auf besondere Gefahren oder notwendige Arbeitsschutzmaßnahmen weisen in der Regel genormte Schilder hin, die nicht nur im Technikraum, sondern auch in Werkstätten, Handwerksbetrieben oder Fabriken zu finden sind. Auf Gefahren wird häufig in Form von Piktogrammen hingewiesen. Man erkennt sofort die Gefahr und die notwendigen Vorsorgemaßnahmen.

VDE, GS und CE sind Prüfzeichen, die u. a. auf elektrischen Maschinen zu finden sind. Sie sagen aus, dass die Maschine oder das Werkzeug Sicherheitsüberprüfungen unterzogen wurde, damit bei sachgemäßem Umgang keine Gefahren davon ausgehen.

A

Werkraumordnung

- Betrete den Werkraum nur in Begleitung des Lehrers.
- Schultaschen und Kleidung nicht am Arbeitsplatz aufbewahren.
- Arbeite nur an Maschinen, wenn du vom Lehrer dazu eingesetzt und unterwiesen bist.
- Benutze Elektrogeräte nur mit ausdrücklicher Erlaubnis des Lehrers (Lötkolben, Schmelzkleben, Elektroschrauber, Stichsäge u. a.).
- Arbeitsanleitung genau lesen und befolgen.
- An einer Maschine arbeitet nur ein Schüler, aber an speziellen Maschinen muss ein zweiter Schüler im Notfall die Maschine ausschalten.
- Prüfe vor Beginn der Arbeit: Material, Werkzeuge und Arbeitsplatz.
- Trage bei gefährlichen Arbeiten geeignete, eng anliegende Kleidung und Schutzausrüstung (Haarnetz, Schutzbrille, Gehörschutz).
- Beachte Gefahrenbereiche an Maschinen.
- Nicht herumrennen – du gefährdest andere.
- Setze Werkzeuge nur zum vorgesehenen Zweck ein.
- Melde beschädigte Werkzeuge, Gefahren oder Verletzungen sofort.
- Kennst du die Standorte für den Erste-Hilfe-Kasten, die Fluchtwege und die Feuerschutzeinrichtungen?
- Nach der Arbeit: Werkzeuge reinigen und wegräumen, Arbeitsplatz säubern und Hände waschen.

Quelle: Unfallkasse Thüringen, GUV-SI 8475 Th

Recherchiere:

1. Welche Bedeutung haben die oben stehenden Symbole?
   Wo findest du sie im Technik- bzw. im Maschinenraum?

2. Welche weiteren Gefahren- oder Arbeitsschutz-Symbole kennst du? Über Arbeitsschutz und Unfallverhütung, häufige Unfälle und ihre Ursachen kannst du dich beispielsweise bei Handwerkskammern oder Berufsgenossenschaften informieren.

Messen ist das Vergleichen einer Länge oder eines Winkels mit einem Messgerät. Man erhält einen Messwert.

Lehren ist das Vergleichen eines Gegenstandes mit einer Lehre. Man stellt dabei fest, ob der Prüfgegenstand Gut oder Ausschuss ist.

5 Prüfen, Messen, Lehren

Zur Bewertung der Qualität eines Produktes ist das Beherrschen von verschiedenen Prüfverfahren von Vorteil. Dadurch kann beispielsweise jeder Schüler selbst die Maßhaltigkeit und Winkeligkeit einzelner Bauteile überprüfen.

Die nachfolgend erläuterten Prüfverfahren sollen die Selbstbewertung vereinfachen.

Prüfen

Feststellen, ob ein Prüfgegenstand bestimmte vorgeschriebene Bedingungen erfüllt

Messen

Messgeräte:

- Stahlmaßstab
- Messschieber
- einfacher Winkelmesser
- Universalwinkelmesser

Lehren

Lehren:

- Haarlineale
- Radienlehren
- feste Winkel

Prüfen von Längen und Winkeln
Nach der Fertigung der Einzelteile eines Produktes sind Maße und Form zu prüfen. Dieses geschieht durch Messen und Lehren.

Auswahl von Prüfgeräten
Der Zeichnung der Halterung (Abb. S. 142) kann man folgende Informationen entnehmen:
- größte Länge: 300 mm,
- kleinste Länge: 2,5 mm.

Für das Messen der Gesamtlänge ist ein Messgerät mit einem Messbereich 300 mm und einer Messgenauigkeit von 1 mm erforderlich. Dafür eignet sich ein **Stahlmaßstab**.

Das Messen der Breite des Flachstahls von 40 mm und der Dicke von 6 mm erfolgt mit einem Messschieber mit einer **Messgenauigkeit** von 0,1 mm.

Für das Messen der Bogenhöhen 2,5 mm und 7,5 mm der beiden Kreisabschnitte benötigt man ein Messgerät mit einer Messgenauigkeit von 0,1 mm. Aufgrund der konkaven Form der Kreisbögen muss man die Tiefe messen. Geeignet ist dafür ein **Tiefenmessschieber**.

Zum Prüfen der Bogenformen benötigt man Prüfgeräte, welche die jeweiligen Bögen darstellen. Gefordert ist ein Kreisbogen mit dem Durchmesser 60 mm und ein Kreisbogen mit dem Radius 150 mm. Zum Prüfen verwendet man **Radienlehren** mit einem Radius 30 mm und einem Radius 150 mm. Ist eine geeignete Lehre nicht vorhanden, kann man sich eine solche selbst aus Blech herstellen.

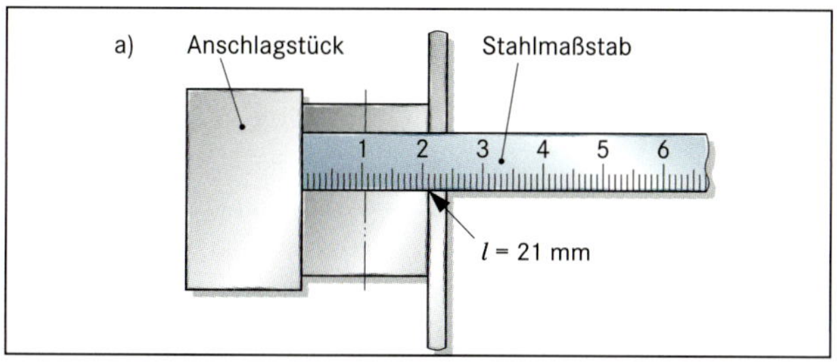

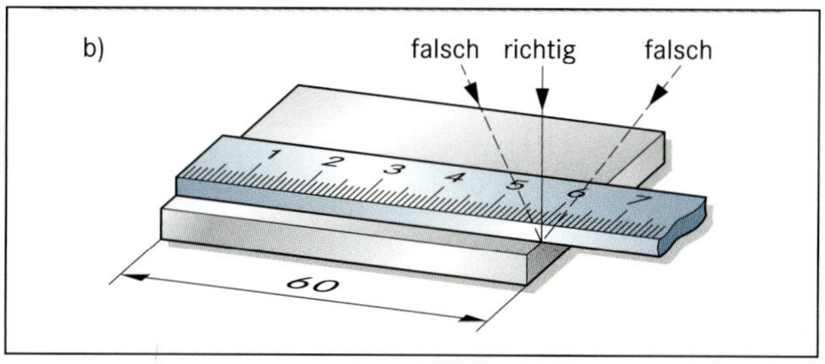

Ablesen des Stahlmaßstabes

Stahlmaßstab

Stahlmaßstäbe aus Federbandstahl gibt es mit Messbereichen von 300 mm und 500 mm. Sie werden ohne optische Vergrößerung abgelesen. Deshalb haben sie meistens nur eine Messgenauigkeit von 1 mm. Beim Messen muss darauf geachtet werden, dass die Nullmarke genau mit der Kante des zu messenden Werkstücks abschließt.

Deshalb wird beim Messen häufig ein Anschlagstück verwendet.

Um Ablesefehler zu vermeiden, muss unter einem Blickwinkel senkrecht zur Skale abgelesen werden.

Stahlmaßstäbe werden für Messungen mit großen Toleranzen und für Anreißarbeiten verwendet.

Neben dem Stahlmaßstab verwendet man weitere Strichmaße. Diese sind der Gliedermaßstab mit einem Messbereich von 2 m und das Bandmaßstab mit einem Messbereich von bis zu 50 m. Sie haben beide eine Ablesegenauigkeit von 1 mm.

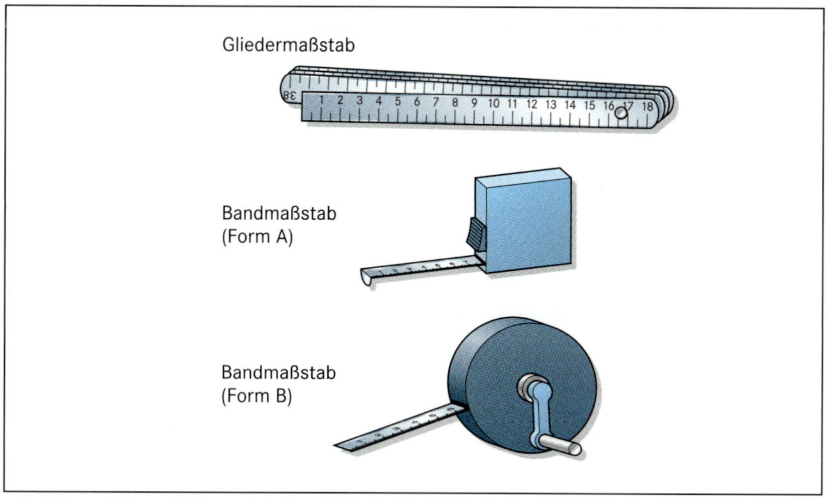

Strichmaße

Gliedermaßstäbe und Bandmaßstäbe werden für Messungen großer Längen verwendet. Die Toleranzen haben hier kaum eine Bedeutung. Im Technikunterricht spielen Gliedermaßstäbe und Bandmaßstäbe eine untergeordnete Rolle. Da ein Messbereich bis 500 mm und eine Messgenauigkeit von 1 mm oft ausreicht, wird der Stahlmaßstab am häufigsten eingesetzt. Ist eine größere Genauigkeit gefordert, kommt im Unterricht der Messschieber zum Einsatz.

5.1 Der Messschieber

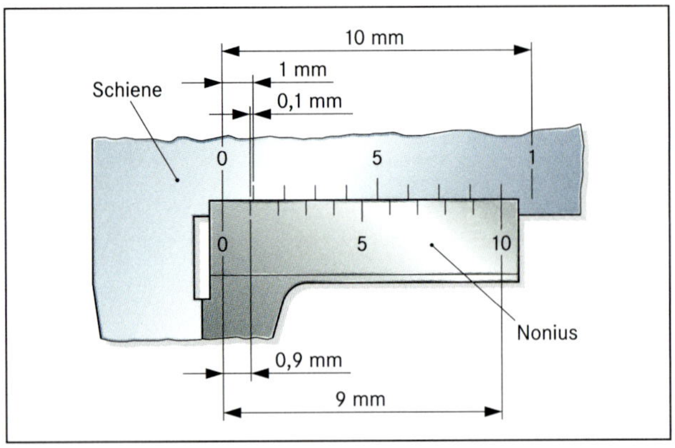

Einfacher 1/10-Nonius

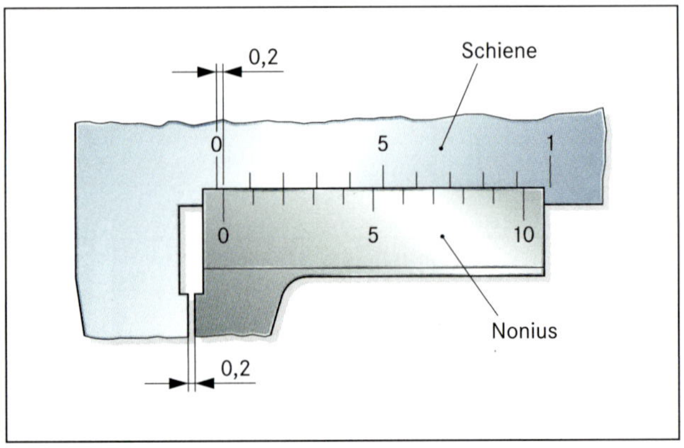

Ablesen des einfachen 1/10-Nonius

Die Messgenauigkeit des Messschiebers mit 1/10-Nonius beträgt Now = 1/10 mm = 0,1 mm. Dieser Wert heißt **Noniuswert**.

Messschieber sind die in der Metalltechnik am häufigsten verwendeten Längenmessgeräte. Messschieber sind anzeigende Messgeräte.

Mit ihnen können schnell und sicher Außen-, Innen- und Tiefenmessungen ausgeführt werden. Längenmaße können mit einer Genauigkeit von 1/10 mm oder 1/20 mm abgelesen werden. Diese Messgenauigkeit wird dadurch erreicht, dass der Messschieber mit einem zusätzlichen Hilfsmaßstab ausgestattet ist. Dieser Hilfsmaßstab wird als **Nonius** bezeichnet.

Bei dem einfachen 1/10-Nonius sind 9 mm in zehn gleiche Teile unterteilt. Der Abstand von einem Teilstrich zum nächsten beträgt daher auf dem Nonius 9/10 mm = 0,9 mm. Auf der Millimeterskale der Schiene beträgt der Teilstrichabstand 1 mm. Der Unterschied zwischen einem Teilstück der Millimeterskale und einem Teilstück des Nonius beträgt 1 mm – 0,9 mm = 0,1 mm.
Wird der Messschieber so weit geöffnet, dass sich z. B. Teilstrich 2 des Nonius mit Teilstrich 2 der Millimeterskale deckt, so ist der bewegliche Messschenkel gegenüber dem festen Messschenkel um 0,2 mm verschoben worden. Der Messwert beträgt Mw = 0,2 mm.

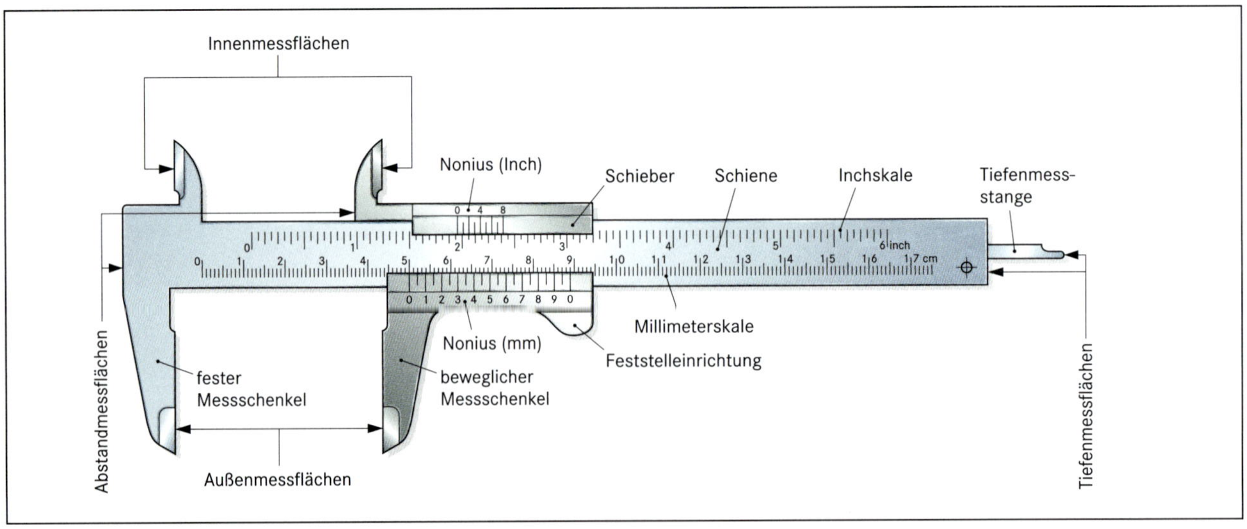

Messschieber – Form A

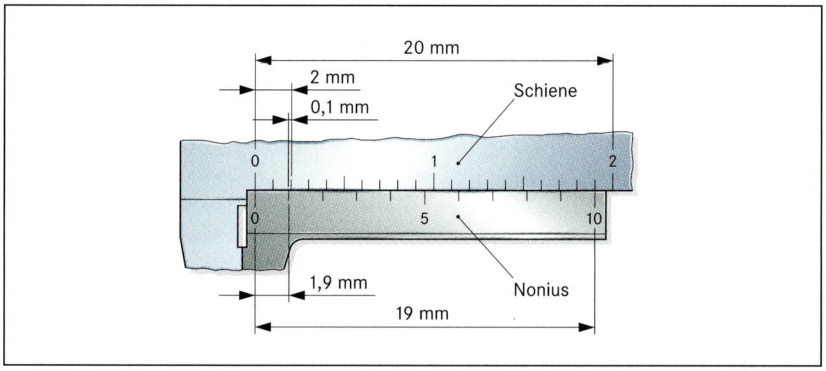

Erweiterter 1/10-Nonius

Die Messgenauigkeit des Messschiebers mit erweitertem 1/10-Nonius beträgt Now = 1/10 mm = 0,1 mm.

Beim Ablesen des Messschiebers kommt es darauf an, denjenigen Teilstrich des Nonius zu bestimmen, der mit einem Teilstrich der Millimeterskale zusammenfällt. Das Ablesen wird optisch erleichtert, wenn der Abstand der Teilstriche auf dem Nonius vergrößert wird. Man erreicht dies beim erweiterten 1/10-Nonius dadurch, dass 19 mm in zehn gleiche Teile unterteilt werden. Der Abstand von einem Teilstrich zum nächsten beträgt dann auf dem Nonius 19/10 mm = 1,9 mm. Der Unterschied zwischen einem Teilstück der Millimeterskale und einem Teilstück des Nonius beträgt wie beim einfachen 1/10-Nonius 0,1 mm (2 mm – 1,9 mm = 0,1 mm).
Eine größere Messgenauigkeit wird mit dem Messschieber mit 1/20-Nonius erreicht.

Das Ablesen eines Messwertes erfolgt in drei Schritten:
a) Ablesen der vollen Millimeter links von der Nonius- Null auf der Millimeterskale der Schiene (8 mm).
b) Bestimmen desjenigen Teilstrichs des Nonius, der mit einem Teilstrich der Millimeterskale übereinstimmt (1. Teilstrich). Dieser Nonius-Teilstrich gibt die Zehntelmillimeter an (0,1 mm).
c) Volle Millimeter und Zehntelmillimeter werden addiert (8 mm + 0,1 mm = 8,1 mm). Die Summe der beiden Werte ergibt den Messwert Mw = 8,1 mm.

Messschieber mit Rundskale haben ein Zifferblatt mit Zeiger und eine Messgenauigkeit (= Skalenteilungswert Skw) bis zu 1/100 mm. Tiefenmessschieber haben einen beweglichen Schenkel in Form einer Brücke. Damit hat man am Werkstück eine bessere Anlage als bei der Tiefenmessstange des Messschiebers Form A.

A

Lies die Messwerte an den Messschiebern ab.

a)

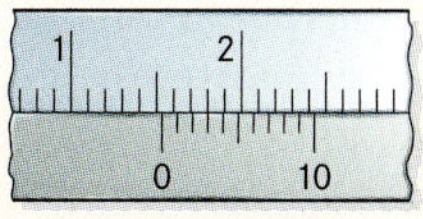

b)

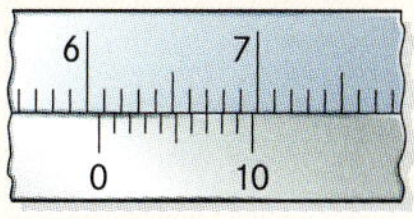

c)

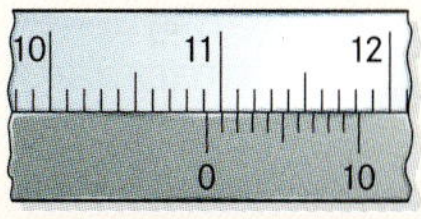

d)

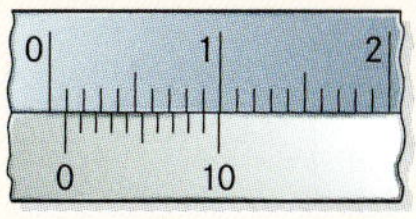

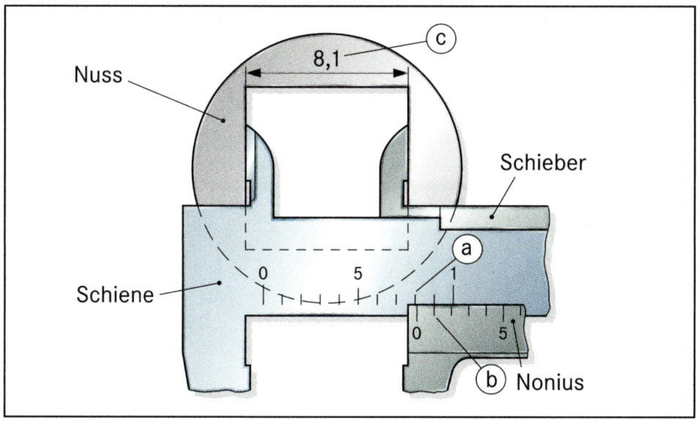

Ablesen eines Messwertes

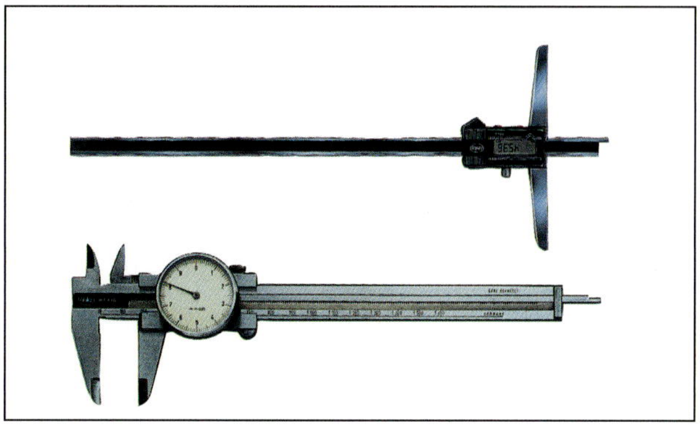

Sonderformen von Messschiebern

Messschieber mit Ziffernanzeige (Digitalmessschieber) setzen sich immer mehr durch. Die Messgenauigkeit (= Ziffernschrittwert Zw) beträgt 1/100 mm. Der Messwert kann direkt abgelesen werden.

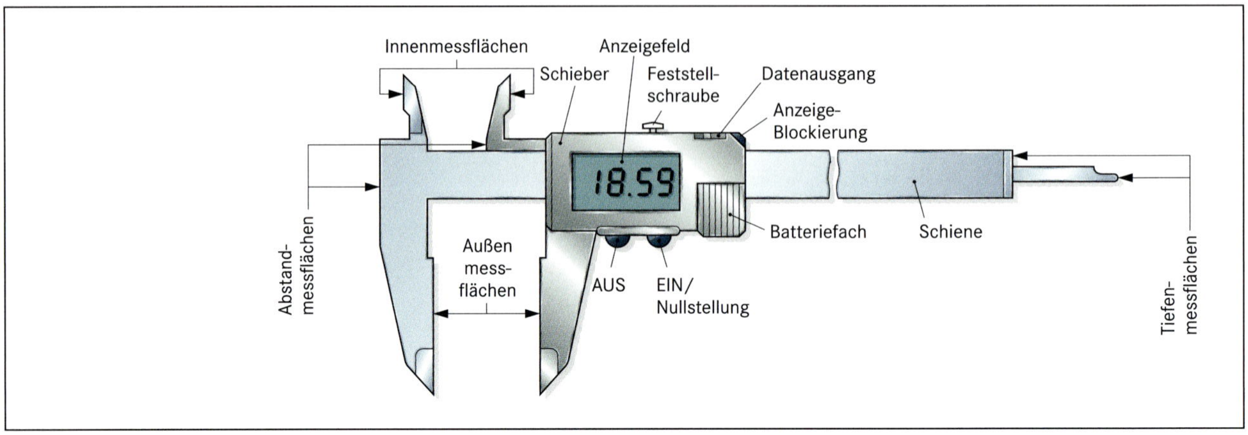

Digitalmessschieber

i

Längenmessungen mit Messschiebern müssen bei der genormten Bezugstemperatur von 20 °C durchgeführt werden. Abweichungen hiervon verursachen Messfehler.

Geräte zum Prüfen von Winkeln

Winkel werden häufig mit Lehren geprüft. Hierfür verwendet man feste Winkel, die jeweils nur für die Prüfung eines bestimmten Winkels geeignet sind. Die gebräuchlichsten 90°-Winkel sind Flachwinkel, Haarwinkel und Anschlagwinkel. Mit Flach- und Haarwinkeln prüft man die Lage von Kanten und Flächen zueinander. Anschlagwinkel verwendet man zum Ausrichten und Anreißen.
120°-Winkel werden zum Anreißen und Prüfen von Sechskanten, 135°-Winkel für Achtkante und Gehrungen verwendet.

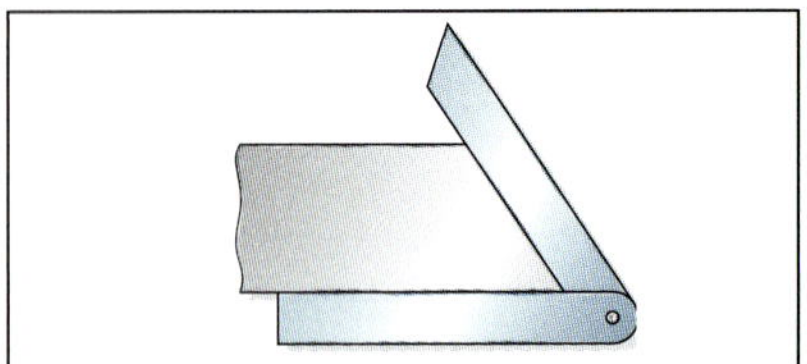

Schmiege

Schmiegen sind verstellbare Lehren, die für das Prüfen und Übertragen von Winkeln verwendet werden. Mithilfe des beweglichen Schenkels sind sie auf jedes beliebige Winkelmaß einstellbar.
Einfache Winkelmesser werden für Messungen mit Messgenauigkeiten von 1° eingesetzt. Der Skalenteilungswert beträgt 1°. Der Messbereich reicht von 0° bis 180°.

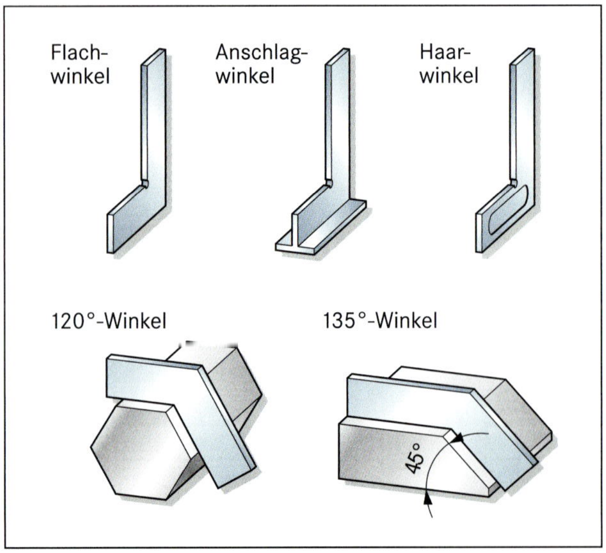

Feste Winkel

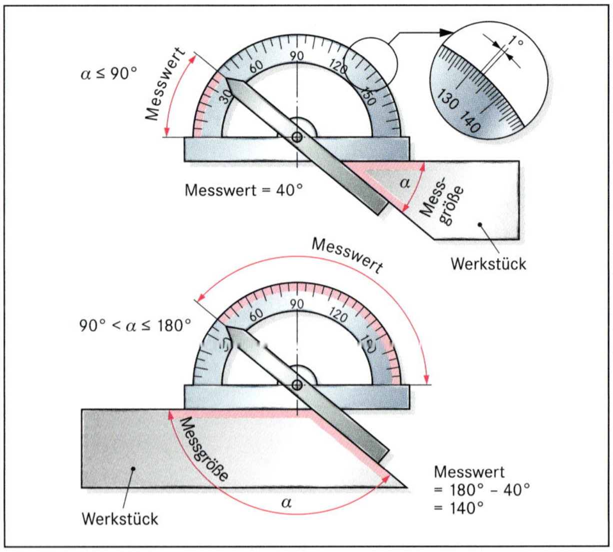

Einfacher Winkelmesser

Prüfvorgang
Durch Prüfen soll festgestellt werden, ob ein Produkt die geforderten Eigenschaften hat. Durch die Eingangsprüfung vor der Fertigung werden Werkstoff und Maße des Rohteils geprüft. Durch die Zwischenprüfung während der Fertigung werden fortlaufend Maße, Formen und Oberflächenbeschaffenheit des Werkstückes geprüft. Durch die Endprüfung nach der Fertigung werden alle von dem Werkstück geforderten Eigenschaften geprüft. Das Ergebnis des Prüfens erhält man immer durch eine JA-NEIN-Entscheidung.

Das Prüfen von Werkstücken kann durch Messen oder durch Lehren erfolgen.

Beim **Messen** wird ein unbekanntes Maß am Werkstück mit einem festgelegten Maß verglichen. Die durch den Stahlmaßstab festgelegte Maßeinheit ist das Millimeter. Beim Messen wird das Maß am Werkstück mit dem Maß am Stahlmaßstab verglichen. Das Ergebnis des Messens ist das Istmaß. Es wird als Produkt aus Zahlenwert und Maßeinheit angegeben.

Beim **Lehren** wird ein Maß oder eine Form des Werkstückes mit einer Maßlehre oder einer Formlehre verglichen. Die Lehre verkörpert ein gefordertes Sollmaß oder eine geforderte Sollform. Beim Prüfen durch Lehren wird festgestellt, ob Istmaß oder Istform des Werkstückes von dem idealen Maß oder von der idealen Form der Lehre abweichen oder nicht. Ein Zahlenwert für die Größe der Abweichung wird beim Lehren nicht ermittelt.

Prüfabweichungen
Das Nennmaß eines Werkstückes kann nie hundertprozentig exakt hergestellt werden. Deshalb werden Maßtoleranzen zugelassen. Dies trifft auch für die Herstellung der Prüfmittel zu. Jedes Prüfmittel kann deshalb als „fehlerbehaftet" angesehen werden.

Ebenso wenig kann das Istmaß eines Werkstückes hundertprozentig exakt ermittelt werden. Das führt zwangsläufig zu Unterschieden zwischen dem Prüfergebnis und dem tatsächlich vorhandenen Istmaß, wenn Prüfmittel eingesetzt werden. Ungenügende Übung des Prüfers können ebenfalls zu Unterschieden zwischen Prüfergebnis und tatsächlichem Maß führen. Der Unterschied zwischen gemessener Größe und tatsächlicher Größe heißt **Messabweichung**.

Messabweichung =
gemessene Größe – tatsächliche Größe

Ursachen von Abweichungen
Abweichungen der gemessenen Größe von der tatsächlichen Größe beruhen auf unterschiedlichen Ursachen. Fehlerquellen, die Abweichungen beim Prüfen verursachen können, liegen bei
- den Prüfmitteln → Gerätefehler,
- den Werkstücken → Prüflingfehler,
- den Umgebungsbedingungen → umweltbedingte Fehler,
- dem Prüfer → persönliche Fehler.

Gerätefehler (z. B. bei Messgeräten und Lehren) ergeben sich durch Fertigungstoleranzen oder durch Justierfehler bei der Montage. Typische Gerätefehler sind Teilungsfehler an den Skalen von Messschiebern und Verschleiß der Messflächen.

A

Ordne die folgenden Prüfgeräte den Verfahren Messen oder Lehren zu: Stahlmaßstab, Messschieber, Radienlehre, Universalwinkelmesser, Haarlineal, Flachwinkel.

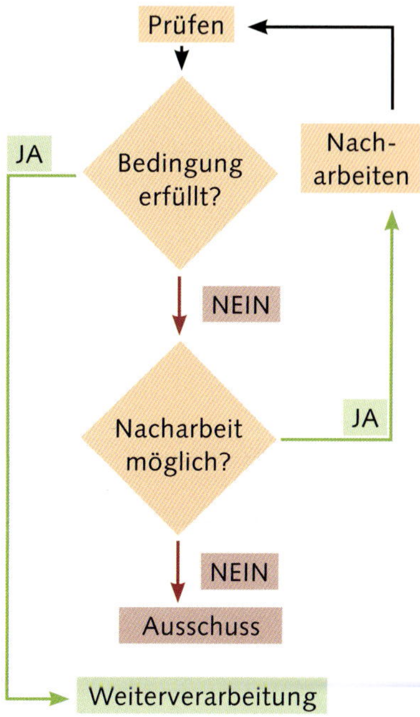

Ablaufplan für einen Prüfvorgang

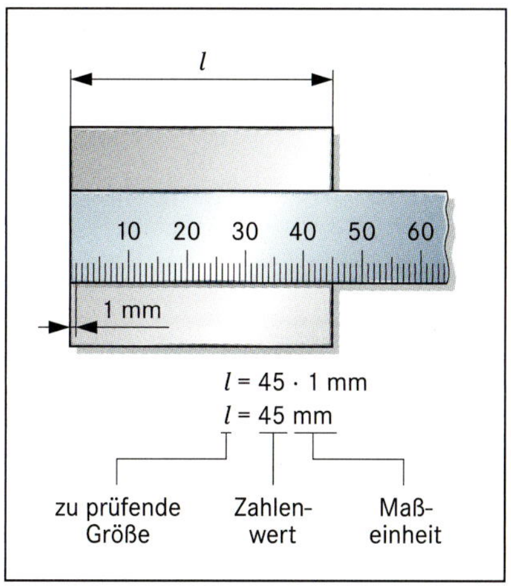

Messen

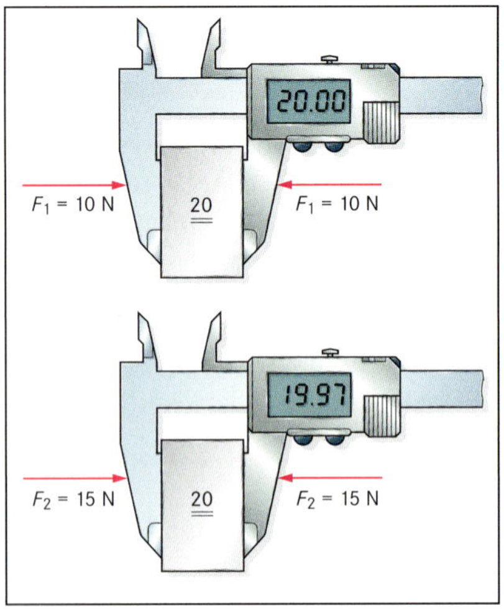

Zufällige Abweichungen durch Messkraftschwankung

Prüflingfehler ergeben sich z. B. durch Grat oder Zunder, durch Reste von Kühlschmierstoffen oder Anreißlack, durch Verschmutzungen mit Öl, Fett oder Staub. Zu große Messkraft kann zu Verformungen des Werkstücks und damit zu Prüfabweichungen führen.

Umweltbedingte Fehler ergeben sich z. B. durch Schwankungen der Temperatur, unzureichende Beleuchtung, hohe Staubbelastung und Erschütterungen. Ein besonders wichtiger Umwelteinfluss ist die Temperatur. Metallische Werkstoffe dehnen sich bei Erwärmung aus und ziehen sich bei Abkühlung zusammen. Zur Vermeidung von Temperatureinflüssen sollten Prüfgeräte und Werkstücke während des Prüfvorganges die vorgeschriebene Bezugstemperatur von 20 °C haben.

Persönliche Fehler ergeben sich z. B. durch unsachgemäßes oder falsches Anwenden von Prüfgeräten, durch ungenügende Übung beim Ablesen des Messwertes, durch schräge Blickrichtung beim Ablesen (Parallaxe) oder unzureichende Sichtverhältnisse.

Arten von Abweichungen
Prüfabweichungen werden unterteilt in systematische Abweichungen und zufällige Abweichungen.

Systematische Abweichungen entstehen z. B. durch fertigungsbedingte Teilungsabweichungen bei Skalen, durch Abnutzung der Prüfmittel und durch gleichbleibende Abweichungen von der genormten Bezugstemperatur von 20 °C. Sie haben unter gleichen Prüfbedingungen immer die gleiche Größe und das gleiche Vorzeichen. Gleiche Prüfbedingungen bedeutet: gleiches Prüfgerät, gleiche Prüfstelle, gleicher Prüfer. Systematische Abweichungen ergeben einen falschen Prüfwert. Sie können jedoch als Korrekturwert erfasst werden. Der Korrekturwert kann bei jeder Prüfung berücksichtigt werden.

Zufällige Abweichungen entstehen z. B. durch Verformungen von Werkstück oder Prüfgerät während des Prüfens. Je nach aufgebrachter Messkraft wird die Anzeige am Messschieber größer oder kleiner. Grat und anhaftender Schmutz am Werkstück beeinflussen ebenfalls das Messergebnis. Zufällige Abweichungen treten unregelmäßig auf und schwanken selbst unter gleichen Messbedingungen. Sie können beim Prüfen nicht durch einen Korrekturwert berücksichtigt werden. Man kann jedoch versuchen, sie durch ein statistisches Verfahren zu erfassen. Dabei werden für eine Messgröße mehrere Messungen unter gleichen Bedingungen durchgeführt. Aus der so ermittelten Messreihe wird ein Mittelwert gebildet. Dieser Mittelwert stimmt annähernd mit dem tatsächlichen Wert überein.
Beispiel: Ein Werkstück wurde fünfmal an der gleichen Stelle gemessen. Aus den aufgenommenen Messwerten ist der Mittelwert zu bilden.

Messwert Nr	Messwert Mw in mm
1	30,04
2	29,99
3	30,09
4	30,06
5	30,07

$$\text{Mittelwert} = \frac{\text{Summe der Messwerte}}{\text{Anzahl der Messwerte}}$$

$$\text{Mittelwert} = \frac{150{,}25\ \text{mm}}{5\ \text{mm}}$$

$$\text{Mittelwert} = 30{,}05\ \text{mm}$$

X Konstruktion, Herstellung und Handhabung von Modellen

Maschinen begleiten uns in unserem täglichen Leben. Sie erleichtern die Arbeit sowohl zu Hause, in der Freizeit als auch im Betrieb. Im folgenden Kapitel erfahrt ihr, wie Maschinen prinzipiell aufgebaut sind und nach welchen Wirkprinzipien sie funktionieren. Ihr lernt, wie man die Zusammenhänge übersichtlich und leicht verständlich in Schaubildern schematisch darstellen kann. Zum besseren Verständnis können Modelle von Maschinen mit den technischen Baukästen im Technikraum aufgebaut werden. Ihr könnt solche Modelle alleine oder in Teams bauen und so die erlernten Zusammenhänge am praktischen Beispiel erproben.

1 Aufbau und Funktion von Maschinen

1.1 Funktionsorgane

Maschinen sind immer für einen bestimmten Zweck konstruiert. Sie sind aus Einzelteilen aufgebaut, die man meist nicht erkennen kann, weil sie durch das Gehäuse verdeckt sind. Diese Einzelteile wirken zwangsläufig zusammen und verrichten nützliche Arbeit.

Familie Meyer ist in ihr neues Eigenheim eingezogen. Die Geschwister Britta und Bernd dürfen ihre Zimmer selbst gestalten. Für Bücher und Spielsachen wollen sie ein Regal an die Holzwand montieren. Da keine Löcher vorhanden sind, holt Britta die elektrische Handbohrmaschine. Bernd zeichnet die Löcher an, Britta spannt einen 3 mm-Holzbohrer in das Bohrfutter der Maschine, schaltet sie ein und bohrt die Löcher.

Welche Vorgänge laufen in der Maschine ab um die Bewegung zu erzeugen? Britta hat vor Arbeitsbeginn die elektrische Zuleitung in die Steckdose gesteckt und die Maschine über einen Druckschalter (Steuerorgan) eingeschaltet. Dadurch wird dem Elektromotor (Antriebsorgan) Energie zugeführt. Der Motor dreht sich mit hoher Drehzahl. Über einen Schalter kann je nach Material zwischen verschiedenen Geschwindigkeiten gewählt werden. Zwischen dem Bohrer und dem Elektromotor ist ein Getriebe (**Übertragungsorgan**) eingebaut. Es senkt die Drehzahl des Motors (Übersetzung ins Langsame) und verleiht der Maschine eine große Kraft. Motor und Getriebe sind in einem schlagfesten Kunststoffgehäuse (**Trägerorgan**) untergebracht, das vor der Berührung Strom führender Teile bewahrt. Außerdem ist das Gehäuse mit Lüftungsschlitzen versehen um die Maschine zu kühlen. Das Bohrfutter nimmt den Bohrer (**Arbeitsorgan**) auf. Allgemein bezeichnet man die Gesamtheit von Bauteilen bzw. Bauelementen, die im Zusammenwirken innerhalb der Maschine einen bestimmten Zweck erfüllen, als **Funktionsorgane**.
Die meisten Maschinen bestehen aus den Funktionsorganen **Antriebsorgan, Arbeitsorgan, Übertragungsorgan, Steuerorgan und Trägerorgan**.

i

Funktionsorgane bestehen aus Einzelteilen, die in einer Baugruppe zusammengefasst sind und zwangsläufig zusammenwirken. Sie erfüllen innerhalb einer Maschine einen bestimmten Zweck.

A

1. Untersucht eine Küchenmaschine und einen Handmixer nach dem Beispiel der Bohrmaschine.
2. Konstruiert mithilfe eines Baukastens verschiedene Getriebe für ein Handbohrmaschinenmodell.

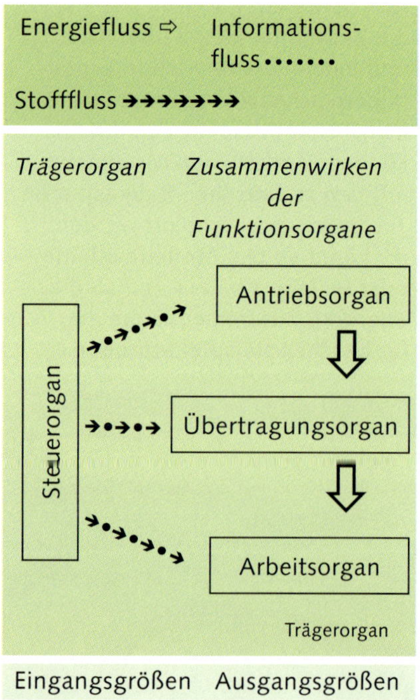

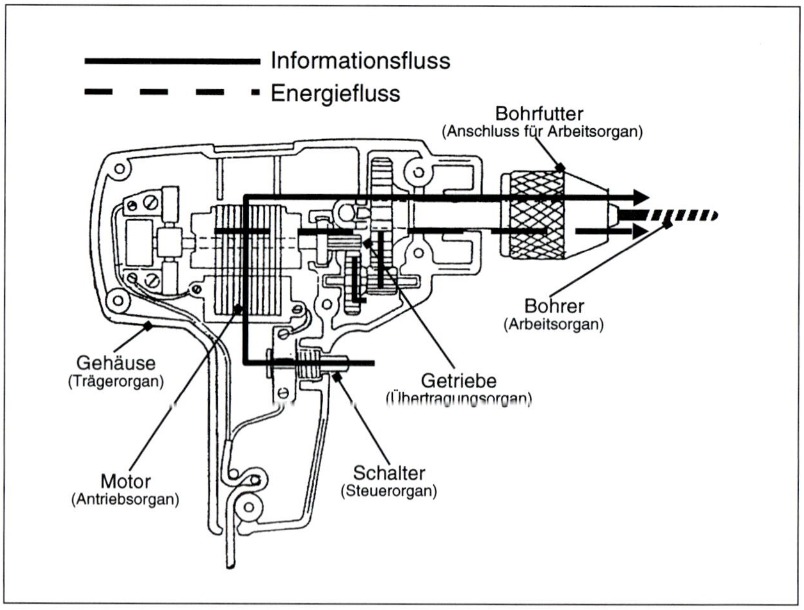

Bohrmaschine

Funktion	Funktionsorgan	Beschreibung	Beispiele
Antreiben	Antriebsorgan	Antriebsenergie in geeigneter Form und Menge bereitstellen	Elektromotoren, Verbrennungsmotoren
Energie übertragen	Übertragungs-organ	Antriebsenergie an Arbeitsorgan weitergeben und deren Größe anpassen	Riemengetriebe, Zahnradgetriebe, Kurbelgetriebe, Rohrleitungen
Steuern/ Regeln	Steuerungs-organ	Informations- und Signalumsetzung zur Beeinflussung des Energie- und Stoffflusses	Schalter, Ventile, Steuer- und Regelgeräte
Stützen/ Tragen	Trägerorgan	Funktionsorgane zusammenhalten und führen, Kräfte aufnehmen und weiterleiten	Gestelle, Rahmen, Lager, Führungen, Säulen
Arbeiten	Arbeitsorgan	Verwirklicht die eigentliche Aufgabe der Maschine – Veränderung des Arbeitsgegenstandes	Werkstück- und Werkzeugaufnahme

Übersicht zu den prinzipiellen Funktionen der Bauteile von Maschinen

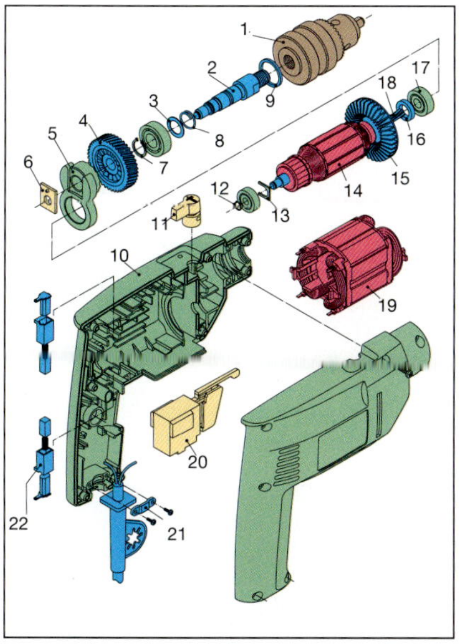

1 Bohrfutter
2 Bohrspindel
3 Stützscheibe
4 Zahnrad
5 Lagerbuchse
6 Stellscheibe
7 Sicherungsring
8 Druckfeder
9 Dichtring
10 Gehäuse
11 Schaltgriff
12 Sicherungsscheibe
13 Sicherungsblech
14 Anker
15 Lüfter
16 Distanzscheibe
17 Wälzlager
18 Ritzel
19 Stator
20 Schalter
21 Schnelle mit Schrauben
22 Kohlenstift mit Druckfeder und Hulse

Explosionszeichnung einer Bohrmaschine

Funktionsorgane basieren auf dem Prinzip **E**ingabe – **V**erarbeitung – **A**usgabe (**EVA**). Dabei erfolgt durch die Antriebsorgane die **Eingabe** der erforderlichen Größen, z. B. Bereitstellung der notwendigen Energie durch einen Elektromotor. Die **Verarbeitung** wird durch die Übertragungsorgane z. B. in Getrieben realisiert. Die **Ausgabe** der durch das Getriebe z. B. veränderten Bewegung erfolgt am Arbeitsorgan. Dadurch wird der Arbeitsgegenstand verändert.

A

Ordnet die Bauteile der Bohrmaschine in der Explosivdarstellung den einzelnen Funktionsorganen zu.

	Eingabe	Verarbeitung	Ausgabe
Funktionsorgan	Antriebsorgan	Übertragungsorgan	Arbeitsorgan
Bauelement	Elektromotor	Riemengetriebe	Bohrer

Prinzip EVA am Beispiel Ständerbohrmaschine

Walzen von Blech

Drehzahleinstellung
an einem Akkuschrauber

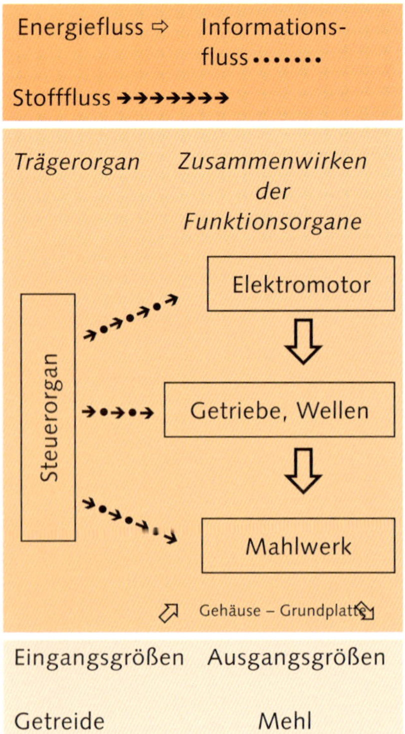

Wirkungsprinzip von Maschinen

Alle Maschinen funktionieren nach dem gleichen Prinzip:

- Sie ver- oder bearbeiten **Stoff**. Mit dem Bohrer werden z. B. Holzwände bearbeitet, eine Walzmaschine dient zur Herstellung von Blechen usw.
- Zur Stoffver- oder -bearbeitung benötigt die Maschine **Energie**, heute meist in Form von Strom (Elektromotoren).
- Die Maschine benötigt **Informationen**, was mit dem Stoff geschehen soll. Eine solche Information ist bei der Bohrmaschine z. B. die Einstellung für „langsam bohren". Das Walzwerk wird so eingestellt, dass das Blech z. B. 3 mm dick ist.

Am Beispiel der Getreidemühle könnt ihr nachvollziehen, wie diese Ströme innerhalb der Maschine verlaufen.

Der **Informationsfluss**: Über den Wahlschalter wird die Geschwindigkeit des Mahlwerkes gesteuert. Eine weitere Steuerungsmöglichkeit ist der Anpressdruck im Mahlwerk, mit dem die Feinheit des Mahlgutes bestimmt wird.

Der **Stofffluss** beginnt mit dem eingefüllten Getreide im Trichter der Mühle, weiter über die Förderschnecke zum eingestellten Mahlwerk. Das Ergebnis ist Mehl.

Mehl kann durch diese Maschine nur entstehen, wenn **Energie** zum Elektromotor **fließt**. Mithilfe von Getrieben und Wellen wird die Energie weitergeleitet und schließlich so umgeformt, dass das Werkzeug angetrieben wird.

Getreidemühle

Die Funktionsanalyse einer Universal-Sägemaschine zeigt, dass sie trotz großer äußerlicher Unterschiede zur Getreidemühle nach dem gleichen Prinzip funktioniert.

Die Ausgangsform eines Halbzeuges, z. B. U-Profil, ist die Eingangsgröße für den **Stofffluss**. Durch das Sägeblatt wird der Werkstoff des U-Profils zerspant und die Späne mitgenommen. Damit werden die Abmessungen des Halbzeuges verändert (Ausgangsgröße).

Um diesen Stofffluss zu realisieren, ist ein **Energiefluss** notwendig. Dazu wandelt ein Elektromotor elektrische Energie (Eingangsgröße) in mechanische Energie um. Diese Energie wird durch die Übertragungsorgane an das Sägeblatt weitergeleitet, welches damit Zerspanungsarbeit (Ausgangsgröße) leistet. Weitere Energieflüsse sind für das Spannen des Materials sowie für den Transport des abgesägten Rohteils notwendig.

Die Maschine kann aber nur arbeiten, wenn ein entsprechender **Informationsfluss** vorhanden ist. Durch Schaltsignale (Eingangsgröße) der Steuerorgane wird die Maschine eingeschaltet, die Drehzahl und der Vorschub festgelegt.

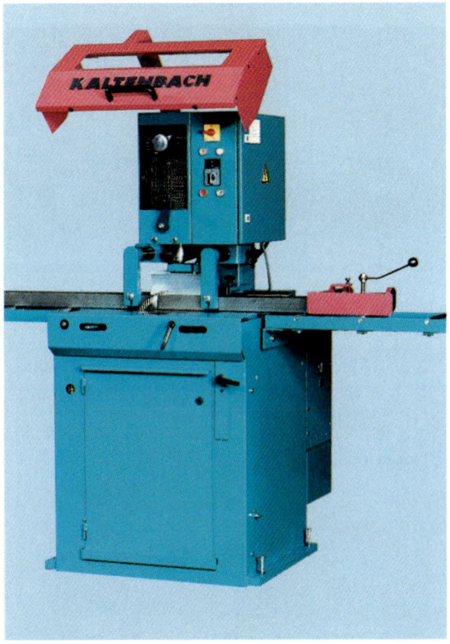

Universal-Sägemaschine

Die Blockdarstellung macht die Zusammenhänge nochmals deutlich.

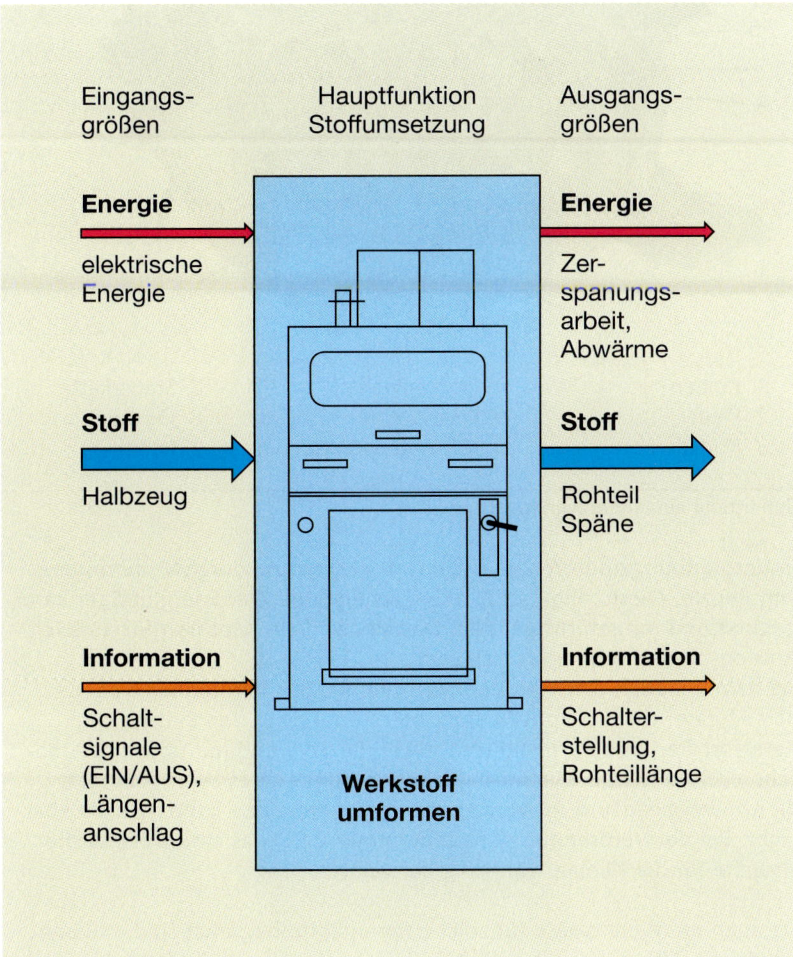

Blockdarstellung einer Sägemaschine

A

Übertragt die Tabelle „Zuordnung der Funktionsorgane" in eure Hefter und füllt die mit Fragezeichen versehenen Felder.

Zuordnung der Funktionsorgane	Antriebsorgan	Übertragungsorgan	Arbeitsorgan
Fahrrad	?	?	?
Bohrmaschine	?	?	?
Moped	?	?	?
Waschmaschine	?	?	?
Kraftfahrzeug	?	?	?
Nähmaschine	?	?	?

Erdgasbetriebenes Fahrzeug

Schiff

Flugzeug

Zur Wirkungsweise von Funktionsorganen

Die Vielfalt von Maschinen, die das Leben in unserer Gesellschaft weitgehend beeinflusst, ist kaum noch überschaubar. Das gilt natürlich auch für die Vielzahl von Varianten von Funktionsorganen. Es ist nicht möglich, die Wirkungsweise aller Funktionsorgane darzustellen. Wir wollen daher an wenigen Beispielen einen ersten Einblick gewinnen.

Antriebsorgane

Im Wesentlichen werden zwei Arten von Antriebsorganen eingesetzt, der Elektromotor und der Verbrennungsmotor. Während der Verbrennungsmotor vorwiegend für mobile Maschinen genutzt wird, eignet sich der Elektromotor für stationäre und mobile Maschinen.

1 Kolben
2 Pleuel
3 Kurbelwelle
4 Nockenwelle
5 Einlassventil
6 Kühlmittelpumpe
7 Steuerkette
8 Ölwanne
9 Lüfter

Schnittbild eines Vierzylinder-Ottomotors

In Verbrennungsmotoren wird die Antriebsenergie durch Verbrennung von Benzin, Diesel, Bio-Diesel oder Gas erzeugt. Der Energieträger kann getankt und mitgeführt werden. Das macht diese Motoren für mobile Antriebsorgane besonders geeignet.
Sie haben jedoch einen großen Nachteil. Bei der Verbrennung entstehen Abgase, die die Umwelt stark belasten. Durch den Einsatz von Katalysatoren und Partikelfiltern sowie die Verwendung umweltfreundlicher Brennstoffe wie Bio-Diesel oder Erdgas ist es zwar gelungen, die Umweltbelastung zu verringern, ganz vermeiden kann man sie aber nicht. Bei der Verbrennung entsteht immer CO_2, das eine wesentliche Ursache für die Klimaerwärmung darstellt.

Da auch die Weltvorräte für solche Brennstoffe begrenzt sind, müssen langfristig Alternativen für die Verbrennungsmotoren als Antriebsorgan entwickelt werden.

Eine solche zukunftsträchtige Entwicklung ist die Brennstoffzelle. Hier wird Elektroenergie durch die Verbrennung von Wasserstoff zu Wasser erzeugt.

Da außer Wasser keine Abprodukte entstehen, wird die Umwelt auch nicht belastet. Das Problem ist nur, dass Wasserstoff in der Natur nicht vorkommt, sondern erst durch Elektrolyse hergestellt werden muss. Dazu ist wiederum ein hoher Energieaufwand notwendig.

Diese Elektroenergie wird vorwiegend aus fossilen Energieträgern gewonnen, wobei eine Umweltbelastung nicht zu vermeiden ist. Würde man bei der Stromerzeugung ausschließlich regenerative Energieträger verwenden, wäre der Einsatz der Brennstoffzelle eine echte Umweltentlastung.

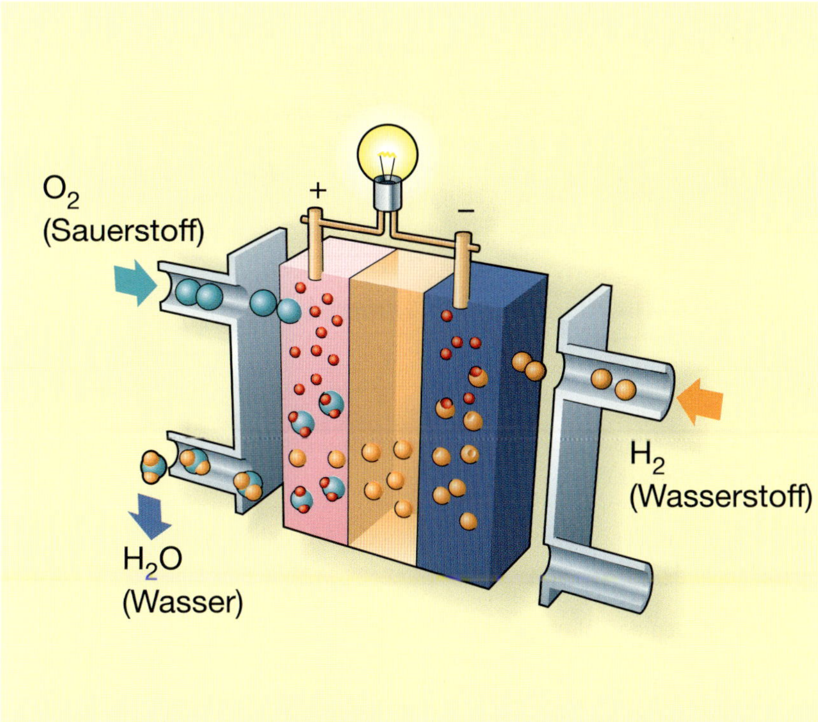

Funktionsprinzip einer Brennstoffzelle

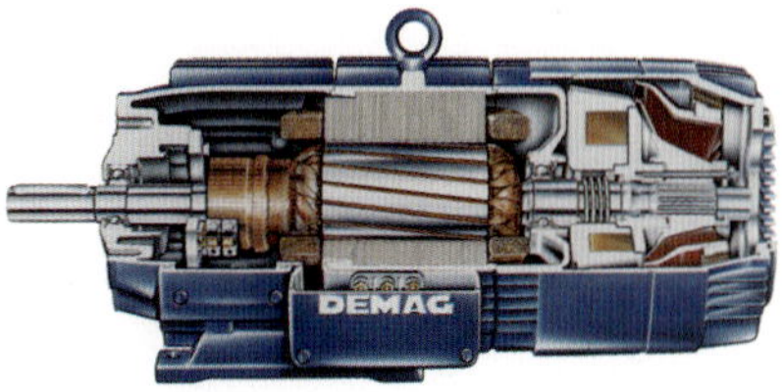

Elektromotor

Fräsmaschine

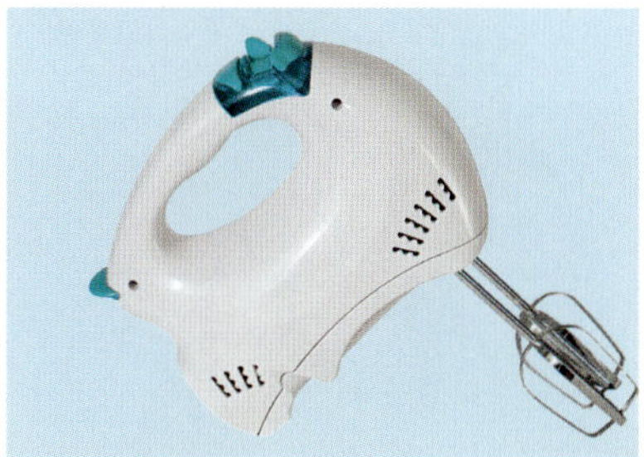

Haushaltsgerät

Verkehrswesen

Der größte Teil der Antriebsorgane sind **Elektromotoren**. Sie wandeln Elektroenergie in Antriebsenergie um. Mehr als 80 % der Maschinen werden von Elektromotoren angetrieben. Sie sind abgasfrei und haben eine große Laufruhe. Ihr Wirkungsgrad ist wesentlich höher als der von Verbrennungsmotoren. Elektromotoren gibt es für fast jeden Einsatzbereich, für ganz geringe und sehr große Leistungen. Zur Drehzahlregelung ist meist kein Getriebe notwendig. Durch ihre kompakte Bauweise sind sie leicht in Maschinen einzubauen.

In den frühen Jahren der Industrialisierung wurde ein Elektromotor als Antriebsorgan für viele Maschinen in einer Fabrikhalle benutzt. In modernen Maschinen wird meist für jede einzelne Funktion ein Elektromotor eingesetzt.

So gibt es an Werkzeugmaschinen einen Motor für den Antrieb, einen für den Vorschub, einen für die Zustellbewegung, einen für die Spannvorrichtung, einen für die Kühlmittelpumpe usw. Damit vereinfacht sich die Gestaltung der Übertragungsorgane und die Leistung der Motoren kann exakt auf die spezifischen Anforderungen angepasst werden.

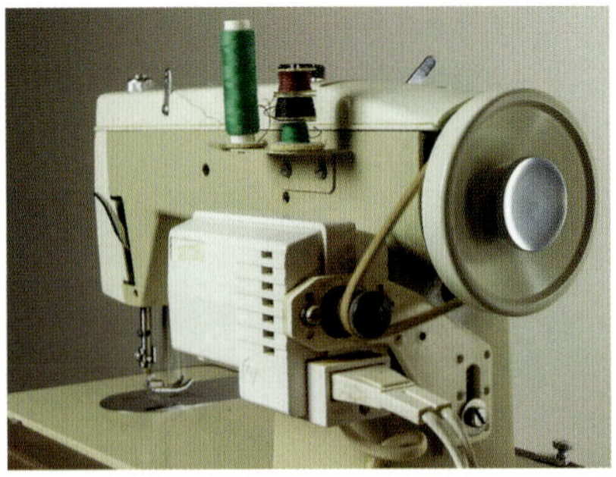
Riemengetriebe an der Nähmaschine

Übertragungsorgane
Übertragungsorgane müssen die vom Antriebsorgan bereitgestellte Energie auf das Arbeitsorgan übertragen. In den meisten Fällen entspricht die vom Antriebsorgan abgegebene Bewegung nicht denen, die für die spezifischen Funktionen der Maschine notwendig sind.
So gibt der Verbrennungsmotor eines Autos eine Drehzahl zwischen 800 und 6000 U/Min ab. Für eine variable Fahrzeuggeschwindigkeit zwischen 0 und 140 km/h wäre die vom Motor abgegebene Bewegung nicht geeignet. Außerdem ist für das Rückwärtsfahren eine Drehrichtungsänderung notwendig.

An einer Drehmaschine werden eine Drehbewegung für die Arbeitsspindel sowie eine gradlinige Vorschub- und Zustellbewegung benötigt.

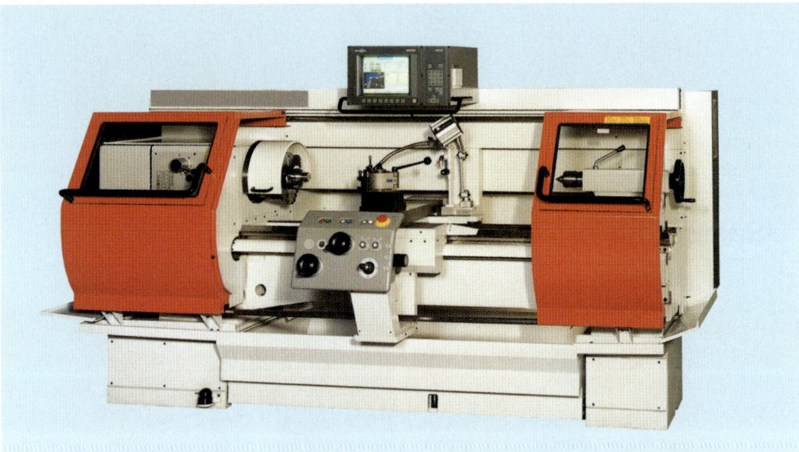
Moderne Drehmaschine

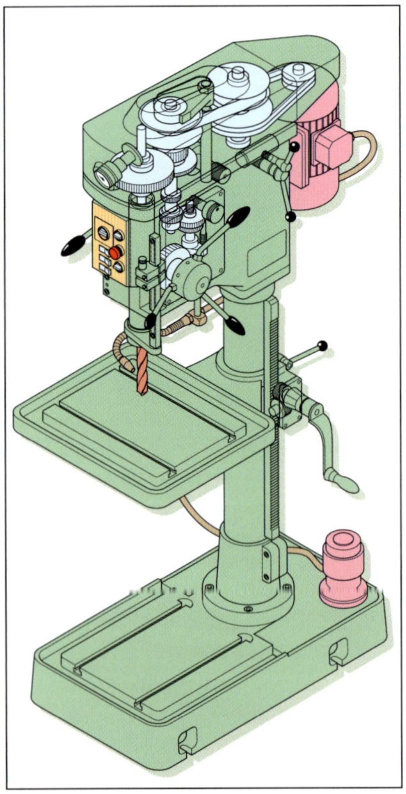
Ständerbohrmaschine

Die Anpassung der Antriebsbewegung an die Arbeitsbewegung erfolgt in der Regel durch **Getriebe**.

Getriebe haben deshalb unterschiedliche Funktionen:
- Weiterleiten und Verteilen der mechanische Energie,
- Ändern von Drehzahl und Drehrichtung,
- Ändern der Bewegungsform.

Für das Weiterleiten der mechanischen Energie sowie zur Drehzahl- und Drehrichtungsänderung werden meist **Riemen**- oder **Zahnradgetriebe** genutzt. Bei Riemengetrieben wird die Bewegung vom Antriebsrad auf das angetriebene Riemenrad durch ein Zugmittel (Riemen) übertragen. Die Kraftübertragung erfolgt durch Reibung. Man spricht von kraftschlüssiger Übertragung. Hierbei kommt es immer wieder zu einem Reibungsverlust (Schlupf). Um diesen Verlust zu vermeiden, werden heute z. B. Keilriemen verwendet, die bei starkem Zug in die Keilriemenführung des Riemenrades (Nut) gepresst werden. Ein anderes Mittel, den Schlupf zu verringern, ist die Spannrolle. Sie spannt den Keilriemen und presst ihn so in die Nut des Rades.

Riemengetriebe setzt man ein, wenn Drehbewegungen über große Abstände übertragen werden müssen, bzw. die Übertragung von Schwingungen verhindert werden soll. Bei Zahnradgetrieben wird die Bewegung durch das Ineinandergreifen der Zähne übertragen. Man spricht hier von einer formschlüssigen Übertragung. Diese Getriebeart eignet sich besonders gut bei geringen Wellenabständen.

Zahnradgetriebe sichern ein gleichbleibendes Übersetzungsverhältnis und können große Kräfte schlupffrei übertragen. Durch die Zahnform wird ein Zwangslauf gesichert.

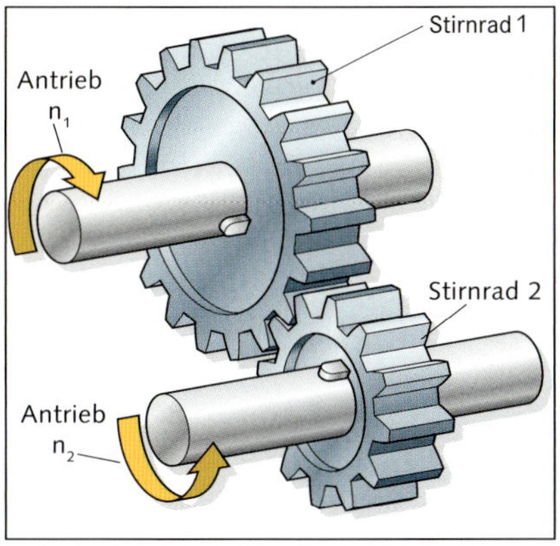

Stirnradgetriebe

Zahnriemen

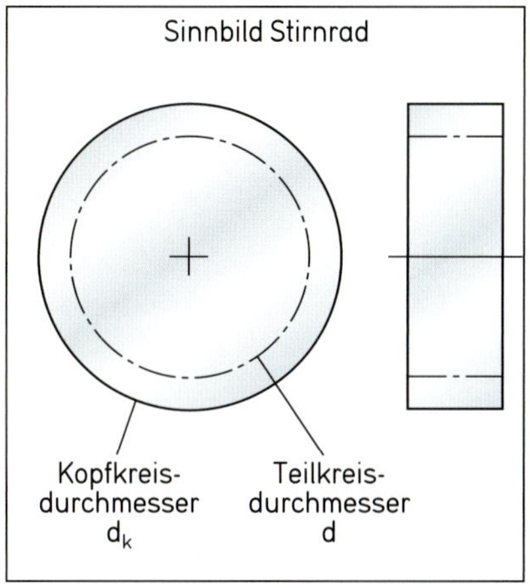

Sinnbild Stirnrad

Eine Sonderform bildet der Zahnriemen. Er kann größere Wellenabstände überwinden, wirkt schwingungsdämpfend wie ein Riemen. Durch die Zähne an der Innenseite des Riemens kann der Riemen auch nicht rutschen und es wird ein bestimmtes Übersetzungsverhältnis eingehalten. Er wird deshalb vor allem in Motoren für Kraftfahrzeuge benutzt, z.B. als Verbindung zwischen Kurbelwelle und Nockenwelle.

Weitere Zahnradgetriebe sind Kegelrad- und Schneckengetriebe.

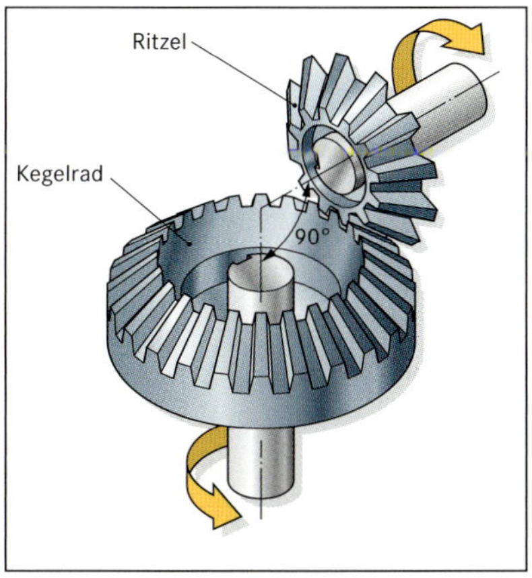

Kegelradgetriebe

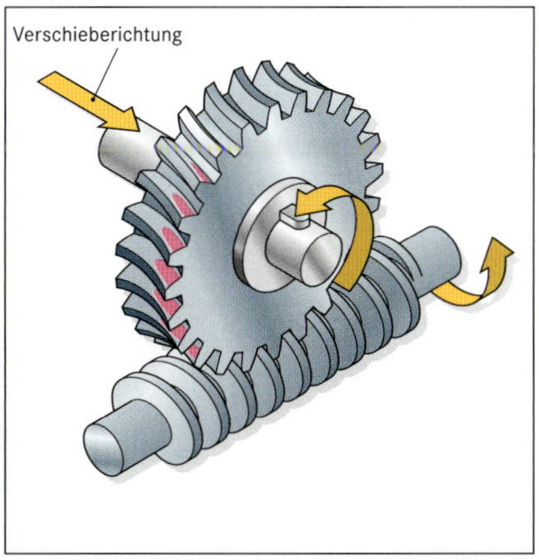

Schneckenradgetriebe

Die Wellen beim Kegelradgetriebe sind so angeordnet, als ob sie sich schneiden. Dadurch kann die Antriebskraft winklig weitergeleitet werden. Kegelradgetriebe kommen in Ausgleichsgetrieben von Fahrzeugen oder Haushaltsgeräten z. B. elektrischen Rührgeräten zum Einsatz.

Beim Schneckengetriebe kreuzen sich die Wellen. Die Schnecke treibt das Schneckenrad an. Dadurch dreht sich das angetriebene Rad sehr langsam. Bleibt die Schnecke stehen, so ist das Schneckenrad gesperrt. Diesen Effekt nutzt man bei wie z. B. Seilwinden oder Lenkgetrieben in Fahrzeugen. Ein unbeabsichtigtes Zurückdrehen des Schneckenrades ist bei diesem Getriebe nicht möglich.

i

Berechnung des Übersetzungsverhältnisses i von Zahnradgetrieben:

$$i = \frac{n_1}{n_2} = \frac{z_2}{z_1} = \frac{d_2}{d_1}$$

n = Drehzahl
z = Zähnezahl
d = Teilkreisdurchmesser
1 = Antriebsrad
2 = Abtriebsrad

A

1. Ermittelt bei Maschinen aus eurem Erfahrungsbereich, wo Stirnrad- bzw. Riemengetriebe vorhanden sind. Begründet den Einsatz der Getriebearten.

2. Baut mit einem technischen Baukasten ein Stirnradgetriebe auf. Zählt die Anzahl der Zähne der Stirnräder. Berechnet das Übersetzungsverhältnis.

Um Drehzahlen und Drehmomente eines Antriebsorganes (z. B. Elektromotor) optimal auf das Arbeitsorgan zu übertragen (z. B. beim Heben von großen Lasten), können beispielsweise mehrstufige Stirnradgetriebe eingesetzt werden. Dazu sind in jeder Stufe des Getriebes ganz bestimmte Übersetzungen nötig. Das Gesamtübersetzungsverhältnis errechnet sich dann aus dem Produkt aller Übersetzungsverhältnisse der einzelnen Getriebestufen.

$$i_{gesamt} = i_1 * i_2 * i_n \ldots$$

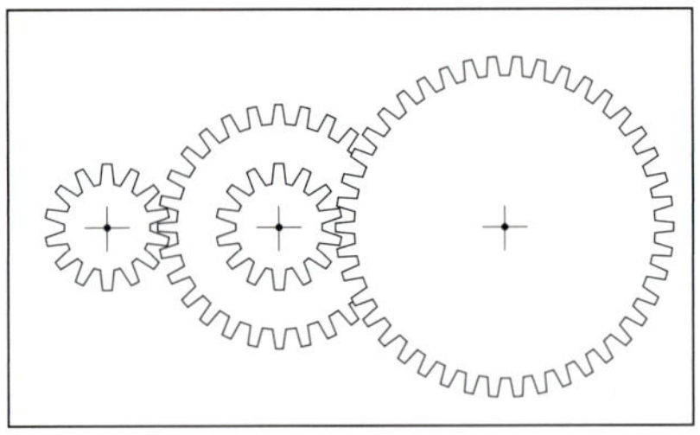

Zweistufiges Stirnradgetriebe

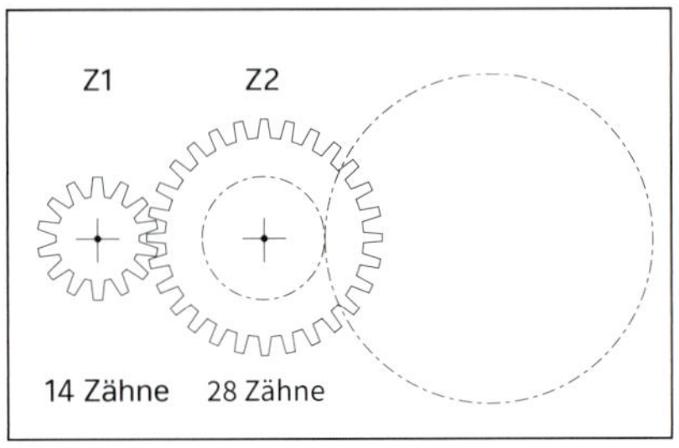

1. Stufe

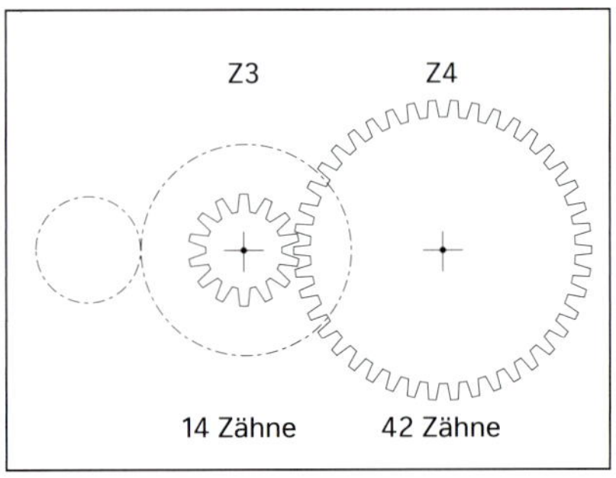

2. Stufe

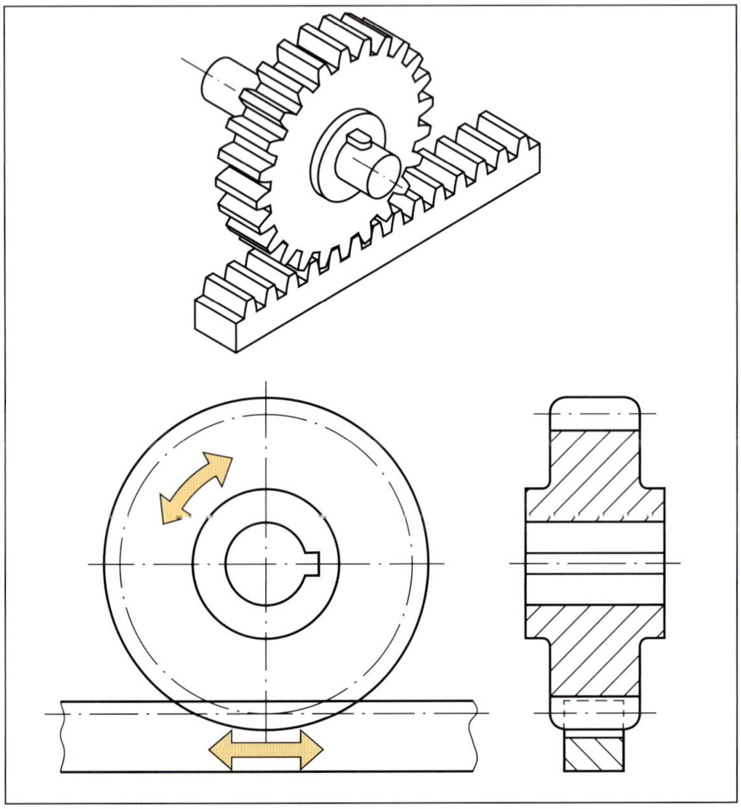

Zahnstangengetriebe

Zur Änderung der Bewegungsform (Umwandlung einer Drehbewegung in eine gradlinige Bewegung oder umgekehrt) eignen sich das Zahnstangengetriebe, das Schraubengetriebe und das Schubkurbelgetriebe.

Neben mechanischen Übertragungsorganen werden in immer stärkerem Maße **hydraulische und pneumatische Übertragungsorgane** eingesetzt. Bei einem hydraulischen Übertragungsorgan wird eine Pumpe von einem Motor (Antriebsorgan) mit gleichbleibender Drehzahl angetrieben. Sie saugt Flüssigkeit (Öl) an und gibt sie über eine Rohrleitung mit hohem Druck ab. Mit dieser Flüssigkeit kann wiederum eine Pumpe angetrieben werden, die dann als Motor wirkt und eine Drehbewegung abgibt. Die Flüssigkeit kann aber auch in einen Zylinder geleitet werden, wo sie einen Kolben bewegt und somit die Drehbewegung des Antriebsorgans in eine geradlinige Bewegung umwandelt.
Vorteile solcher Übertragungsorgane sind:
– Energieübertragung über größere Strecken und beliebige Raumlagen,
– einfache Verteilung der Energie,

A

Errechnet das Gesamtübersetzungsverhältnis des obigen zweistufigen Stirnradgetriebes.

- geringe Energieverluste,
- stufenlose Steuerbarkeit,
- leichte Montier- und Demontierbarkeit,
- günstiges Masse-Leistungs-Verhältnis,
- leichte Funktionskontrolle durch Druckmessung,
- Übertragung großer Kräfte.

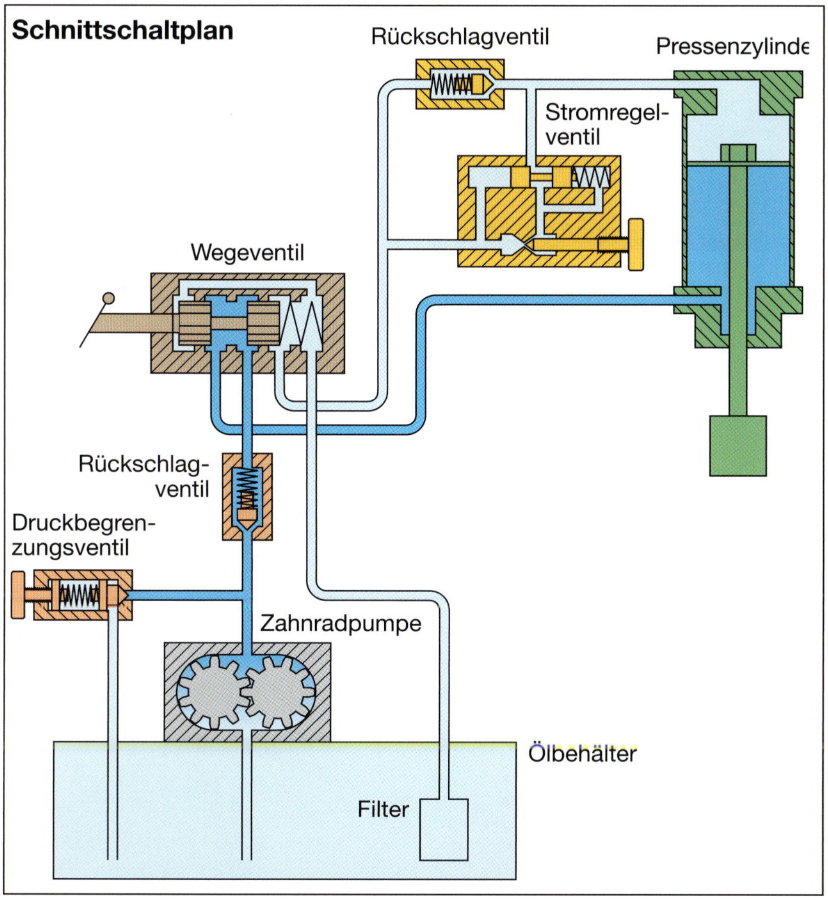

Schaltplan einer hydraulischen Presse

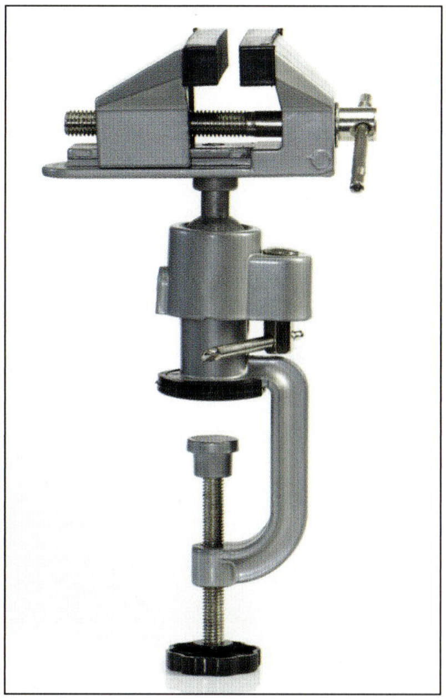

Schraubstock mit Schraubengetriebe

Schubkurbelgetriebe

Maschine	Übertragungsorgan	Funktion
Tischbohrmaschine	Riemengetriebe oder Zahnradgetriebe	Übertragung der Antriebsenergie des Motors auf den Bohrer
Bagger	?	?
Kran	?	?
Waschmaschine	?	?
Motorrad	?	?
Kreissäge	?	?

Übertragungsorgane in Maschinen

A

1. Beschreibt die Aufgabe der einzelnen Bauteile der hydraulischen Presse sowie den Energiefluss vom Antriebsorgan zum Arbeitsorgan.

2. Übernehmt die Tabelle in euer Heft und füllt die fehlenden Felder aus.

Modelle

Im Technikunterricht kann die Wirkungsweise von Maschinen mithilfe von Modellen veranschaulicht werden. Funktionstüchtige Modelle können mit technischen Baukästen hergestellt und erprobt werden.

Werkzeugkasten

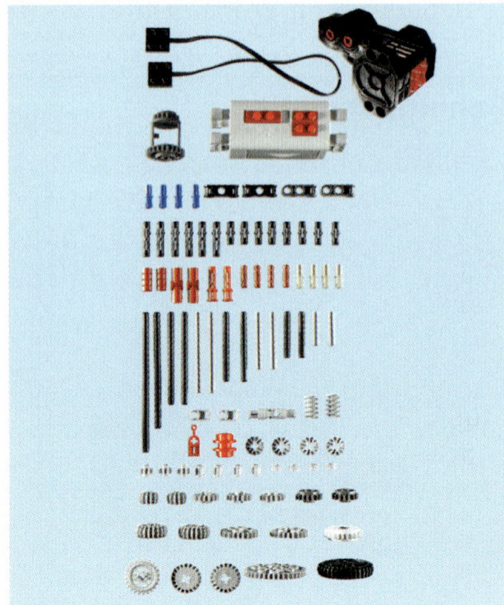

LEGO-Motorset

In technischen Baukästen findest du für den Aufbau und die Erprobung von Modellen entsprechende Aufbauanleitungen. Gehe beim Experimentieren nach dieser Anleitung vor. So stellst du sicher, dass das Experiment gelingt.

A

Baut verschiedene Modelle von Maschinen auf und erprobt diese. Sucht nach Möglichkeiten, das Modell zu verbessern. Nutzt dazu die vorhandenen Baukästen im Technikraum.

Verschiedene Baufahrzeuge mit Spielzeug nachgestellt.

1.2 Maschinenarten

In Industrie und Landwirtschaft, aber auch im Haushalt sind wir ständig von Maschinen umgeben. Sie sehen nicht nur unterschiedlich aus, sondern erfüllen auch unterschiedliche Funktionen. So gibt es eine Vielzahl von Maschinen, die Materialien be- und verarbeiten und auf diese Weise Produkte herstellen, die bestimmte Bedürfnisse in unserer Gesellschaft befriedigen. Solche Maschinen stellen Zeitungen oder Textilien her. Sie be- und verarbeiten Metalle und Kunststoffe, um daraus Produkte für Industrie und Haushalt zu fertigen. Solche Maschinen gibt es auch im Haushalt und sie erleichtern dort die Arbeit. Wir kennen sie als Druckmaschinen, Webautomaten, Metallverarbeitungsmaschinen oder Küchenmaschinen. All diese Maschinen unterstützen den Menschen bei der Herstellung von Produkten. Sie leisten also Arbeit. Sie werden deshalb unter dem Begriff **Arbeitsmaschinen** zusammengefasst.

Arbeitsmaschine

Um Produkte fertigen und verkaufen zu können, müssen ständig Rohstoffe und Fertigerzeugnisse bewegt werden. Auch innerhalb eines Betriebes sind Materialien an unterschiedliche Fertigungsstandorte zu schaffen. Dazu wurden **Transportmaschinen** entwickelt. Sie bearbeiten keine Produkte, sie transportieren sie nur. Zu dieser Gruppe der Maschinen gehören Lastkraftwagen, Eisenbahnen, Schiffe und Flugzeuge, Spezialfahrzeuge wie Gabelstapler, aber auch Förderbänder und Förderschnecken.

Transportmaschine

Eine entscheidende Voraussetzung für den Einsatz dieser Maschinen ist das Vorhandensein von Energie, die von den Maschinen genutzt werden kann. Das ist in der Regel Elektroenergie. Es werden daher in großem Umfang Maschinen benötigt, die diese Elektroenergie erzeugen. Das sind vor allem Wasser- und Dampfturbinen, Generatoren, aber auch Windräder und Solaranlagen. Sie werden unter dem Begriff **Energiemaschinen** zusammengefasst.

Informationsmaschine

In unserer modernen Gesellschaft spielt das Erfassen und Verarbeiten von Informationen eine immer größere Rolle. Wir sprechen deshalb von der Informationsgesellschaft. Der Mensch ist immer weniger in der Lage, diese Flut von Informationen ohne technische Hilfsmittel zu verarbeiten. Deshalb wurden in den letzten Jahrzehnten vor allem Maschinen entwickelt, deren Aufgabe es ist, Informationen zu sammeln und für bestimmte Zwecke zu verarbeiten. Die bekannteste Maschine ist ohne Zweifel der Computer. Ohne ihn würde unsere Wirtschaft und die gesamte Gesellschaft nicht mehr funktionieren. Neben dem Computer verarbeiten auch DVD-Player, Navigationsgeräte usw. Informationen. Man bezeichnet diese Gruppe von Maschinen als **Informationsmaschinen**.

Energiemaschine

1.3 Entwicklung von Maschinen

i

Werkzeuge sind u. a. Hammer, Bohrer, Meißel und Feile. Diese Werkzeuge wurden und werden benutzt, um Materialien wie Stein, Holz, Metall oder Kunststoff zu bearbeiten.

Fiedelbohrer

A

Beschreibt, wie die Steinzeitmenschen mit dem Fiedelbohrer arbeiteten.

Antrieb Muskelkraft

Die Menschen versuchten schon immer, sich durch Hilfsmittel die körperliche Arbeit zu erleichtern. Schon die Steinzeitmenschen konstruierten sich eine Bohrmaschine, den Fiedelbohrer, mit dem sie Löcher in Steine bohrten. In diese steckten sie kurze Hölzer und hatten so Steinbeile gefertigt. Durch Beobachtungen, den Einsatz verschiedener Materialien, ständiges Arbeiten und Ausprobieren verbesserten sie diese Werkzeuge und entwickelten sie weiter. Die Menschen entdeckten dabei Gesetzmäßigkeiten, die sie auf neue Werkzeuge und Maschinen übertrugen.
Mithilfe einfacher Maschinen (Hebel und Rolle) und der Muskelkraft vieler Tausend Menschen wurden die Pyramiden in Ägypten und die Azteken-Tempel in Mittelamerika errichtet. Bis zur Erfindung der Dampfmaschine standen nur menschliche und tierische Muskelkraft, Wind- und Wasserkraft zum Antrieb von Werkzeugen zur Verfügung.

Antrieb Wasserkraft

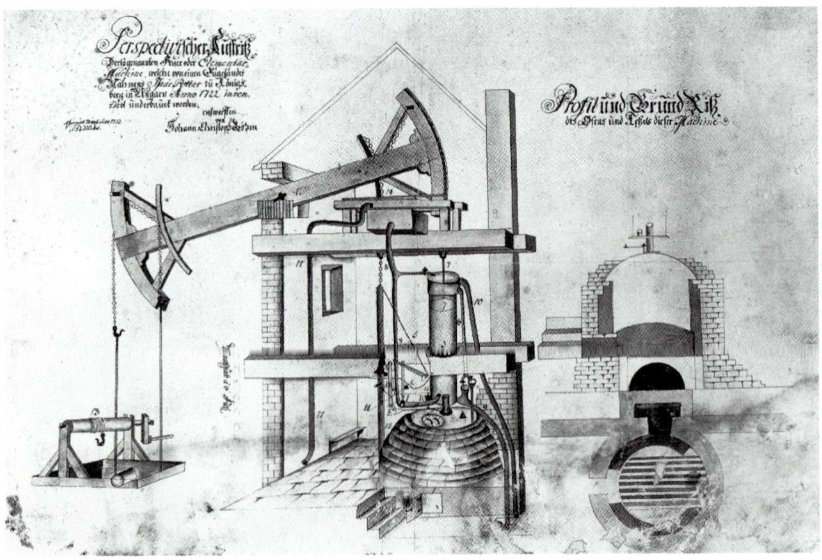

Newcomensche Dampfmaschine

Dampfmaschine

A

1. Welche Werkzeuge werden heute noch mit Muskelkraft betrieben? Versucht einige Beispiele zu finden.

2. Fast überall in Deutschland finden sich große Maschinen, die mit Wasser- oder Windkraft betrieben werden. Nennt Beispiele aus eurer Umgebung.

3. Wenn sich in eurer Region ein Heimatmuseum mit einer Technikabteilung befindet, solltet ihr dies besuchen. Der technische Wandel wird nicht nur in den hier vorgestellten großen Maschinen sichtbar.

Erze und Kohle wurden anfangs nur an der Erdoberfläche gesucht. Als der Bedarf an Erz und Kohle größer wurde, mussten Bergwerkschächte zum Abbau angelegt werden. Je tiefer die Schächte wurden, desto stärker bedrohte sie das Grundwasser, denn es sickerte ständig nach und überflutete die Gruben.
Der Engländer Thomas Newcomen baute auf älteren Grundlagen 1712 eine Dampfmaschine. Sie wurde als Antrieb für eine Wasserpumpe in einer Kohlengrube eingesetzt.
James Watt verbesserte die Newcomensche Dampfmaschine und erfand 1792 eine Maschine, bei der die Hin- und Herbewegung des Kolbens in eine Drehbewegung umgesetzt wurde. Die industrielle Revolution nahm mit der Dampfmaschine ihren Anfang. Sie wurde als Antriebsmaschine mithilfe von Transmissionen (Übertragungen) genutzt: Die Energie wurde über robuste Lederstreifen an Maschinen wie Webstühle, Spinnmaschinen und Werkzeugmaschinen weitergeleitet.
Bald wurde auch die Dampfkraft zum Antrieb von Fahrzeugen und Schiffen verwendet. Der erste Zug fuhr in Deutschland 1835 von Nürnberg nach Fürth. Der Anfang für ein sich schnell entwickelndes Verkehrswesen war gemacht.

Der Tobiashammer Ohrdruf

Dampfmaschine als Antrieb: Eisenbahn

Webstuhl und Transmissionsriemen

2 Der Computer als multifunktionelles Werkzeug

Rechner gab es schon früh in Betrieben. Man nutzte in den 1960er- und 1970er-Jahren die zur Verfügung stehenden Großrechner. Große Firmen betrieben eigene Rechenzentren oder sie mieteten sich Rechenzeit bei einem Rechenzentrum, das einen Großrechner betrieb. In den vergangenen Jahren wurden nun leistungsfähigere Rechner entwickelt. Was früher nur ein Großrechner konnte, leisten heute schon kleine Tischcomputer oder PCs (personal computer). Aufgaben, die sehr viel Rechenkapazität erfordern, können heute durch Zusammenschalten kleiner PCs oder Workstations erreicht werden.
Der Rechner hielt nicht nur in der innerbetrieblichen Organisation und Kommunikation Einzug, sondern **veränderte auch die Werkzeuge, Anlagen und Maschinen**. Ein universales Bearbeitungszentrum wie eine CNC-Maschine, die bohren, schleifen, fräsen, entgraten, polieren und komplizierte Oberflächen eines Werkstückes bearbeiten kann, ist ohne den Rechner nicht denkbar. Was das Werkzeug kann oder welches Werkzeug die CNC-Maschine gerade ist – Bohrmaschine oder Fräsmaschine usw. – wird durch ein Rechnerprogramm festgelegt. **Der Rechner hat aus einer Maschine ein universales Werkzeug gemacht.**
Die durch die computerunterstützte Fertigung erreichbare Präzision ist nur im Rahmen dieser hochentwickelten Technik möglich.

i

CNC = Abkürzung für den englischen Begriff **C**omputer **N**umerical **C**ontrol

Bohren: Auch große Bohrmaschinen sind nach dem Prinzip einer Ständerbohrmaschine konstruiert. Der in der Höhe verstellbare Bohrer (das Werkzeug) wird auf das fest eingespannte Werkstück gestellt.

Ein typisches Produkt des Fräsens, das jeder täglich benutzt, ist ein Schlüssel.

Fräsen: Beim Fräsen ist das Werkstück feststehend, das Werkzeug beweglich. Bei Bedarf wird Kühlmittel zugeführt. Bearbeitet werden können Werkstücke von ganz unterschiedlicher Form. Durch das Fräsen erhalten sie eine neue Gestalt.

Drehen: Im Unterschied zum Fräsen bewegt sich beim Drehen das Werkstück um eine Achse, das Werkzeug dagegen steht fest. Auch durch diesen Vorgang werden neue Oberflächenstrukturen geschaffen.

Bei gedrehten Werkstücken ist in jeder Ebene jeder Punkt gleich weit von der Mittelachse entfernt. Man sagt: Gedrehte Werkstücke sind „rotationssymmetrisch", spiegelbildlich bei der Drehung.

Schleifen: Durch die sich drehende Schleifscheibe wird die Oberfläche eines Werkstücks geglättet.

Zur Verdeutlichung schauen wir uns den Arbeitsplatz eines Drehers an einer herkömmlichen Fräsmaschine und an einer CNC-gesteuerten Maschine an.

Vergleich zwischen der Arbeit an einer handbedienten und einer CNC-gesteuerten Werkzeugmaschine

Die Herstellung eines Produkts mit einer handbedienten Werkzeugmaschine erfordert eine Steuerung durch den Maschinenbediener mithilfe von Hebeln, Stellrädern, Kurbeln usw. Durch ständiges Beobachten und Messen kontrolliert er die Bearbeitung und korrigiert wenn nötig mit den Handrädern so, dass die vorgegebenen Werkstückabmessungen erreicht werden.

Der Arbeitsablauf ist im Vergleich zur konventionellen Fräsmaschine bei der CNC-gesteuerten Maschine prinzipiell gleich, jedoch übernimmt die CNC-Steuerung die meisten manuellen Tätigkeiten des Bedieners. Das Programm enthält die für die Bearbeitung des Werkstücks notwendigen Informationen: Weginformationen (z. B. Fahrtrichtung, Ebenenauswahl) und Schaltinformationen (z. B. Vorschubgeschwindigkeit des Werkstücks, Spindeldrehzahl und Spindelrichtung), aber auch Maschinenfunktionen (z. B. automatischer Werkzeugwechsel, Kühlmittelzufuhr). Mehrere Stellmotoren sorgen für den reibungslosen Ablauf der Bewegungen innerhalb der Maschine.
Das Nachmessen erübrigt sich, da der Vorgang durch das Programm gesteuert wird.

Historische Dreherei um 1840

CNC-Werkzeugmaschinen eignen sich für Werkstücke mit hohen Genauigkeitsanforderungen und für große Stückzahlen. Sinkende Preise für die EDV-Anlagen machen CNC-Maschinen aber auch für kleinere Stückzahlen interessant.
Die wichtigsten Komponenten der CNC-Maschine sind Steuerung, Vorschubantrieb, Wegmesssystem und der Schaltschrank (s. Abbildungen). **Die Steuerung** ② ist dabei das „Gehirn" der Maschine. Sie koordiniert die Achsenbewegungen, vergleicht ständig die programmierten Wegmaße und -geschwindigkeiten mit den tatsächlichen Werten und korrigiert sie durch Steuersignale. Der Bediener erhält über einen Bildschirm Soll- und Ist-Werte aller Achsen sowie andere wichtige Meldungen angezeigt. **Der Vorschubantrieb** ④, dessen Motor ebenfalls gesteuert wird, bewegt alle Achsen der Maschine. Über Geschwindigkeitsmesser erfolgt ständig eine Rückmeldung an die Steuerung, die nötigenfalls korrigierend eingreift. Mit dem **Wegmess-System** ① erkennt die CNC-Maschine selbsttätig die Achsenpositionen und meldet diese an die Steuerung. **Der Schaltschrank** ③ enthält Umformer, Relais, Antriebsverstärker, Sicherungen und andere elektrische Bauteile.

Moderne Drehwerkstätte

A
Abweichungen 170
Agentur für Arbeit 55 f.
Analogiemethode 121
Anbieter 32, 100
Angebot 32 ff., 102
Anfechtung 101
Antriebsorgan 172, 176 f.
Arbeitsablaufplan 120, 149
Arbeitsgang 149
Arbeitsmittel 149
Arbeitsorgan 172
Arbeitsrecht 88
Arbeitsschutz 161 ff.
Arbeitssicherheit 161 ff.
Arbeitsteilung 14 ff.
Arbeitsvertrag 107 f.
Aufgabe, technische 119
Auflassung 81
Ausgaben 12, 23
axonometrische Projektion 138

B
Banknote 41, 44
Bargeld 43
Bargeldlose Zahlung 45
Barzahlung 43
Baurecht 82
Bedarf 11, 32
Bedürfnisse 8 ff., 22, 32, 74, 118
Bemaßung 124
Berufe, Anforderungen 60 ff.
Berufenet 56
Berufsberatung 54
Berufsbilder 17, 62 ff.
Berufserwartungen 59
Berufsfelder 60, 63
Berufsinformationszentrum 56
Berufswahlpass 55
Berufswahlvorbereitung 54
Beschichten 148, 160
Besitz 77 ff.
Betriebspraktikum 66 ff.
Beurkundung, notarielle 103
BGB 78, 89 ff.
Blatteinteilung 131
Blattlage 131
Bohren 157
Bürgerliches Recht 78

C
CAD 125
CNC 186 ff.
Computer 51, 186 ff.
Computerkriminalität 51

D
Dampfmaschine 185
Darlehensvertrag 109
Dauerauftrag 47
Deliktfähigkeit 94 f.
Dienstleistungen 10
DIN-Formate 125 ff., 148
Drehzahltabelle 158
Dreitafelprojektion 136 f.
Drohung 101
Druckkraftgießen 151

E
EC-Karte 48 f.
Eigentum 77 ff.
Eigentumserwerb 80 f.
Eigentumsvorbehalt 106
Einkommen 10, 32
Einkommensarten 21 f.
Einnahmen 23
Einzelteilzeichnung 141
Einzugsverfahren 47
Energiefluss 172 ff.
Enteignung 83
Entschädigung 83
Entwurfsskizze 123
Erfüllung 105 f.
Erfüllungsort 106
EVA-Prinzip 173 ff.
Existenzbedürfnisse 9
Explosionszeichnung 141, 173

F
Feilen 155 f.
Fertigungsverfahren 148 ff.
Flexibilität 60
Form 119, 150
Freischneiden 154
Fremdsprachenkenntnisse 61
Fügen 148, 160
Funktion 119
Funktionsorgane 172 ff.

G
Gebote 74
Gebrauchseigenschaften 119
Gefahrenhinweise 163
Geld, Aufgaben 42
Geld, Entstehung 40 f.
Geld, Funktionen 42
Geldkarte 49
Geldstrom 20
Geschäftsfähigkeit 92 f.
Getriebe 178 ff.
Girokonto 43, 45
Gleichgewichtsmenge 35
Gleichgewichtspreis 35
Grundbedürfnisse 9
Grundbuch 81
Grundform 140
Güter 8 ff., 32
Güterarten 10
Güterstrom 20

H
Haftpflichtversicherung 67
Haushalt, privater 20 ff.
Haushaltsplan 23
Herrschaft 77
Hiebarten 156
Homebanking 50

I/J
Informationsfluss 172 ff.
Irrtum 101
IT-Kompetenz 61
Jugendarbeitsschutzgesetz 67

K
Kabinett-Projektion 139
Kaufvertrag 104 ff.
Kommunikationsfähigkeit 61
Kompetenz 60
Konsument 22
Konsumgüter 10, 34
Kosten 23, 32
Kreditkarte 48
Kündigung 113
Kulturbedürfnisse 9
Kundenkarte 48

L
Lastschriftverfahren 47
Leasing 109
Lebensalter 10, 92
Lehren 164, 169
Leihe 115
Leihvertrag 109
Linienarten 123 f., 127
Luxusbedürfnisse 9

M
Maestro-Zeichen 49
Magnetstreifen 48
Maklervertrag 109
Marktarten 33 f.
Marktmechanismus 35
Marktpreis 35
Maschinenarten 183
Maßeintragung 123, 142 f.

Maßstab 144 ff.
Material 119
Maximalprinzip 12
Medienkompetenz 61
Messabweichung 169
Messen 164 ff., 169
Messgenauigkeit 164
Messschieber 164, 166 ff.
Metallgeld 40
Miete 83, 112, 115
Mietvertrag 103, 112 ff.
Minimalprinzip 12
Mittel 8 ff., 93
Mobilität 60
Modelle 20, 35, 182
Monopol 37
Münzgeld 40

N
Nachbarrecht 82
Nachfrage 32 ff.
Nachfrager 32, 35, 100
Nachziehen 124
Naturalgeld 40
Naturaltausch 40
Nichtigkeit 101
Noniuswert 166
Normschrift 132
Normung 125

O
öffentliches Recht 88 ff.
ökonomisches Prinzip 12
Oligopol 36
Onlinebanking 50

P
Pacht 115
Pachtvertrag 115
Papiergeld 41
Person, juristische 91
Person, natürliche 91
Pflichten 75, 91, 109
PIN 48 f.
Planungsunterlagen 120
Plastizieren 151
Polypol 36
Präsentation 69 f.
Preisbildung 35
Privatrecht 88 ff.
Produktivgüter 10
Projektionsmethoden 134 ff.
Prüfen 164 ff.

R
Radienlehren 164
Rechte 74, 91
Recht, Funktionen 74 ff.
Rechtsfähigkeit 91 f.
Rechtsgebiet 88
Rechtsgeschäft 80, 101 f.
Rechtsnormen 75
Rechtsordnung 76
Regeln 74
Restschuldbefreiung 25
Riemengetriebe 178
Rollenspiel 84 f.

S
Sachgüter 10
Sägen 153
Satzung 88
Schenkung
Schleifen 159
Schneiden 159
Schriftfeld 124, 130
Schriftform 103, 132
Schrittfolgen 122
Schulden 25
Schuldenfalle 25
Schwerkraftgießen 150
SEPA 46
Sicherheitshinweise 163
Skizze 120, 123 ff., 128
SMS-TAN 50
Soft Skills 61
Staatliche Leistungen 21
Ständerbohrmaschine 158, 178
Stahlmaßstab 164 f.
Steuerorgan 172
Steuerung 188
Stiftung Warentest 28
Stofffluss 172 ff.
Strafrecht 78, 95
Strafmündigkeit 95
Stückliste 130

T
Täuschung 101
Taschengeld 28, 96 f.
Tauschmittel, allgemeines 42
Teamfähigkeit 61
Teilform 140
Testament 103
Trägerorgan 172
Trennen 148, 153

U
Überschuldung 25
Übertragungsorgan 172, 178 ff.
Überweisung 45 f.
Umformen 148, 152
Umweltschutz 82
Unfallversicherung 67
Urformen 148, 150

V
Variante, optimale 119
Verbote 74
Verbraucher 22
Verbraucherkredit 111
Verbraucherschutz 29
Verbraucherzentrale 29
Verfassung 83
Verfügungsgeschäft 105
Verhaltensregeln 74
Vermögen 21
Verpflichtungsgeschäft 104
Vertragsabschluss 102 ff.
Vertragsarten 107 ff.
Vertragsfreiheit 100 ff.
Vertragspartner 107
Vorzeichnen 124

W
Wahlbedürfnisse 9
Waren 10
Warengeld 40
Warentausch 40
Werbung 10, 26 ff.
Werkraumordnung 163
Werklieferungsvertrag 107
Werkvertrag 107
Wertmesser 42
Wertaufbewahrungsmittel 42
Wertübertragungsmittel 42
Willenserklärung 102
Wirkungsprinzip 174 ff.
Wirtschaften 8
Wirtschaften, globales 16
Wirtschaftlichkeitsprinzip 12
Wirtschaftskreislauf 20
Wohnungsmiete 112 f.

Z
Zahlungsarten 43, 141
Zahlungskarten 48 f.
Zahlungsmittel, gesetzliches 42
Zahlungsort 106
Zahlungsverkehr 43 ff.
Zahnradgetriebe 178
Zeichenblatt 128 f.
Zeichengeräte 126
Zeichnung, technische 120, 125 ff.
Zivilrecht 95
Zusammenbauzeichnung 141

Bildquellenverzeichnis

|A1PIX - Your Photo Today, Ottobrunn: B. Ducke 96.1; Gerolf Niessner 91.2; Marco_Polo 100.2. |akg-images GmbH, Berlin: 40.8, 184.3. |Alstom Deutschland GmbH, Salzgitter: 187.1. |Anders ARTig Werbung + Verlag GmbH, Braunschweig: 144.1. |auto motor und sport/Motor Presse Stuttgart, Stuttgart: Hans Dieter Seufert 18.1. |Baaske Cartoons, Müllheim: Erich Rauschenbach 60.1; Erik Liebermann 29.3. |BayWa AG, München: 36.2. |BC GmbH Verlags- und Medien-, Forschungs- und Beratungsgesellschaft, Ingelheim: 163, 163.1, 163.3, 163.4, 163.5, 163.9. |Bergmoser + Höller Verlag AG, Aachen: 45.2, 90.1, 109.1. |Bildarchiv Werner Bachmeier, Ebersberg: 30.8. |Bildarchiv Werner-von-Siemens Institut: 185.1. |BMW AG, München: 176.3. |bpk-Bildagentur, Berlin: 185.3; F. Seidenstücker 9.2; Joseph Martin 41.3; The Trustees of the British Museum 41.4. |Bredol, Martin Heinrich, Marburg: 115.4. |Bundesagentur für Arbeit, Nürnberg: 56.3, 64.2. |Bundesagentur für Arbeit, BERUFENET / www.berufenet.arbeitsagentur.de, Nürnberg: 56.2; www.abi.de 56.7; www.berufe.tv 56.4; www.kursnet.arbeitsagentur.de 56.5; www.studienwahl.de 56.6. |Bundesarbeitsgemeinschaft Berufswahlpass, Hamburg: 55.1. |Bundesministerium der Finanzen, Berlin: 43.10, 43.11, 43.4, 43.5, 43.6, 43.8, 43.9. |Caro Fotoagentur, Berlin: Giesen 92.1; Hoffmann 153.2. |Chesapeake Light Craft, LLC., clcboats.com, Annapolis, Maryland: Chesapeake Light Craft, LLC., clcboats.com 186.4. |Colourbox.com, Odense: Birgit Reitz-Hofmann 181.1; Kierstein, Martin 100.4; Mrivserg 181.3; NorGal Titel; Razvodovskij, Sergej 126.6; Sigrid Olsson/AltoPress/Maxppp 68.1. |ContiTech AG, Hannover: 179.2. |Das Luftbild-Archiv, Biere: 106.2. |ddp images GmbH, Hamburg: Schlüter, Jens 56.1. |deckermedia GbR, Rostock: 129.1, 129.2, 142.1, 142.2, 154.2, 155.1, 167.2, 177.1, 179.1, 179.3, 179.4. |Demag Cranes & Components GmbH, Wetter: 177.2. |Deutsche Gesetzliche Unfallversicherung e.V. / DGUV e.V., Sankt Augustin: 163.7. |Deutsches Museum, München: 184.4. |Dittrich, Stefan, Marienberg: 119.3. |dreamstime.com, Brentwood: Franz Pfluegl 174.2. |Druwe & Polastri, Cremlingen/Weddel: 119.4, 159.2. |EUFISERV Payments s.c.r.l., Bruxelles: 49.4, 52. |EURO Kartensysteme GmbH, Frankfurt am Main: 49, 52. |F1online, Frankfurt/M.: Ojo Images 100.1. |Faber-Castell AG, Stein: 132.1, 132.2, 133.1, 133.2. |Fabian, Michael, Hannover: 159.3. |Feeken, H., Bad Zwischenahn: 157.7. |Feldhaus, Hans-Jürgen, Münster: 157.1, 159.1. |Fotex Medien Agentur GmbH, Hamburg: Melanie 32, 77.1. |fotolia.com, New York: alexseika 154.4; Amat, Aaron 115.1; contrastwerkstatt 116.2; Damelio 3, 31.1; Dan Race 100.3; Denis Junker 126.1; drubig-photo 91.1; Dusan Zidar 30.1; ehrenberg-bilder 186.1; Ernst, Daniel 74.3; FRÜH 174.3; Gresei 153.1; JackF 177.4; Kara 17.1; Kiselev, Andrey 18.2; Konstanze Gruber 40.1; Kurhan 5, 99.1; Kzenon 110.1; Landei 11.1; line-of-sight 88.1; Markus Bormann 183.3; Peter Atkins 97.1; Picture-Factory 20.1; racamani 105.1; Raths, Alexander 100.5; reeel 161.2; Rido 111; Robert Kneschke 23.1; Rodenberg 115.3; Roman Milert 30.3; Romanenkova, Svetlana 118.2; seen 50.2; Siegfried Schnepf 186.2; Torsten Märtke 74.2; viennapro 118.4; vschlichting 183.1; wellphoto 88.2. |Getty Images, München: 176.4; Clive Streeter/Dorling Kindersley 115.2. |GILDEMEISTER Aktiengesellschaft, Bielefeld: 178.2, 187.3, 188.4. |Grabl, Werner, Hutthurm: 69.1. |Greiner, Alois, Braunschweig: 75.1. |Hans Kaltenbach Maschinenfabrik GmbH & Co. KG, Lörrach: 175.1. |HELIOS-PREISSER GmbH, Gammertingen: 167.1, 167.2. |Henzler, J., Nürtingen: 123.1, 126.2, 136, 153.3, 153.4, 154.3, 155.1, 157.2, 157.3, 157.4, 157.6. |i.m.a - information.medien.agrar e.V., Berlin: 8.1. |Image & Design - Agentur für Kommunikation, Braunschweig: 64.3, 79.1, 162.1, 162.2, 162.3; Bettina Kumpe 42.1, 42.3, 42.4. |ING DiBa AG, Frankfurt: 48.1. |iStockphoto.com, Calgary: endopack 85.1; Ljupco 118.5; Lusoimages 118.3; ollo 177.5; richterfoto 174.1; Smileyjoanne 86.1; Steve Debenport 87.2. |Jochen Tack Fotografie, Essen: Titel. |JOKER: Fotojournalismus, Bonn: Petersen, Gudrun 98.1. |juniors@wildlife Bildagentur GmbH, Hamburg: 102.1; M. Harvey 11.2. |Kartographie Michael Hermes, Hardegsen Hevensen: 108. |Keystone Pressedienst, Hamburg: 17.2; Schulz, V. 8.2; V. Schulz 30.5. |Knaußmann, Katrin, Gifhorn: 119.2. |Krückeberg, Helge, Hannover: 8.3. |Kumpe, Bettina, Braunschweig: 57.1, 72.1, 72.2. |Landesamt für Digitalisierung, Breitband und Vermessung, München: Bayerische Vermessungsverwaltung, 11/1027 106.2. |Langner & Partner Werbeagentur GmbH, Hemmingen: 123.1, 123.2, 125.1, 126.1, 128.1, 133.1, 133.2, 134.1, 134.2, 135.1, 136.1, 136.2, 137.1, 137.2, 138.1, 138.2, 139.1, 139.2, 139.3, 139.4, 139.5, 139.6, 139.7, 140.1, 140.2, 140.3, 140.4, 140.5, 140.6, 140.7, 140.8, 143.1, 143.2, 143.3, 143.4, 143.5, 144.1, 144.2, 145.1, 146.1, 146.2, 146.3, 147.2, 147.4, 179.2. |LEGO Central Europe, Grasbrunn: 182.2, 182.4, 182.5; LEGO Technik 182.3. |Lüftner, Werner, Schlier: 182.1. |Martens, S., Braunschweig: 119.1. |mauritius images GmbH, Mittenwald: age 4, 39.1, 42.2; Geisser 83.2; Jo Kirchherr 116.1; M. Mehlig 83.1; mm-images 77.1; Norbert

Fischer 82.1; Norbert Pelka 81.1. |McDonald's Deutschland LLC, München: 26.2. |Mertins, Harald, Vollbüttel, Gemeinde Ribbesbüttel: 69.2. |Miniatur Wunderland Hamburg GmbH, Hamburg: 182.6. |Minkus Images Fotodesignagentur, Isernhagen: 36.1. |MISEREOR e. V., Aachen: Schaaf 118.6. |Moneymuseum, Zürich: 40.4, 40.7. |MPS Sägen GmbH: 153.1. |Nicolaus, Alexander, Goslar: 43.2. |Nordqvist Productions, Alicante: V. Reyes 87.4. |Österreichische Nationalbibliothek, Wien: 184.1. |PantherMedia GmbH (panthermedia.net), München: Tono Balaguer 115.6; Tyler Olson 154.2. |Photo-Alto, Berlin: Laurence Mouton 5, 87.5. |Picture-Alliance GmbH, Frankfurt/M.: 24.1, 24.2, 27, 27, 88, 176.1; Arco Images/A. Kiedrowski 33.2; Arco Images/Rudolf 30.7; BPA/Kühler, Bernd 74.1; Büttner, Jens 29.2; CHROMORANGE/P.Widmann 49.3, 52, 52; dpa 9.1; dpa-infografik 13.2, 25.1, 28.1, 30.1, 34.1, 45.1, 46.1, 51.1, 59.1, 62.1, 62.2; dpa-Infografik 71.1; dpa-infografik 71.2, 71.3, 72.1, 112.1, 113.1; dpa/A. Warnecke 49.1, 52; dpa/Andreas Gebert 38.2; dpa/Bernd Thissen 50.3; dpa/Ebener, David 115.5; dpa/Jens Schierenbeck 61.1; dpa/K.-J. Hildenbrand 95.1; dpa/Marc Müller 183.2; dpa/Roland Weihrauch 48.2; dpa/Stephanie Pilick 87.3; dpa/Tobias Felber 80.1; dpa/Wagner, Ingo 183.4; Frank May 162.3; Globus 16.1; Keystone/Jochen Zick 186.3; MAXPPP/Philippe Huynh-Minh 51.1; moodboard/West Coast Surfer 33.1; Nikky / VisualEyze 114.1; Sueddeutsche Zeitung Photo/Rumpf, Stephan 64.1; Ulrich Baumgarten 49.2; Vos/ANP 176.2; Westend61/Val Thoermer 3, 7.1; WILDLIFE/J. Freund 38.1; ZB / A. Lander 177.3; ZB/Bernd Settnik 186.5; ZB/H. Hirndorf 185.2; ZB/Martin Schutt 18.3, 26.1; ZB/Patrick Pleul 9.3, 110.2; ZB/Peter Endig 55.1; ZB/Thomas Härtrich 4, 73.1. |Pitopia, Karlsruhe: Ruth Röder 84.1. |PresseBild von Graefe, Helmstedt: 126.5. |Rizzoli, Mailand: 124.1, 126.2. |Shutterstock.com, New York: 30.4, 187.2; Anton Ivanov 3, 19.1; humbak 178.1; jojje 149. |Staatliche Münzsammlung, München: 40.3, 40.5, 40.6, 41.2; Kästner, Nicolai 41.1. |Städtisches Museum Schloss Rheydt, Mönchengladbach: 185.4. |Stark, Friedrich, Dortmund: 30.6. |stock.adobe.com, Dublin: ©TELCOM-PHOTOGRAPHY 157; ©¿ake78 (3D & photo) 118.1. |Studio Schmidt-Lohmann, Gießen: 37.1. |Tegen, Hans, Hambühren: 187.4. |Thobaben, Henning, Braunschweig: 187.5. |Tiedt, Günter, Wunstorf: 154.1. |Tonn, Dieter, Bovenden-Lenglern: 15. |Trebels, Rüdiger, Düsseldorf: 14.1, 94.1, 95. |Valentinelli, Mario, Rostock: 142.3, 153.1, 154.1, 155, 156.1, 156.2, 157.1, 158.1, 159.3, 165.1, 165.2, 166.1, 166.2, 166.3, 167.1, 167.3, 168.1, 168.2, 168.3, 168.4, 169.2, 170.1, 178.3. |vario images, Bonn: Titel; bonn-sequenz 50.1. |Verband der Elektrotechnik Elektronik Informationstechnik e. V. (VDE), Frankfurt: 163.2. |Verbraucherzentrale Nordrhein-Westfalen e.V., Düsseldorf: 23. |Verbraucherzentrale Thüringen e.V. (vzth), Erfurt: 29.1. |Visum Foto GmbH, München: Boness, Stefan 26.3. |Volkswagen Aktiengesellschaft, Wolfsburg: 18.4. |WEBA Schulausstattung GmbH, Eberbach: 161.1. |Wefringhaus, Klaus, Braunschweig: 4, 8.4, 32.2, 53.1, 54.1, 59.1, 62.1, 80.3, 92.2. |Wenzel, V., Löhne: 87.1. |Werbefotografie Weiss GmbH, Gersthofen: 43.1, 43.3. |Werbefotografie Weiß GmbH, Gersthofen: 80.2. |© Bundesanstalt für Landwirtschaft und Ernährung (BLE), Bonn: 30.2. |© Deutscher Sparkassen Verlag, Stuttgart: 48.3, 49; Deutscher Sparkassen Verlag GmbH, Stuttgart 48.4. |© Europäische Zentralbank (EZB), Frankfurt/M.: 43.7, 44, 44, 44, 44, 44, 44, 44 digital, 44 digital, 44 digital, 44 digital, 44 digital, 44 digital, 45, 45 digital. |© The Trustees of the British Museum, London: 184.2.